共建共享和谐社会的制度保证

SHARING SYSTEM TO ENSURE
A HARMONIOUS SOCIETY

严国萍　等著

ZHEJIANG UNIVERSITY PRESS
浙江大学出版社

目　录

上　篇

中　篇

下　篇

插图和附表清单

上　篇

1 社会主义和谐社会的当代可能性与制度保证

构建和谐社会目标和任务的提出,是当代中国发展的重要事件。构建和谐社会不仅是一个政治问题,也是一个学术问题;不仅是一个理论问题,而且是关涉实践的重大问题。如何深化对这一热门话题的研究,既考验着理论家的智慧,也必将对和谐社会建设的实际进程产生重要影响。本章作为导论,将首先于社会主义和谐社会当代可能性的意义上提出共建共享和谐社会的制度保证。我们认为,社会主义和谐社会不是指向过去的,而是指向未来的。和谐社会需要共建共享,而共建共享和谐社会的关键在于深化改革、推进实质性的体制改革与制度创新,为其提供体制框架和制度保证。

1.1 社会主义和谐社会的当代可能性

1.1.1 作为社会目标的"社会主义和谐社会"

构建社会主义和谐社会的命题于 2004 年经党的十六届四中全会提出,尔后又成为十六届六中全会的主题。它是第十六届、十七届中央领导集体新执政理念的重要组成部分,是中国特色社会主义事业总体布局的重要组成部分。2012 年举行的中共十八大对此总结道:新世纪新阶段,党中央抓住重要战略机遇期,在全面建设小康社会进程中推进实践创新、理论创新、制度创新,强调坚持以人为本、全面协调可持续发展,提出构建社会主义和谐社会、加快生态文明建设,形成中国特色社会主义事业总体布局,着力保障和改善民生,促进社会公平正义,推动建设和谐世界,推进党的执政能力建设和先进性建设,成功在新的历史起点上坚持和发展了中国特色社会主义。十八大报告同时指出:加强社会建设,是社会和谐稳定的重要保证。必须从维护最广大人民根本利益的高度,加快健全基本公共服务体系,加强和创新社会管理,推动社会主义和谐社会建设。加强社会建设,必须以保障和改善民生为重点;加强社会建设,必须加快推进社会体制改革。十八大要求全党全国人民行动起来,"开创社会和谐人人有责、和谐社会人人共享的生动局面"。

人类对理想社会的追求几乎与人类历史一样久远。近现代以来,风起云涌的社会主义运动,并不只是表现为对一种政治经济制度的反抗,它同时也可以被解读为社会主义者试图超越社会既定秩序、创造人类新文明的努力。从"乌托邦"、"太阳城"到"实业制度"、"和谐社会"的种种社会蓝图设计,构成了社会理想史上的重要内容。但是,在马克思主义产生以前,全部社会主义思想家的社会蓝图设计都是超历史的道德理想的产物,它们始终停留于"应该"的彼岸,而无法走向现实世界。后人把这些思想家的社会理想论称之为"空想社会主义",正是出于对其超历史性质的批评。

马克思主义的社会主义理论以"科学社会主义"行名,表明了马克思、恩格斯坚决拒斥空想主义的立场。但是,马克思、恩格斯从社会发展的客观规律角度展开关于社会主义学说的科学论证,并没有舍弃社会主义之作为价值理想的意义。科学社会主义的科学性表现在于,它从人类历史的实际发展中提出社会理想,并且科学地论证了实现这一社会理想的途径、手段、主体力量等。

如此观之,社会主义和谐社会在当代中国的可能性,首先就在于它是中国共产党人根据新世纪新阶段中国经济社会发展的新要求和社会出现的新趋势新特点而提出的社会目标。

改革开放以来的发展实践为这一社会目标的提出既提供了可能性,也提供了必要性。简单而言,提出构建社会主义和谐社会目标的背景是,我国在实现多年经济快速发展的同时,也积累了不少矛盾和问题,我们现在所达到的小康,还是低水平的、不全面的、发展很不平衡的小康。经过了新世纪头一个十年的快速发展,我国发展中不平衡、不协调、不可持续问题日益突出。在过去很长时间内,我国多依赖于投资和出口拉动经济,经过 2008 年以来全球金融危机的洗礼,外部需求急剧下降,而投资过热导致边际效益降低、消费力下降,经济增长下行压力和产能相对过剩的矛盾加剧,而且经济发展与资源环境的矛盾日趋尖锐。就社会领域而言,城乡、区域发展差距和居民收入分配差距较大,社会矛盾明显增多,教育、就业、社会保障、医疗、住房、生态环境、食品药品安全、安全生产、社会治安等关系群众切身利益的问题突出。这些发展中不平衡、不协调、不可持续问题,已经成为中国经济社会发展不可承受之重。

2003 年,我国人均 GDP 突破 1000 美元。2008 年,我国人均 GDP 超过 3000 美元。2013 年,我国人均 GDP 达 6700 美元。新兴市场国家的经验表明,在人均 GDP 达到 3000 美元后,快速发展中积聚的矛盾会集中爆发,经济结构、生产方式、生活方式、社会阶层结构等都要发生深刻变化甚至剧烈变动。在此情形下,若国家引导得好、处置得当,就能使本国顺利地度过这个关键时期,进入中等发达国家行列,反之则可能出现经济增长与社会发展脱节,导致贫富悬殊、失业人口增加、城乡差距、地区差距拉大、社会矛盾加剧、生态环境恶化等一系列问题,从而使得经济社会发展长期徘徊不前,甚至出现社会动荡和倒退,陷入"中等收入陷阱"。如何争取实现前一种发展结果,避免后一种结果? 对于执政党来说是一个严峻考验。

显然,无论是国际经验还是国内改革与发展事业中出现的新情况新特点,都要求我们提出一个既与物质文明、政治文明、精神文明、生态文明建设有机统一,又具有自身独特内容的社会目标;全面建设小康社会,必须内在包含和谐社会的构建,没有一个和谐社会就没有一个小康社会,或者说是一个残缺不全的小康社会。

也正因为如此,"社会主义和谐社会"不应当仅仅被理解为一个一般意义上"美好社会"的理想目标,也不应当被宽泛地理解为包括经济、政治、文化、生态等一切领域中的和谐追求,而应当被主要理解为一种具有特定内容的社会目标。这一社会目标的提出,既为不断提高党的执政能力、全面推进党的建设新的伟大工程增添了新的内容,也是社会理想论、发展理论史上的又一次飞跃。

1.1.2　科学发展观是构建社会主义和谐社会的思想基础

构建社会主义和谐社会目标和任务的提出,标志着我国经济社会发展的主题发生了重大转变。这是我党坚持和发展马克思主义的重大成果。毫无疑问,构建和谐社会必须以马克思主义为指导。

社会全面发展是马克思主义的核心价值观。追求实现经济社会和人的全面发展,是马克思全部理论著作和革命实践活动的主题。但是,在马克思的学说中,社会是一个总体性概念,马克思从一开始就断言作为社会整体的政治、经济、社会和文化之间不可分割,在他的著作中也就较少关于社会建设的独特论述。因而,以马克思主义指导和谐社会建设,这里的"马克思主义"不是现成的。同样的,这里的"马克思主义"也必须是被大大扩展了的,既包括马克思主义创始人的著作,也要对马克思的后人们的思想予以充分重视。特别是,作为中国共产党人根据新世纪新阶段中国经济社会发展的新要求和社会出现的新趋势新特点而提出的社会目标,和谐社会的建设必须以科学发展观作为思想基础。

科学发展观是第十六届中央领导集体理论创新的标志性成果,是马克思主义同当代中国实际和时代特征相结合的产物,是马克思主义关于发展的世界观和方法论的集中体现,对新形势下实现什么样的发展、怎样发展等重大问题作出了新的科学回答,把我们对中国特色社会主义规律的认识提高到新的水平,开辟了当代中国马克思主义发展新境界。它既是对我国改革开放和现代化建设经验的总结,又是对人类社会发展进程中面临新问题的积极回应。

构建社会主义和谐社会的发展目标和任务,只有在科学发展观中才能得以提出,而且它本身也是科学发展观的重要组成部分。科学发展观要求,在新世纪新阶段,我们必须处理好经济发展与社会发展的关系,处理好城乡发展、地区发展的关系,处理好不同利益群体的关系,处理好经济增长同资源、环境的关系,处理好改革发展稳定的关系,处理好物质文明建设同政治文明建设、精神文明建设的关系,处理好国内发展与对外开放的关系。上述语境中与经济发展相对应的社会发展,是指除经济发展以外的其他社会领域的进步和各项社会事业的发展,它不直接反映物质生产领域的活动,而注重人类自身的生存与发展状况。

在我国,直到1982年的"六五计划","社会发展"才被与"经济发展"相并列提出,合称"国民经济与社会发展五年计划"。但是,涉及社会发展的部分往往得不到应有的重视。直到"九五"时期,各地才开始单独制定"社会事业发展"规划,但即使这样,社会发展也主要被界定为社会事业的发展。只是在科学发展观中,社会发展才获得了具体而完整的涵义:"社会发展包括科技、教育、文化、卫生、体育等社会事业的发展,也包括社会就业、社会保障、社会公正、社会秩序、社会管理、社会和谐等,还包括社会结构、社会领域体制和机制完善等。"①运用这样的社会发展概念,我们才会看到,改革开放以来,各项社会事业虽然取得明显进步,但总体上看,经济发展和社会发展存在着"一条腿长、一条腿短"的问题。按照科学发展观的要求,我们必须在大力推进经济发展的同时,更加注重加快社会发展。

可以看到,"社会主义和谐社会"是一个只有在科学发展观语境中才能提出和得到正确理解的概念。那种把它等同于一个一般意义上"美好社会",或者宽泛地理解为包括经济、政治、文化等一切领域中的和谐追求的做法,在很大程度上正是离开了科学发展观这个语境所致。同样的,只有树立了科学发展观,我们才能深刻认识构建社会主义和谐社会的必要性和重要性。构建社会主义和谐社会,正是基于对重经济增长、轻社会发展的积弊,基于偏重 GDP增长、见物不见人的片面发展观念,基于当前我国的社会分化达到一定程度,社会利益冲突表面化,正在进入一个"风险社会"甚至"高风险社会"这样的社会现实而提出的发展目标和任务。

1.1.3　摒弃超历史的道德理想,通过制度建设落实社会目标

如前所述,马克思主义的社会主义理论以"科学社会主义"行名,表明了马克思、恩格斯坚决拒斥空想主义的立场。与形形色色的空想主义不同,马克思、恩格斯从人类历史的实际发展中提出社会理想,并且科学地论证了实现这一社会理想的途径、手段、主体力量等。也是在这个意义上,马克思主义创始人把他们的科学社会主义理论称为关于无产阶级解放条件的学说。

一部社会主义运动史,在某种意义上,可以解读为马克思、恩格斯及其事业的继承者们在不同时代和国家,科学论证并且实现社会理想的历史。在其中,既有狂飙突进、凯歌高奏的辉煌岁月,也有阴霾密布、江山易帜的惨痛时刻。通过半个多世纪的艰辛探索,中国共产党人认识到社会和谐是中国特色社会主义的本质属性,并将"中国特色社会主义"目标概括为社会主义市场经济、社会主义民主政治、社会主义先进文化、社会主义和谐社会和社会主义生态文明等五位一体的建设。

显然,和谐社会是中国共产党人在新世纪新阶段提出的一种具有特定内容的社会目标,它的总要求是"民主法治、公平正义、诚信友爱、充满活力、安定有序、人与自然和谐相处"。作为一个社会目标,和谐社会建设与经济建

---

①　温家宝:"提高认识,统一思想,牢固树立和认真落实科学发展观",《人民日报》2004 年 3 月 1 日。

设、政治建设、文化建设、生态文明建设之间既有不可分割的紧密联系,又有
各自的特殊领域和规律。这是和谐社会目标的具体性。

这一具体的社会目标如何才能得到实现? 2007 年 3 月 7 日,时任中共中
央总书记胡锦涛在参加全国两会政协联组讨论时指出:"构建社会主义和谐
社会是艰巨复杂的系统工程,只有动员广大人民群众共同参与,才能使这一
宏伟目标变成现实;构建社会主义和谐社会是造福全体人民的伟大事业,只
有让广大人民群众不断从和谐社会建设中得到实惠,才能使和谐社会建设成
为广大人民群众的自觉行动。"确立共同建设、共同享有为构建和谐社会的重
要原则,是和谐社会目标具体性的又一重要体现。

目标、原则规范道路、手段的选择,而道路、手段的有效性也制约着目标、
原则的科学性。如同不能把和谐社会理解为超历史的道德理想一样,通过制
度建设来落实和谐社会的共建共享原则,同样关涉到和谐社会目标的具体性。

在当代中国,构建和谐社会的必要性、紧迫性,来自于我国经济社会发展
中"不和谐"因素的突出。这些问题,有些是发展不够的问题,有些则是共享
不足的问题,它们已经成为引发社会不稳定的主要因素,成为严重制约中国
未来发展的挑战。

无论是发展不够的问题,还是共享不足的问题,归结起来,都是制度供给
不足的问题。对于共享不足的问题,不同的制度安排将导致收入分配形式的
改变,而随着资源分配的改变,经济发展速度和绩效也会发生改变。因此,无
论是调动起全社会的积极性加快发展,还是让全体人民公平公正地享受改革
和发展的成果,都需要通过制度的力量才能得以落实。

1.2 共建共享和谐社会的制度保证

1.2.1 新社会体制:构建社会主义和谐社会的体制框架

以科学发展观为思想基础构建社会主义和谐社会,关键在于深化改革、
推进实质性的体制改革与制度创新,为其提供体制框架和制度保证。这里的
体制改革与制度创新无疑包括了经济体制、政治体制和思想文化管理体制诸
领域,但它更具体地是指必须形成一个适应社会主义市场经济发展和社会结
构深刻变化的有效的社会体制。

十八大报告在全面深化改革的总体框架中,引人瞩目地提出了加快社会体制改革的目标和任务。十八大报告指出:"加强社会建设,必须加快推进社会体制改革。要围绕构建中国特色社会主义社会管理体系,加快形成党委领导、政府负责、社会协同、公众参与、法治保障的社会管理体制,加快形成政府主导、覆盖城乡、可持续的基本公共服务体系,加快形成政社分开、权责明确、依法自治的现代社会组织体制,加快形成源头治理、动态管理、应急处置相结合的社会管理机制。"为贯彻落实十八大的相关战略部署,十八届三中全会在全面深化改革的总目标层次上旗帜鲜明地提出推进国家治理体系和治理能力现代化,并从推进社会事业改革创新和创新社会治理体制两个方面,通过对于教育、就业、收入分配、社会保障、医药卫生以及社会治理、社会组织、公共安全体系等方面的顶层设计,基本明确了完成这一改革任务的总体方向和路径选择。关于这一新社会体制的详细内容,我们需要进行全面而深入的探索。在这里,我们仅仅试图指出形成一个新的社会体制的逻辑性前提。

首先,从政府体制自身而言,切实转变政府职能,厘清政府与市场、政府与社会的关系,是形成新的社会体制的基础和前提。

实践表明,现代政府职能及其角色的改变,主要体现在政府对社会公共事务治理职能的成长之中。现代市场经济要求政府在性质上从政治权力的统治者转变为社会公共事务的管理者;而在政府职能的结构上,则要求它从维护政治统治转向全面履行社会公共管理的职能①。

改革开放以来,我国进行了多次大规模政府机构改革。总体而言,历次政府机构改革的关注点逐渐由机构设置向政府职能转变。特别是 2003 年以来政府机构改革紧紧抓住政府职能转变的主题,撤销、裁并或增设什么机构都围绕着政府职能的转变进行。由发展型政府向公共服务型政府转变,就是这几次政府改革的主题。

所谓发展型政府,是指发展中国家在向现代工业社会转变的过程中,以推动经济发展为主要目标,以长期担当经济发展的主体力量为主要方式,以经济增长作为政治合法性主要来源的政府模式②。在改革开放新时期,我们确立了经济建设的中心地位,政府将掌握的资源主要运用在经济领域,政府长期充当经济建设主体和投资主体的角色,这种政府行为在我国的经济社会

---

① 蒋京议:"社会结构调整与政府职能转变",《中国经济时报》2003 年 10 月 17 日。
② 郁建兴等:"从发展型政府到公共服务型政府",《马克思主义与现实》2004 年第 5 期。

发展中曾经发挥了非常重要的作用。但是,在社会主义市场经济体制已经初步建立的新历史条件下,政府长期充当经济建设主体和投资主体的角色必须转变。

所谓公共服务型政府,就是以"管理就是服务"为根本理念,以提供私人或者社会不愿意提供,或者没有能力提供的公共产品和公共服务为主要职能的政府。它在经济层面上是指,政府存在的根据在于匡正市场失灵,政府主要为社会提供市场不能够有效提供的公共产品和公共服务,制定公平的规则,加强监管,确保市场竞争的有效性,确保市场在资源配置中的决定性作用。政府不应该直接作为微观经济主体参与市场竞争或者依靠垄断特权与民争利。它在政治层面上是指,政府的权力是人民赋予的,政府要确保为社会各阶层,包括弱势群体提供一个安全、平等和民主的制度环境,全心全意为人民服务,实现有效的治理而不仅仅是统治。它在社会层面上是指,政府要从社会长远发展出发,提供稳定的就业、义务教育和社会保障,调节贫富差距,打击违法犯罪等,确保社会健康发展。①

在社会主义市场经济条件下,政府职能主要是经济调节、市场监管、社会管理和公共服务。当前我国政府职能转变的关键在于,把政府经济管理职能转到主要为市场主体服务和创造良好发展环境上来,把更多的力量放在改善和保障民生上。2013 年 3 月十二届全国人大一次会议通过的《国务院机构改革和职能转变方案》中,将"推进政府职能转移"列为政府职能转变的第一要义,指出需要"着力解决政府与市场、政府与社会的关系问题,充分发挥市场在资源配置中的基础性作用,更好发挥社会力量在管理社会事务中的作用"。十八届三中全会更进一步提出使市场在资源配置中起决定性作用。这可视之为新社会体制得以形成的基础和前提。

其次,从政府"体制外"角度而言,大力培育社会组织,在社会结构中变以往的政府与市场的两极关系为社会组织与政府、市场的"三足鼎立"关系,并且实现政府、市场、社会组织三者之间的良性互动,是形成新的社会体制的结构性基础。

如果说传统公共管理的理论预设和研究起点可以称之为"唯政府主义",即认为公共管理的唯一主体就是政府,其他组织和个人都是政府行政管理的

---

① 迟福林等:"加快建设公共服务型政府的若干建议(24 条)",《中国(海南)改革发展研究院简报》,总第 478 期。

对象,那么人们对于"治理"的关注,"少一些统治(government),多一些治理(governance)"口号的流行则从根本上赋予了公共管理以新的含义。这种改变了的公共管理方式是什么呢?第一,与"统治"不同,治理所需要的权威并非只是来自政府机关,政府机关并非唯一的权力来源,社会组织也可以成为治理的主体。第二,治理与政府统治行为中权力运行的方式和向度不一样。在治理中,因为政府不是唯一的权力、权威和资源拥有者,所以治理除了强制、命令的行为方式外,更有合作、协商、谈判和交换等方式。这种行为不再是一元的、自上而下的行为,单向度的权力线也变成了多维度权力网,共同作用于社会事务。同时,各种不同权力和权力主体之间也形成多种方式的互动。

在我国,受苏联模式和历史文化传统等多种因素影响,1949年新中国成立后,我们建立起了一个具有浓重"全能主义"色彩的政治体制。国家权力甚至深入渗透到人们的社会生活。改革开放以来,社会资源的占有与控制已逐渐呈现多元化态势,社会很大程度可以利用这些自由流动资源和自由活动空间发展出独立于国家的物质生产和社会交往形式。伴随着社会资源占有与控制的多元化,个人独立性相对扩大,表现为个人受组织、身份的限制趋于减弱,寻求自身发展的选择余地不断增加,个人财产权利、言论、发表、隐私权及其他权利的状况较以前有所改善。而随着从旧体制摆脱出来的新的社会力量和角色群体的发展壮大,在政府行政组织之外开始了民间社会的组织化过程,经济、社会、文化、生态领域的非营利性团体和非行政化的营利性经济组织日益成为国家不能忽视的社会主体。

前面说过,构建社会主义和谐社会的必要性在很大程度上来自于我国社会结构的多元化发展。必须进一步指出的是,构建社会主义和谐社会的唯一可能性也在于我们能够形成一个多元化的社会:多元化社会是和谐社会的基础。社会的发展,对于公民的政治参与、政治公开化、公民自治、政府的廉洁与效率、政府决策的民主化和科学化等具有重要意义。与此同时,它与政府、市场之间建立起一种良性互动关系,可以大大改善社会的治理状况,在一个新的治理结构中,通向社会主义和谐社会的社会治理体制就可能形成。比如社会组织化程度的提高,使组织间信息传播的成本大大降低,并引起组织间的谈判对话成本的降低,由此组织间的冲突更容易得到调节,组织间的对立容易达成妥协。在这个条件下,国家权威更容易中立,而国家权威越是中立,国家权威越容易在利益冲突中发挥调节作用,社会也越容易和谐。另一方面,社会组织化程度提高以后,社会更容易产生立场温和的领袖,使全社会形成容易对话、妥协的氛围①。

必须指出,任何地方的社会组织"都是由良莠不齐、甚至完全怪诞的成分组成的令人眼花缭乱的纵队"②。它们可能与私有的经济利益相关,对平衡有关公共利益的不同观点并不感兴趣。发达的社会组织中各种利益集团对权力和资源的争夺势必"阻遏代表性的制度运作,并系统地歪曲政策效果"。因而强调大力培养和发展社会组织,并不意味着政府必须放弃对社会组织的监管。"十二五"规划纲要提出"坚持培育发展和管理监督并重,推动社会组织健康有序发展",以及十八大报告要求"加快形成政社分开、权责明确、依法自治的现代社会组织体制",就是对社会组织在社会体制中的角色定位。

1.2.2　改善经济结构和政府治理体制,扩大公民参与

让广大人民共同享有的和谐社会,无疑不能依靠少数人来建设。制度供给不足的问题,无论在经济结构中的市场准入、审批限制等方面,还是在公民参与社会事务的渠道方面,都存在着诸多体制性障碍。

当前共享不足的问题,首先是由国家垄断的经济结构造成的。中央企业、国有企业的不断坐大阻碍了生产要素的市场化改革,而中小企业的民营化改革往往演变成为恶性私有化,它加快了财富和资本的转移速度,加重了社会不公平状况。如郑永年教授所指出,这种经济结构必然产生两个后果,第一是财富从民间向国家转移,因而容易造成国富民穷的局面;第二是财富从多数人向少数人转移,因而容易造成少数人控制财富,中产阶级不能壮大,而社会多数相对贫穷的状态③。经济结构不改,民生问题难治。相应地,反垄断和鼓励中小微企业的发展,出台、实施有利于中小微企业发展尤其是民营企业发展的政策,破除在市场准入、金融支持等诸方面的限制,就成为构建和谐社会的重要制度保证,民生经济才是和谐社会的经济基础,只有造成了一种国富民富的民生经济形态后,国家才能发挥其应有的收入再分配功能。十八届三中全会重启国有企业改革,就是基于上述背景与形势。

在社会公共事务的参与方面,制度性障碍就表现得更为直接。如果说在改善经济结构方面需要构建基于机会平等的市场公平体制,那么在公民参与

---

① 党国英:"在中国建立和谐社会的可能性",《中国新闻周刊》2005年1月8日。
② 托马斯·卡罗瑟斯:"市民社会",《国外社会科学文摘》2000年第7期。
③ 郑永年:"民生经济是中国和谐社会的经济基础",《联合早报》2007年5月1日。

领域就需要拓宽和完善公民参与社会公共事务的渠道。

1998 年诺贝尔经济学奖得主阿玛蒂亚·森指出,贫穷从来就是一种权利现象而非资源问题,它是一个社会权利结构运转的结果。以公民权利概念观照当前我国社会的"不和谐"现象,我们可以得出很多新的认识。无论是农村和农民的贫困,还是城市下岗、失业人员的贫困,多是权利不足和机会缺乏的结果。而机会和权利的提供、增加和保障,则主要是政府和社会的责任。

英国学者托马斯·马歇尔认为,公民权利包含了基本权利、政治权利、社会权利等方面内容,公民权利的改善体现出从自由权利、政治权利到社会权利的先后获得次序。美国华裔学者洪朝辉则认为,这种公民权利的演进符合了西欧和美国的特征,但在亚洲国家,公民权利的获得往往以政府提供社会福利为起点,即从非政治意义上的社会权利开始。他认为,以"社会权利"作为公民权利改善的起点,不仅能为现有的经济福利提供切实基础,更关系到能否为未来的政治权利构筑坚实的基础①。

在我们看来,公民权利的改善次序不会是一个线性过程,以社会权利作为公民权利改善的起点是完全可能的,而且也有策略上的重大意义。但是,社会权利与自由权利、政治权利之间存在着某种紧张关系,我们不能想象社会权利的改善与自由权利、政治权利可以完全、长期脱节。公民社会权利的改善需要自由、政治权利的相应改善进行支撑,同时也推进自由、政治权利的改善。这是我们把构建社会政策体系与扩大公民参与联系起来的根据所在。

对此,十七大报告有诸多重要论述。在强调"和谐社会要靠全社会共同建设"的同时,十七大报告要求,"从各个层次、各个领域扩大公民有序政治参与,最广泛地动员和组织人民依法管理国家事务和社会事务、管理经济和文化事业"。十八大报告延续了这一重要论述,更加明确提出"充分发挥群众参与社会管理的基础作用","以扩大有序参与、推进信息公开、加强议事协商、强化权力监督为重点,拓宽范围和途径,丰富内容和形式,保障人民享有更多更切实的民主权利"。这即是说,扩大公民参与社会公共事务,是共建和谐社会的客观要求。

那么,如何为改善公民权利、扩大公民参与提供体制框架和制度保证呢?这里的关键在于深化改革,推进实质性的体制改革与制度创新,改革政府管理体制,建设服务型政府,有助于政府履行在共建共享和谐社会中的责任。

---

① 洪朝辉:"论中国城市社会权利的贫困",《江苏社会科学》2003 年第 2 期。

最后需要提到法治。作为最具有稳定性、权威性的制度,法治是共建、共享和谐社会的根本保障。无论是公民权利的确认与保障,还是政府与市场、国家与社会的分界与互动,都需要宪法与法律制度作为基础。美国联邦宪法将联邦政府与州政府之间的关系进行了清楚界定,并且通过对公民权的界定和保护,设定了政府行政权力的边界。在联邦宪法制定以后,美国又通过制定迪龙法(Dillon's Rule)和地方自主管理特许权法(Home Rule),界定了州政府与地方政府之间的关系①。这些法案确立了集权与分权的底线,为国家与公民社会、联邦政府与州政府、州政府与地方政府之间的博弈建立了法理基础,值得我国认真借鉴和吸纳。历史经验已经表明,在既定的法理制度基础上博弈更符合国家长治久安的现代治国理念,无疑更有利于和谐社会建设。2007年,全国人大常委会工作报告首次提出加强社会领域立法。2009年4月,全国人大常委会举行了题为《关于加强社会领域立法的若干问题》的专题讲座。这是一个非常重大的立法指向变化,表明共建共享和谐社会的战略目标,正从思想纲领落实为具体的法律制度建设。中国或开启了"民生立法"时代。

1.2.3 建立健全社会政策体系,保障人民共享发展成果

当代中国的共享不足问题,在财富分配方面,一方面表现在民众享有财富的比例较低;另一方面表现为贫富差距等的扩大。

改革开放30多年来,我国经济实力大大增强,2013年我国GDP总量达到56.9万亿元,财政收入达到12.9万亿元。但相比较而言,公共财政收入增幅远高于GDP增幅,也长期高于居民收入增幅。以2013年为例,在经济增长全面趋缓的情形下,GDP比上年只增长7.7%,而全年全国公共财政收入比上年增长了10.1%;同样的,扣除价格因素,全年农村居民人均纯收入实际增长9.3%,城镇居民人均可支配收入实际增长7.0%。

据国家统计局公布的2003年到2013年中国全国居民收入的基尼系数,2013年,中国的基尼系数为0.473,按照国际通行标准,已接近或达到严重不平等的地步。此外,在改革时代开始时,我国城市居民的人均可支配收入是农村居民的2.6倍。改革初期,城乡差距因改革首先在农村实行而大大缩小。

---

① 蓝志勇:"给分权划底线,为创新设边界——地方政府创新的法律环境探讨",《浙江大学学报》(人文社会科学版)2007年第6期。

但自 1984 年开始城市改革以来,差距就越来越大。尽管从 2010 年开始,中国城乡收入比呈小幅回落态势,而在 2013 年,城乡居民收入比仍为 3.03∶1,维持在 3 倍以上。

国民财富的分享不足,导致一段时间以来我国社会矛盾凸显,民生问题成为社会热点。毫无疑问,和谐社会目标和任务的提出,就是为了让全体人民共享改革发展的成果,共享国家经济发展的实惠。而且,这种共享,可以凝聚共识,凝聚民心,加快改革开放的步伐。

如何推进国民财富的共享? 已有一些论者提出了很好的意见。比如有的论者主张从处理好阶级、阶层的关系,从解决城乡二元结构入手优化社会结构。有的论者提出要增加对那些特别高收入者的实际税收,把调节收入分配的重点,放在这部分人身上;通过提高起征点、降低税率、建立必要的减免和退税制度,减轻中等收入者的税负,使这个群体能够更快更好地成长与壮大。也有论者指出,必须改革以财政收入最大化为指导思想的税收制度,以压抑劳动者收入增长为特征的分配制度,等等。这些都是非常好的意见,有待于认真研究和具体落实。从公共政策议程设置角度,我们认为,当务之急是努力建立健全社会政策体系,以保障人民共享经济社会发展成果。

社会政策是指以改善困难群体的生活状况和普遍增进社会成员的社会福祉为目的的公共政策。在当代,社会政策不仅包括体现二次分配功能的社会福利和社会保障体系,而且包括了用以促进公民能力的医疗卫生政策、保证公民平等机会的文化教育政策,以及劳动就业政策、住房政策、人口政策等。

20 世纪 90 年代中期以前,我国只有经济政策,没有社会政策。知名中国问题研究专家托尼·赛奇写道:"在经济快速增长的 20 世纪 90 年代早期,改革的社会后果很少被关注。而且,那时人们还有一个普遍的假设,即高水平的经济发展能够解决所有问题。"[①]社会矛盾的凸显是出现社会政策的背景。我国公共政策议程设置开始把社会政策摆到重要位置。经过十余年努力,当前我国社会政策的项目规划基本健全,基本公共服务实现制度全覆盖。这是十分了不起的成就。但是,当前我国的社会政策呈现碎片化格局,以城乡二元、身份分割、区域分割、制度林立、待遇有别、管理多头为特征,这就固化了城乡二元和身份分割结构,人为地再次扩大了不平等。

十七大报告首次论述了"加快推进以改善民生为重点的社会建设",强调

---

① Tony Saich, *Governance and Politics of China*, Palgrave Macmillian, 2004, p.268.

必须在经济发展的基础上，更加注重社会建设，着力保障和改善民生，推进社会体制改革，扩大公共服务，完善社会管理，促进社会公平正义，努力使全体人民学有所教、劳有所得、病有所医、老有所养、住有所居。十八大报告进一步完善了这一表述，从努力办好人民满意的教育、推动实现更高质量的就业、千方百计增加居民收入、统筹推进城乡社会保障体系建设、提高人民健康水平、加强和创新社会管理等方面论述了社会建设的具体目标和任务。无疑，建立健全社会政策体系，要以解决人民最关心、最直接、最现实的利益问题为重点，使经济发展成果更多体现到改善民生上，尤其要注重优先发展教育，实施扩大就业的发展战略，深化收入分配制度改革，基本建立覆盖城乡居民的社会保障体系，建立基本医疗卫生制度，提高全民健康水平，完善社会治理，维护社会安定团结。

从某种意义上说，像贫富悬殊、失业人口增多、城乡和地区差距拉大、社会矛盾加剧等问题的出现，在现代化进程中具有不可避免性。西方国家首先遭遇到了相应问题。从实行自由放任到国家干预市场，建设福利国家，再到社会保障和社会福利政策的改革和完善，西方国家留下了很多经验教训。对于后发国家的我国而言，一时的不可避免并不可怕，可怕的是那些病态发展被无限期地延长。如果能尽最大努力地汲取社会政策体系构建的国际经验，并且结合中国实际，勇于创新，最大限度地缩短这一过程，那将成为一个重要后发优势。

曾在总统任期内大力推进美国社会保障和社会福利政策的富兰克林·罗斯福说过："检验我们社会进步的标志是：我们能否使那些富裕的人更加富裕，为那些不富裕的人提供足够的物品和服务。"这似可视作评价社会政策效应的标准。

总之，共建共享和谐社会前所未有地突出了制度建设的重要性。建立健全社会政策体系，在改善民生和创新治理中加强社会建设；改善现有的经济结构，大力建设民生经济；改革政府管理体制，建设服务型政府，形成公民、市场、社会组织与政府构建和谐社会的合力；等等，都是今天我们构建和谐社会的紧迫任务。在共建中共享，在共享中共建，是我们把和谐社会理解为一个具有特定内涵的社会目标，而又把它与市场经济建设、民主政治建设、先进文化建设、生态文明建设联系起来的最重要依据。

1.3　本书结构安排

　　本书分为三篇,共九章。上篇包括第一章至第二章,旨在从理论上提出问题并确立共建共享和谐社会的分析框架,包括共建共享和谐社会所需的党政组织转型。中篇包括第三章至第六章,旨在从调整、完善经济结构、建立健全社会协同治理体制、培育社会力量、确立社会治理多元主体间运行机制等四个方面论述共建和谐社会的关键问题。下篇包括第七章至第九章,旨在从城乡一体化发展与推进基本公共服务均等化、构建全民统一的基本公共服务体系、推进重点领域和关键环节的改革等三个方面论述共享和谐社会的关键问题。具体安排如下:

　　第一章为导论,从社会主义和谐社会当代可能性的意义上提出共建共享和谐社会的制度保证。本章首先探究了社会主义和谐社会的当代可能性,指出和谐社会是一个具有特定内涵的现实社会目标,构建和谐社会的思想基础是科学发展观,在当代中国共建共享和谐社会需要摒弃超历史的道德理想,通过制度建设予以落实;然后从构建新社会体制、改善经济结构和政府治理体制以及建立健全社会政策体系等三个方面论证了共建共享和谐社会的制度保证。

　　第二章"以和谐社会为共同愿景的党政组织学习与转型"。党委和政府是当代中国共建共享和谐社会的主导者,而共建共享和谐社会目标的实现又以党政组织转型为前提条件。在新的历史起点上,建设学习型党政组织对于实现党政组织转型具有重要意义。本章从学习型组织及其共同愿景的重要性、以和谐社会为愿景全面提升党和政府的服务能力、学习型党政组织提升公共服务能力的策略选择等三方面论证了构建以和谐社会为共同愿景的学习型党政组织的重要性、必要性与可行性,并围绕当前的党政组织能否应对变革问题论述了如何建设学习型党政组织与克服党政组织的学习障碍。

　　第三章"重构政府与市场关系,完善经济结构"。构建良性的政府与市场关系,解决现有体制下的发展困境,是建设社会主义和谐社会的重要内容,也是当前全面深化改革中的重大问题。本章基于当前中国发展模式与政府治理面临的新挑战,借鉴各国在处理政府与市场关系中的有益经验,探求适合中国发展现状的政府与市场关系模式与可行路径。

第四章"建立健全社会协同治理的新体制"。党政组织并不是构建和谐社会的唯一主体,社会力量与党政组织的协同在共建共享和谐社会的进程中具有重要地位和作用。本章从社会治理中的政府与社会关系、公民力量培育与社会成长、社会协同治理的实现机制以及社会协同的制度化与法治化等四个方面,论证了当代中国和谐社会建设中的社会协同治理模式。

第五章"培育社会力量"。培育发展社会力量并使之不断成长成熟是共建共享和谐社会的重要基础。本章通过德清县引导"民间设奖"、给力社会自主治理和"桐庐百姓日"等案例研究,具体论述在当代中国和谐社会建设实践中,公民力量培育与社会成长的重要性、必要性和紧迫性,以及公民力量培育与社会成长的可行性与可能路径。

第六章"确立社会治理多元主体间运行机制"。在社会组织等不断得到发展后,如何使得多元治理主体间实现正向促进、形成共建共享和谐社会的合力呢?这需要确立社会治理多元主体间协调运行机制,即构建社会协同治理的实现机制。本章首先论述了政府需要在其中发挥主导作用,构建社会治理主体各种制度化的沟通渠道和参与平台、健全多元社会治理主体间互动机制,然后通过流动人口协同治理案例,考察了现实社会治理实践中,政府与社会之间如何通过持续互动逐渐形成和修正这一治理机制。

第七章"加快城乡一体化发展 推进城乡基本公共服务均等化"。统筹城乡发展、推进城乡一体化,是实现城乡居民共享和谐社会的根本途径。改革开放后,我国启动农业农村改革并大力推进城市化,城乡面貌发生巨大变化。但由于沿袭了城乡二元发展思维,"三农"问题未能得到根本解决,城乡差异不断扩大。进入新世纪后,党和政府鲜明确立了破除城乡二元结构、推进城乡一体化的发展战略。本章首先论证了统筹城乡发展必须以实现城乡一体化为目标,进而通过分析指出必须坚定地在城市化与工业化的发展背景中推进新农村建设,推进以"人的城镇化和农民市民化"为核心的新型城镇化,并最终落脚于城乡基本公共服务均等化,构建城乡一体化的基本公共服务与社会政策体系。

第八章"破除碎片化结构 构建全民统一的基本公共服务体系"。构建全民共享的基本公共服务体系,是共建共享和谐社会的主要途径。当前我国已经实现基本公共服务的制度全覆盖,但总体上呈现出一种城乡分割、职业分割、区域分割的碎片化状态,不仅固化并扩大了社会不平等,而且阻碍并制约了公民自由流动和定居。本章通过剖析当前我国基本公共服务的身份碎片化与区域碎片化格局的形成原因、基本表征及其不良影响,提出了"构建全民统一的基本公共服务体系"的发展目标,并指出实现这一目标,一方面需要加快推进各种社会政策的制度整合并最终实现全民化的制度统一,另一方面需要重新设计基本公共服务供给的政府间关系和职能分工并最终实现国民化的社会权利。

第九章"推进重点领域和关键环节改革"。共建共享和谐社会,必须推进收入分配制度、户籍制度和土地制度等重点领域和关键环节的改革。收入分配、户籍和土地制度日益成为影响当代中国经济社会协调健康可持续发展的重要因素,不仅对经济增长、经济转型具有强烈的结构限制性作用,而且事关社会稳定和政治安定的总体发展大局。近年来,加快推进收入分配制度、户籍制度与土地制度改革始终位于社会各界热烈讨论的议题中心,其现行制度严重阻碍了我国的城镇化、工业化和现代化进程。本章试图在分析当前我国收入分配、户籍与土地制度之现状与弊端的基础上,提出推进相应制度改革之可供参考的战略路径与对策建议。

2　以和谐社会为共同愿景的党政组织学习与转型

　　党委和政府无疑是当代中国共建共享和谐社会的主导者,而共建共享和谐社会目标的实现又以党政组织转型为前提条件。美国乔治·华盛顿大学教授、中国问题专家沈大伟(David Shambaugh)在《中国共产党:收缩与调适》一书中指出,中国的党和国家没有随着东欧、苏联、蒙古制度的崩溃而成为下一张多米诺骨牌,原因在于中国的党和国家具有巨大的弹性和适应能力。中国共产党采取了许多调适性改革来逆转收缩过程,因而实际上处于一种转型过程之中,从而相当有效地应对了党所面临的许多挑战从而维持了它的政治合法性和权力[①]。在新的历史起点上,建设学习型党政组织对于采取调适性改革、实现党政组织转型具有重要意义。本章从学习型组织及其共同愿景的重要性、以和谐社会为愿景全面提升党和政府的服务能力、学习型党政组织提升公共服务能力的策略选择等三方面论证了构建以和谐社会为共同愿景的学习型党政组织的重要性、必要性与可行性,并围绕当前的党政组织能否应对变革问题论述了如何建设学习型党政组织与克服党政组织的学习障碍。

2.1　构建以和谐社会为共同愿景的学习型党政组织

　　"不学习即消亡。"面对全球化时代激烈的知识经济竞争格局和复杂的社会环境,组织学习和学习型组织建设正逐渐在全球范围内成为热潮。党的十六大以来,我党把组织学习和学习型组织建设摆到了十分突出的位置。继十

---

① 　沈大伟:《中国共产党:收缩与调适》,中央编译出版社 2011 年版。

六大报告提出"形成全民学习、终身学习的学习型社会"目标后，十七大、十八大报告再度提出了这一号召，并且明确提出了"建设学习型政党"、"学习型党组织"等要求。这既是党始终保持自己的先进性，不断增强创造力、凝聚力和战斗力，巩固党的领导地位和执政地位的需要，而且，创建学习型社会首先要把我们的党建设成为学习型政党。下文将运用"学习型组织"概念，对我国学习型政党建设的共同愿景及其构建策略做出一个初步探讨。基于中国共产党的具体执政形式，本文将党组织与政府组织合而论之，并称"党政组织"。

2.1.1 学习型组织及其共同愿景的重要性

"学习型社会"概念最早是由美国教育家赫钦斯（R. M. Hutchins）提出的，他于 1968 年发表了《学习型社会》（*The Learning Society*）一书。1972年，联合国教科文组织发表了法国人埃德加·富尔起草的报告《学会生存——教育世界的今天和明天》，其中将学习型社会与终身教育作为"两个基本观念"而加以特别强调，并向世界各国发出了"向学习型社会前进"的号召。1973 年，美国卡内基高等教育委员会发表了题为《学习型社会——通向生活、劳动、奉献的道路》的报告书。1983 年，美国高质量教育委员会向美国总统提交了题为《国家处在危机中》的著名报告，将建设学习型社会的作用和意义与国家的生死存亡联系在一起，并将它作为美国教育改革的核心理念加以特别强调。这些著作和报告，激发了人们对于教育目的、未来教育与社会等问题的重新思考。

尽管如此，在 20 世纪 90 年代以前，学习型社会理念主要为一些教育界专业人士、联合国教科文组织和一些国家政府部门人员所了解，还远未得到广泛传播和社会认同。1990 年，美国学者彼德·圣吉在全面反思组织（尤其是公司）的兴衰并结合系统动力学研究基础上推出了《第五项修炼》一书，从此，学习型社会和学习型组织的理念风靡一时，得到广泛流行。

什么是学习型社会？赫钦斯把它定义为全民学习、终身学习、终身教育的社会。在其中，"不但为每个成年男女，按其一生每个阶段的需要，提供部分时间的成人教育，还顺利地实现了价值转换的社会。使人人求学，人尽其才，恢宏人性，成为社会的目标，并使社会的一切规章制度悉以此为鹄的"。①社会要从"学校型社会"（schooled society）转变为学习型社会。而彼德·圣吉

① 赫钦斯：《教育现势与前瞻》，今日世界出版社（香港）1976 年版，第 2 页。

的《第五项修炼》为实践终身学习、终身教育的学习型社会理念提供了一整套科学理论、技术与方法,使之具有了操作性、实效性。这也是此后许多经济组织、公共组织竞相学习、研究、运用学习型组织理念的重要原因。

彼德·圣吉在《第五项修炼》中首先赋予"学习"一个全新的含义,提出学习不是单纯的吸收知识,获得信息,也不是单独个体的学习,正确的学习应该是集体的学习,是组织学习。学习应该涉及整个思维方式或心智模式的转变,最终实现心灵的感悟。而且这种学习应该是持续不断的,终身的。"通过学习,我们可以重新创造自我。通过学习,我们能够做到从未能做到的事情,重新认知这个世界及我们跟它的关系。"而学习型组织,就是通过培养弥漫于整个组织的学习气氛,充分发挥员工的创建性思维能力而建立起来的一种有机的、高度柔性的、扁平的、符合人性的、能持续发展的组织。圣吉认为,学习型组织具有八个特征:(1)组织成员拥有一个共同愿景;(2)组织由多个创造性个体组成;(3)善于不断学习;(4)"地方为主"的扁平式结构;(5)自主管理;(6)员工的边界将被重新界定;(7)员工家庭与事业的平衡;(8)领导者兼备设计师、仆人和教师角色。在圣吉看来,一个组织要成为学习型组织,必须通过自我超越、改善心智模型、建立共同愿景、团队学习和系统思考五项修炼。

第一项修炼:自我超越。"自我超越"是个人成长的学习修炼。具有高度自我超越能力的人,能不断扩展他们创造生命中真正心之所向的能力,从个人追求不断学习为起点,形成学习型组织的精神。高度自我超越的人会敏锐地警觉自己的无知、力量不足和成长极限,但这并不影响他们的自信,他们永不停止学习。

第二项修炼:改善心智模式。心智模式不仅决定我们如何认识周围的世界,并影响我们如何行动。创建学习型组织的关键一步是鼓励人们接受能够更好地反映竞争的工作环境的不同心智模式。

第三项修炼:建立共同愿景。共同愿景指组织中大家共同对未来愿望的景象,它不仅指在人们心中持有共同的愿望,而且应该真诚地分享他人的愿景,共同愿景是个体愿景交互作用的产物。共同愿景为学习提供了焦点和能量,使组织成员产生创造性学习的动力。没有共同愿景,就不会有学习型组织。

第四项修炼:团队学习。团队学习是发展团队成员整体搭配与实现共同目标能力的过程。组织的学习单位是"团队",团队的学习被看作是:最好的相互学习;反思他们表达真实问题的方式;能够质疑支持他们行为的假设;从他人和自己问题解决的行为结果获得正确的反馈;完整的工作团队的学习情境有助于其中的个人学习。

第五项修炼:系统思考。任何组织与人类其他活动之间构成一种"系统",受到其细微而且息息相关的行动的影响,这种影响往往要经年累月才完全展现出来。如果没有系统思考,各项学习修炼到了实践阶段就失去了整合的诱因与方法。系统思考的关键在于找到"杠杆点",亦即可引起结构重要而持久改善的点。一旦找到了最佳杠杆点,就能以小而专注的行动创造出最大力量。

建设学习型组织的上述五项修炼是相互联系的整体。系统思考要求以团队学习为前提;团队学习要求个体的自我超越;当心智模式被表露、确认、变化和共享,学习发生在个体、团队和组织的层次上;当个人、团队和组织的愿景被分享和联系,学习就会获得积聚和联合。

在圣吉看来,实现有效组织学习的关键一步,是在实现组织内个人自我超越和改善心智模式基础上构建起组织成员的共同愿景。所谓"共同愿景",简单地说就是:"我们想要创造什么?"即每位组织成员希望这个组织所持有什么样的共同意象或共同景象? 为了实现什么样的目标和达到什么样的目的? "共同愿景对学习型组织是至关重要的,因为它为学习型组织提供了焦点与能量。"①

通过上述的简短考察可以看到,学习型组织概念提升了学习的意义和本质,同时亦开启了现代组织发展和建设的新境界。而组织成员的共同愿景对于有效组织学习具有关键意义。下面我们试图借鉴这一概念,探讨一下当前我国党政组织的学习型组织建设。

2.1.2　以和谐社会为共同愿景,全面提升党和政府的公共服务能力

"愿景"(vision)的词源是"看见"之意,中文译名有远景、愿望、目标、景象等。共同愿景(Shared Vision)是"组织中人们所共同持有的意象或景象,是在人们心中的一股令人深受感召的力量"②。它是"在团队里树立认同的意识,和各项修炼一起开发我们试图创造的未来的共同愿景,并指导实现共同愿景

---

① 彼德·圣吉:《第五项修炼——学习型组织的艺术与实务》,上海三联书店 1998 年版,第 238 页。

② 傅宗科、袁东明:《创建学习型组织的策略与方法》,上海三联书店 2005 年版,第 95 页。

的实践。"①共同愿景包括三个要素:组织目标、价值观和使命。目标是组织期望在未来要达到的里程碑,价值观是组织为实现蓝图、达到目的所遵循的一些基本原则,而组织的使命是对"组织为什么而存在?"和"组织是什么?"的阐述。目的和使命是组织存在的理由,人们寻求建立共同愿景的理由之一,就是他们内心渴望归属于一项重要任务、事业和使命。可见,共同愿景实际上就是组织目标、价值观和使命的综合体现。

那么,当前我国的党政组织应该建立怎样的共同愿景?毫无疑问,这一共同愿景与当前我国的经济社会发展主题紧密相关。

以科学发展观与构建和谐社会目标的提出为标志,我国的经济社会发展进入了一个新时代。推动科学发展,促进社会和谐,是当代中国经济社会发展的主题。科学发展观是构建和谐社会的思想基础,而构建和谐社会则是科学发展观提出的发展目标和任务。相应地,科学发展观是统领我们各项工作的指导思想,和谐社会是我们的组织目标、价值观和使命,即共同愿景。

我们在第一章中已经指出,和谐社会不能被等同于一个一般意义上的"美好社会",或者宽泛地理解为包括经济、政治、文化、生态等一切领域中的和谐追求,它是中国共产党人在全国人均 GDP 突破 1000 美元、进入"黄金发展期"和"矛盾凸现期"并存的时代背景下提出的社会目标,它基于出台、实施覆盖面广泛的多项社会政策而实现经济社会和人的全面发展②。相应地,构建和谐社会,就不能仅仅停留于意识形态领域中的宣传、教育。构建和谐社会,指导思想是科学发展观,关键在于深化改革、推进实质性的体制改革与制度创新,为其提供体制框架和制度保证。具体地说,必须实现政府角色转型,建成公共服务型政府。

相应地,指出和谐社会是当前我国党政组织的共同愿景,也就指出了建设学习型党政组织的学习目标与主要内容。学习型组织理论家认为,构建学习型党政组织是一种"牵引式的策略选择",因为"强调学习型组织学习的主导性,并不意味着学习活动是这个组织的主要任务,更不是说学习活动应占据组织的主要时间,而是说这种学习应当围绕服务于组织的主体发展目标的需要,渗透于本组织主体发展任务及其各项活动之中,而不是游离于组织目

---

①   伯特·佛雷德曼、艾瓦·威尔逊、乔安妮·维亚:《第五项修炼教程:学习型组织的应用》,经济日报出版社 2002 年版,第 20 页。

②   郁建兴:"和谐社会:是什么与不是什么?",《南方日报》2005 年 8 月 19 日。

标之外"。① 对学习型党政组织建设而言,确立了共同愿景,也就意味着党政组织的学习活动必须紧紧围绕它而进行。具体地说,确立和谐社会为共同愿景,就前所未有地向党政组织提出了提高治理社会事务的本领、协调利益关系的本领、处理人民内部矛盾的本领、维护社会稳定的本领等要求。简而言之,它前所未有地向党政组织提出了提升公共服务能力的要求。

在学习型组织理论看来,构建组织的共同愿景具有提供学习焦点与能量,树立长期承诺与忠诚,提供全新思考和行动方式,产生强大的凝聚力和创造力等作用。通过确立和谐社会为学习型党政组织的共同愿景,可以明确各级党政组织的目标、价值观和使命,从而使其成员能够在提升公共服务能力方面主动而真诚地奉献和投入,而非被动遵从。

2.1.3 学习型党政组织提升公共服务能力的策略选择

学习型党政组织建设是一个多阶段的过程,这一过程帮助组织将管理者的战略和期望结合在一起,从而创造新的现实,并且迎接挑战。因此,建设学习型党政组织需要有系统思考。就一般组织而言,圣吉在《第五项修炼》中谈到了建立共同愿景的修炼策略,包括鼓励个人愿景,塑造整体图像,决非官方说法(而强调管理者与组织成员共享),不是单一问题的解答(而强调持续进行、永无止境地开展),学习聆听(强调互动与分享融汇)②。一些论者也指出,建设学习型组织需要把握六个关键要素:(1)创造一种适合建立共同愿景的文化;(2)关键利益者的识别和培养;(3)理解信息和价值观;(4)了解人们的渴望和建立共同愿景;(5)培养高质量的交流;(6)理解时间观。③ 基于学习型组织建设的上述特点以及党政组织和行为的特殊性,以和谐社会为共同愿景、全面提升公共服务能力的组织建设过程似可采取以下对策:

首先,创设以公共服务为核心的党政组织文化理念,认识公共服务内涵,增强公共服务意识。组织文化被称为组织管理中的"软性"因素,历来备受关注。它代表了组织中不成文、可感知的部分,如价值观、指导信念、理解能力和思维方式等。文化通过提供一种组织认同感,使组织成员对超越他们个人自身内涵的信念和价值观产生认同。优秀的组织文化有助于加强组织成员

---

① 许正中、张用全:《学习型政府》,中国环境科学出版社 2003 年版,第 69 页。
② 彼德·圣吉:《第五项修炼——学习型组织的艺术与实务》,上海三联书店 1998 年版,第244—251 页。
③ 连玉明:《学习型政府》,中国时代经济出版社 2003 年版,第 96—100 页。

的凝聚力和组织的整体力量,有助于整合组织的共同愿景,发展出一种集体认同感并指导如何相互合作以有效地工作。可以看到,共同愿景的构建首先依赖于组织文化的建设。因此,学习型党政组织建设以和谐社会为共同愿景、以全面提升公共服务能力为主要目标和内容,就需要在党政组织中创设以公共服务为核心的组织文化理念,充分认识公共服务内涵,不断增强公共服务意识。其可行的途径包括,一是加强对马克思主义理论的学习和领会。为人民服务,代表和实现最广大人民群众的根本利益,是马克思主义的宗旨和灵魂。二是加强对科学发展观这一当代中国马克思主义最新成果的学习。作为对我国改革开放和现代化建设经验的总结,以及对人类社会发展进程中面临新问题的积极回应,科学发展观突出强调了经济社会与人的全面发展的重要性和现实途径。三是加强现代政治与政府理论的学习和理解,使民主政府、服务性政府理念深入人心。现代政府理论多建立在契约论基础之上,强调公共权力的来源是人民群众。而近年来的政府改革运动中提出的新公共服务理论,更是强调政府要以公民为中心,"服务,而不是掌舵",强调政府职能的有限性、行为的有效性、权力与责任的对等、民众的参与等理念。通过上述学习过程,党政组织的公共服务意识就可能形成和发展。

其次,以个人愿景为基础,以领导愿景为示范,构建党政组织的共同愿景。个人愿景是组织愿景的基石。建立共同愿景的修炼,首先必须持续不断地鼓励成员发展自己的个人愿景,并且是发自个人内心的意愿,然后通过互动实现我的愿景中有你,你的愿景中有我,在此基础上融入政党理念,创造共同愿景。而个人愿景之间可能存在着差异,因而组织需要引导个人愿景的走向,通过引导个人对组织目标、价值观和使命的认同,实现个人愿景之间的整合。这样,原本各自拥有强烈目标感的人通过共同愿景结合在一起,就可以创造强大无比的综合能力,并以倍乘的聚合力指向组织目标。

创建学习型组织,领导者的组织、推动和示范作用十分重要。有人形象地将学习型组织中领导者的作用比喻为"推动组织学习的方向盘"[①]。圣吉也认为"领导者对学习负责"。在共同愿景中,也许个别员工的个人愿景不能得到体现,但对于领导者来说,这个共同愿景也一定是他的个人愿景,他的个人愿景在组织共同愿景中占有很重要的地位。只有领导者树立了令组织成员共同接受的愿景,并且领导层真心诚意想要努力实现,领导者才能有效成为

---

① 　上海明德学习型组织研究所:《造就组织学习力》,上海三联书店 2003 年版,第 182 页。

学习的设计师、仆人和教练。因此,在学习型党政组织的共同愿景构建中,领导者对于和谐社会的认识和理解特别重要。如果没有认识到和谐社会目标的提出具有特别重要而紧迫的时代特征,而只是把和谐社会看作一个一般意义上的"美好社会",或者宽泛地理解为包括经济、政治、文化等一切领域中的和谐追求,那么和谐社会的共同愿景就难于确立,提升公共服务能力的目标和任务也就无法达成。

第三,以党政组织的部门或办公室为基本团队落实共同愿景。加强团队建设是现代组织发展的基础和手段。在圣吉看来,团队是组织学习的最佳单位。党政组织中的基本单位是部门或办公室,每一个组织都由若干个承担不同分工职能的部门与办公室构成,在各个部门内部,人员的工作相似性、相关性都很强,而不同部门之间的工作内容则千差万别,因此,从各个部门的分工来看,其任务的不同会使其具体的愿景存在差异。尽管组织的共同愿景是组织成员个人愿景的整合,但是这并不否定部门之间的具体愿景存在着差异性,比如说都是以更好地服务于公众为愿景,但是执法部门是以公平、公开的执法为愿景,而财务部门则以科学、合理使用资金,发挥资金的最大效益为愿景,从事公共服务的部门则以向公众提供优质高效的服务为愿景。同时,从组织内成员的长期相处共事的过程来看,部门内的成员更易于互相联系、互相讨论、互相学习。因此,以党政组织中的部门或办公室作为基本团队既有助于形成初级公共愿景,也有助于落实共同愿景。

第四,从不断提高公共政策能力入手使共同愿景可操作化。愿景是一种目标和使命,只有可操作、可实现的愿景才能激发全体组织成员的高昂斗志和荣誉感。无法实现的共同愿景是乌托邦,本质上就不是共同愿景。如前所述,以和谐社会为共同愿景,必须把它理解为一个具有特定时代内涵的社会目标,它基于出台、实施覆盖面广泛的多项社会政策而得到落实。因此,以提升公共服务能力作为学习型党政组织建设的目标和内容,需要不断提高组织成员的公共政策能力。当组织成员从自身能力和素质出发,认识到共同愿景并非遥不可及,只要通过努力就能成为现实,那么构建和强化组织的共同愿景就易于为组织成员所接受。为此,党政组织成员需要认真学习和掌握与提高公共服务能力相关的知识与技能,包括现代市场经济知识、法律法规、公共管理理论与方法、各类专业技术以及通用知识等。

第五,形成和增强可持续的组织学习力,促进共同愿景与组织学习的良性循环。组织学习力是指组织内部各成员在组织所处环境、面临情况以及组织内部运作、奋斗的方向等方面,通过对信息及时认知、全面把握、迅速传递,达成共识,并作出正确、快速调整,以利于组织更好发展的能力,它是组织拥有比竞争对手学习得更快的自创未来的能力。共同愿景的创建来源于组织学习。而有效的组织学习需要可持续的学习力。共同愿景与组织学习力相互促进,一方面共同愿景是组织学习力得以形成的基础,没有组织的共同愿景,就不可能形成有效的组织学习力。另一方面,形成和增强可持续的学习力有助于组织愿景的构建和提升。因此,在构建组织的共同愿景时,需要关注组织的学习力。从学习力的构成来看,它包括了个人学习力、团队学习力、组织学习力三个层次。组织学习力离不开个人学习力、团队学习力,但不是个人学习力或团队学习力的简单相加,从组织层面看,提升组织学习力可以从以下方面入手,即建立健全组织内部网络,运用系统思考的思路与方法开展组织修炼以增强组织认同感和认知度,比如采取理论学习中心组、机关集中学习日、岗位技能学习组、读书研讨会、课题攻关小组等多种形式进行。

最后,切实推进政府职能转变,深化改革,以实际行动落实和创新公共服务,实现共同愿景。愿景的构建与实现需要制度的保障,提升公共服务能力、建设公共服务型政府需要有体制、机制和制度上的创新。建设公共服务型政府,要求政府由原来的控制者、统治者角色,转变为组织者和服务者。只有加快推进党和政府自身建设和管理创新,才能更好地建设公共服务型政府,适应发展社会主义市场经济和构建社会主义和谐社会的要求。从根本上看,没有政府职能的切实转变,共同愿景就会受阻,难以实现,而无法实现的愿景反过来影响着学习型党政组织的建设。在当前,特别需要形成一个适应社会主义市场经济发展和社会结构深刻变化的新情况、适应我国社会发展要求和人民群众愿望、更加有效的社会治理体制。

概言之,在新的历史起点上,建设学习型党政组织对于树立和落实科学发展观、构建和谐社会具有重要意义。通过建设学习型党政组织,可以将党政组织成员的思想和行动统一于构建和谐社会的组织目标,从而提高党政组织的凝聚力,增强党政组织的生机与活力,为全面提升党和政府的公共服务能力提供精神动力、智力支持和思想、组织保证。

2.2 党政组织能否应对变革？

外部环境的迅速变迁提出了建设学习型党政组织的必要性，然而，党政组织能否应对这种变革？我们运用组织学习深度的诊断工具，对浙江省部分党政组织 129 名受访者进行问卷调查，进而分析目前党政组织已经具备了哪些能力，还存在什么不足，并提出具针对性的政策建议。

2.2.1 研究设计与方法

面对快速变化的外部环境，党政组织只有不断提升自身的学习能力，才能及时调整组织行为，应对各种挑战。那么，党政组织是否具备了这种学习能力？党政组织面临着哪些学习障碍？它应该如何克服这些障碍，提升自身的学习能力，建成学习型党政组织呢？

彼得·圣吉在《第五项修炼：学习型组织的艺术与实务》中，将"自我超越"、"改变心智模式"、"建立共同愿景"、"团体学习"以及"系统思考"作为组织提升自身学习能力的五项修炼。它们要求组织及其成员突破现有规则的约束，为变化环境中的组织寻求更为有效的组织结构、人事安排与工作方法。从圣吉的思路出发，戴维·加文、埃米·爱德蒙森和弗兰切斯卡·吉诺等从"支持性的学习环境"、"具体的学习流程和实践"以及"有助于强化学习的领导力"等影响组织学习和适应能力的三个主要维度设置了一系列问题，发展了一套组织学习深度诊断工具。[①] 这套诊断工具并不致力于组织学习能力的整体考核，而更重视从影响组织学习能力的三个维度进行分别评估，从而发现组织的学习障碍以提出针对性的改革方案。

我们在研究中应用上述诊断工具对党政组织的学习深度进行评估，以此发现限制党政组织学习能力的主要障碍。依据党政组织的特征，我们首先对诊断工具的相关问题进行了微调（见表 2.1）。可以看到，针对影响党政组织学习能力的各个维度，该诊断工具设置了一系列涉及组织运作细节的问题。在问卷访谈中，受访者需要根据自己对党政组织的感知，选择最能描述实际

---

① David A. Garvin, Amy C. Edmondson, and Francesca Gino, Is Yours a Learning Organization? *Harvard Business Review*, March 2008, pp3-10.

情况的表述项,从而综合反映党政组织在特定维度的整体表现情况。

表 2.1　党政组织学习深度的诊断工具

维度 1:支持性的学习环境

1. 心理安全

在单位里,我有什么想法都可以畅所欲言

如果我犯了错,常常会引起大家的负面反应

在单位里,大家常常坦然地讨论问题,提出不同意见。

在单位里,大家渴望分享"什么是行得通的,什么是无效的"。

在单位里,小心谨慎是获得成功的最佳途径。

2. 欣赏差异

在单位里,欢迎不同的意见

在单位里,一个人提出的意见与大多数人的认识一致时才会被重视

在单位里,人们倾向于私下处理不同意见,而不是和团队一起解决

在单位里,人们愿意接纳完成工作的不同方式

3. 接受新思想

在单位里,人们重视新思想

在单位里,除非一种思想已经长期存在,否则没人想听

在单位里,人们对更好的工作方法感兴趣

在单位里,人们常常排斥没有试过的方法

4. 反思时间

在单位里,人们所受压力过大

在单位里,尽管工作繁忙,人们还是会抽空回顾工作进展

在单位里,人们会因为时间紧张而降低工作标准

在单位里,人们忙得无暇改善工作质量

在单位里,人们根本没有时间反思

维度 2:具体的学习流程和实践

1. 试验

单位常常试验新工作方法

单位常常尝试改进政策或提供新服务

单位有一个实施及评估新的工作方法或政策的正式流程
单位在尝试新思想时,经常使用模拟的方法

2. 信息采集

单位系统化地采集以下信息:经济和社会发展趋势、公民的服务需求和可能采用的新技术。
单位经常和以下对象进行绩效对比:公共组织的其他职能部门、其他公共组织的相关部门

3. 分析

单位在讨论中会出现建设性冲突和辩论
单位在讨论中寻求不同意见
单位在讨论中从不审视早已被大家认可的观点。
单位经常找出可能影响关键决策的基本假设,并予以讨论。
单位在讨论中从不注意不同的观点。

4. 教育和培训

这个单位对新员工进行充分培训。
这个单位对有经验的老员工提供以下培训:定期培训和技能更新培训;在调任新职位时的培训;新计划启动时的培训。
这个单位重视培训。
这个单位为教育和培训腾出时间。

5. 信息传递

单位举行研讨会,让成员与以下人士会面和向他们学习:其他部门、团队的专家、外部专家(如科研机构教授等)、公民和服务对象;相关的企业或社会组织成员。
单位定期与组织内的专家分享信息
单位定期与组织外的专家分享信息
单位快速而准确地向关键决策者传递新知识
单位定期开展事后评价和行动后回顾

维度3:有助于强化学习的领导力

我的领导在讨论时会主动询问他人的意见
我的领导承认自己在知识、信息或专业技能方面存在的局限性
我的领导提出的问题具有探究性

续表

我的领导会聚精会神地倾听
我的领导会鼓励多维思考
我的领导会提供时间、资源和场地来确认问题和单位面临的挑战
我的领导会提供时间、资源和场地来反思过去的表现，以便于改进
我的领导会批评与自己不同的看法

资料来源：David A. Garvin, Amy C. Edmondson, and Francesca Gino, Is Yours a Learning Organization? Harvard Business Review, March 2008, pp. 3-10.

在完成问卷设计后，我们于 2010 年 4—10 月间，在浙江省部分党政组织开展了问卷调研。此次调研选取了厅局级干部、县市级干部及其他公共部门如高校党政领导干部，尽可能覆盖较多类别的党政组织。共发放问卷 130 份，回收有效问卷 129 份。

在调研中，我们首先了解受访者所在单位建设学习型党政组织的基本情况。从受访者的回应来看，在中央提出学习型党政组织建设之后，浙江省各党政组织都开展了相关的建设活动。除 2 名受访者外，绝大多数受访者（98.45%）在参加问卷调研前已经听说过"学习型党组织建设"或"学习型领导班子"；其中，又有 114 名（89.76%）受访者所在单位自 2010 年 1 月 1 日开始到受访期间已经组织过至少一次学习型党政组织建设活动。我们同时询问了受访者所在单位建设学习型党政组织的主要活动形式。从受访者的回答来看，集体学习，包括讲座、论坛和读书会等是各党政组织开展学习型党政组织建设的主要活动形式。不过，这些活动对于提高组织学习能力的效果却受到了质疑。有 108 名受访者对上述建设活动的成效进行了评价，从结果来看，较多受访者对已有党政组织开展的学习型党政组织建设活动成效评价不高，超过半数（53.70%）的受访者认为已有建设活动的效果一般（见图 2.1）。一名受访者表示，学习型党政组织建设多为高层政府的要求，基层政府只是将其作为一种任务在形式上加以落实，并没有实质性的成效。

可见，学习型党政组织建设的一些已有活动尚未显著提高组织学习能力。下面我们基于党政组织学习深度的诊断工具，分析党政组织的学习深度和学习障碍。

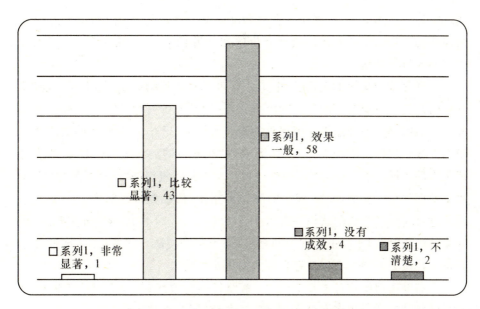

图 2.1 受访者对所在单位组织学习型党政组织建设活动成效的评价

（数据来源：课题组问卷调研）

2.2.2 数据分析：党政组织的学习深度

应用组织学习深度的诊断工具，我们从"支持性的学习环境"、"具体的学习流程与实践"以及"有助于强化学习的领导力"等三个方面分别对党政组织的学习深度进行评估。

支持性的学习环境。支持性的学习环境主要包含四个方面，分别为"心理安全"、"欣赏差异"、"接受新思想"以及"反思时间"等，它决定了党政组织能否及时发现组织与所处环境之间的失衡，它是发现组织功能障碍并予以纠正的先决条件。与科层制组织刻板、照章办事的惯常印象相比，受访者的回答显示了党政组织并没有剥夺组织成员表达观点的权利，而是为其成员表达意见创造了一个较好的心理环境。不过，问卷调查结果同时显示，党政组织对异见和新思想的接受能力较为不足，更明显缺乏开展反思的能力。

"心理安全"评估的是党政组织在多大程度上为其成员创造了一个用于表达自己观点的环境。共有超过 0.93 频次的受访者选择了正面答案，认为所在党政组织提供了一个较为安全的心理环境。其中 0.52 频次的受访者认为，"在单位里，大家渴望分享'什么是行得通的，什么是无效的'"，0.18 频次的受访者认为,"在单位里,我有什么想法都可以畅所欲言"。总体而言,对所在党政组织的心理安全状况作出负面评价的受访者较少,总频次仅为 0.29,远低于正面评价的频次。

只有尊重和重视不同意见,组织才有可能开展持续的学习。"欣赏差异"评估的是党政组织对不同意见的容忍程度。与"心理安全"相比,对所在党政组织"欣赏差异"能力作出正面评价的受访者较少,只有 0.61 频次的受访者对所在党政组织作出了积极评价,认为单位"欢迎不同的意见"或"愿意接纳完成工作的不同方式",0.5 频次的受访者对所在党政组织的"欣赏差异"能力作出了负面评价。其中,0.26 频次的受访者指出,所在党政组织中,"一个人提出的意见与大多数人的认识一致时才会被重视",0.24 频次的受访者表示,所在党政组织"倾向于私下处理不同意见,而不是和团队一起解决"。这表明党政组织在接受差异方面仍然存在较大的不足。

只有鼓励组织成员尝试新方法、新路径的党政组织,才有可能不断改进自身的绩效表现。较多受访者(0.83 频次)对所在党政组织"接受新思想"的能力予以正面肯定,只有 0.3 频次的受访者对所在党政组织作出了负面评价。其中 0.13 频次的受访者指出,所在党政组织中,"除非一种思想已经长期存在,否则没人想听",另有 0.17 频次的受访者表示,所在党政组织中,"人们常常排斥没有试过的方法"。同时,尽管较多受访者对党政组织接受新思想的能力予以肯定,但党政组织对新思想的接受似乎只有在确定工作方法是"好"的情况下才成立,0.54 频次的受访者认为"人们对更好的工作方法感兴趣"。

最后,"反思时间"反映了组织从已有实践中学习的能力。问卷调查显示,党政组织繁忙的工作可能限制了它们的学习能力,只有 0.31 频次的受访者认为,尽管所在党政组织工作繁忙,"人们还是会抽空回顾工作进展",而高达 0.96 的受访者对所在党政组织的反思情况予以负面评价,认为所在党政组织的成员所受压力过大(0.38 频次),人们没有时间反思(0.15 频次)或忙得无暇改善工作质量(0.21 频次),甚至会因为时间紧张而降低工作标准(0.22 频次)。总体而言,受访者的回应显示了党政组织反思已有实践、从经验中学习的能力十分欠缺。

具体的学习流程和实践。正如许多研究者所指出,学习型党政组织建设不仅要求党政官员的理念加以转变,更需要有一系列的制度支持。影响党政组织学习能力的第二个主要维度即在于促进组织集体学习的一系列具体步骤,包括试验、信息采集、分析、教育和培训,以及信息传递等。它涵盖了组织从探求新的工作办法、发现更好工作办法到整体推广和改善组织运作绩效的全过程。

绝大多数受访者（0.91频次）认为所在党政组织至少有某种形式的"试验"，其中0.44频次的受访者指出，所在单位"有一个实施及评估新的工作方法或政策的正式流程"。就"信息搜集"来看，0.81频次的受访者指出，所在党政组织会"系统化地搜集信息"，或与其他部门的绩效进行比较。这意味着党政组织存在不断改良工作办法和提高绩效的尝试。从"分析"的角度来看，较多受访者（0.77频次）对所在党政组织给予了正面评价，而只有0.09频次的受访者指出"单位在讨论中从不注意不同的观点"。总体来看，就探索新的工作方法而言，党政组织的整体学习情况较好。

"教育和培训"、"信息传递"重视的是组织在发现有效的工作方法后，将其在组织整体内部加以推广应用的情况。从受访者的回答来看，党政组织在这方面的表现平平。如只有0.39频次的受访者认为，所在党政组织"重视培训"，只有0.25的受访者表示所在党政组织"为教育和培训腾出时间"，也只有0.25频次的受访者认为所在党政组织"对新员工进行了充分培训"。在信息传递方面，只有0.32频次的受访者表示所在党政组织会举行研讨会，让成员与各类专家或服务对象等会面，并向他们学习。仅有0.13频次的受访者表示所在党政组织会快速而准确地向关键决策者传递新知识，0.14频次的受访者认为所在党政组织会开展事后评估和行动后的回顾。

总体来看，问卷调查结果显示，党政组织尽管在尝试探索和发现新的工作方法方面具备了较好的学习能力，但却没有能够建立制度化的机制向组织成员传递这些新的知识。这意味着，党政组织可能并不缺乏好的工作方法，而是在落实和应用这些既有信息方面较为欠缺。

有助于强化学习的领导力。毫无疑问，领导者对党政组织的学习能力影响很大。一个愿意聆听组织成员意见的领导者，是激励党政组织成员积极表达意见，推进党政组织集体改进工作方法的重要推动力量。在调查中，我们询问了受访者对所在党政组织领导者接受不同意见、提供资源鼓励创新的观点。

从问卷调查结果来看，受访者对所在党政组织领导者的整体评价较为正面。0.39频次的受访者表示，领导在讨论时会主动询问他人的意见，0.24频次的受访者认为领导提出的问题具有探究性，另有0.22频次的受访者认为领导会鼓励多维思考。相比之下，对所在党政组织领导予以负面评价的受访者较少,只有 0.12 频次的受访者表示,领导会批评与自己不同的看法。值得注意的是,尽管大部分受访者认为领导愿意接受不同意见,但只有 0.05 频次的受访者表示,"领导会提供时间、资源和场地来反思过去的表现,以便于改进",也只有 0.15 频次的受访者表示,"领导会提供时间、资源和场地来确认问题和单位面临的挑战"。这意味着领导者仍然没有能够从制度和资源的层面,积极支持组织开展反思和学习活动。

2.2.3　克服党政组织的学习障碍

学习型党政组织建设的重点,并不仅仅在于形成党政组织当前的共同愿景,或者获得关于组织形态的具体知识,而更是通过消除组织的学习障碍,使党政组织能够及时发现已经难以适应变动后环境的组织规则并加以调整的能力。因此,学习型党政组织建设的关键,在于识别党政组织的学习障碍。

应用党政组织学习深度的诊断工具,129 名受访者的回答帮助我们从"支持性的学习环境"、"具体的学习流程和实践"以及"有助于强化学习的领导力"等三个方面对党政组织的学习障碍进行分析。问卷结果表明,党政组织为其成员表达意见创造了较好的心理安全环境,也表现出对更好工作方法的持久关注,这意味着党政组织已经具备一定的学习能力。不过,问卷调查结果显示,党政组织仍然存在较为显著的学习障碍。

对异见和新思想的接受能力不足是党政组织面临的第一项学习障碍。受访者的回答显示,党政组织虽然允许组织成员表达各自的观点,但对差异化意见的接受能力却较为薄弱,除非一种意见被确定是"好"的,否则党政组织可能不会对它产生足够的重视。然而,在新的机遇和挑战来临的时候,组织很难判定何谓"好"的应对方案。在变革面前,对旧有常规的过度遵循和对异见的低容忍程度,往往会扼杀创新,使得组织故步自封。

党政组织具备向外部学习新知识、新方法的自觉性,但却缺乏自我反思、从组织已有实践中学习的自觉性,这构成了党政组织的第二项学习障碍。一方面,对"反思时间"的评估显示了党政组织目前缺乏足够的时间精力总结已有实践,从而改进工作办法或提高工作绩效;另一方面,党政组织的领导人尽管在鼓励意见和创新方面做得较好,却并没有通过提供时间、场地和资源等方式确保党政组织的反思成为组织学习的常态。反思时间的缺乏,限制了党政组织总结已有实践,从过去成功或失败经历中吸取经验教训的可能性。实际上,无论是专家讲座、集中学习还是研讨会,都只能为党政组织改善其工作绩效提供宏观的、原则性的指导意见,而真正影响党政组织日常表现的,往往体现在细节之中,在此方面,组织内部专家——即组织成员,往往比外部专家掌握更多的政策、流程等具体信息。自我反思的缺乏,限制了党政组织发现更好工作方法的可能性。

组织内部的信息传递不畅,使党政组织掌握的新知识、新方法难以运用到日常实践中,导致理论与实际的脱节,这是党政组织学习的第三项障碍。以学习型党政组织的建设为契机,许多党政组织都开展了讲座、研讨班等学习活动。在日常工作中,受访者的回答中也显示党政组织重视对新工作方法的探寻。不过,学习型党政组织不仅意味着对新知识和新方法的探求,而更在于在组织行为的层面将这些新知识、新方法运用到实践中,从而真正改变组织的运作绩效。然而,问卷调查结果显示,党政组织并没有能够向组织成员传达关于组织如何有效运作的相关信息,这使组织一方面已经掌握如何改善工作绩效的信息,另一方面,由于组织成员对信息的知晓度不高,在实际中仍然采用旧方法处理日常事务,使得组织难以真正运用既有知识改善组织绩效。

概而言之,随着学习型党政组织建设成为提高党的执政能力的重要组成部分,绝大多数党政组织都积极作出回应,通过开展各种活动提高组织的学习能力。不过,对学习型党政组织建设活动形式的调查,以及对党政组织学习障碍的分析表明,绝大多数党政组织对于建设学习型党政组织可能存在一些误解,即狭隘地将建设学习型党政组织理解为读书、上课,也就是向外部学习新的知识。接受外部新知识无疑是学习型党政组织建设的应有内涵,但绝不是它的全部内容。向组织成员学习,由组织通过反思,内生关于组织应如何运作的新知识,并将新知识(来自组织内部和外部)运用到组织的日常实践之中,是学习型组织的重要内容。而这些方面,恰恰是当前党政组织的主要学习障碍。

建设学习型党政组织,必须从克服其学习障碍开始。为此,党政组织除了延续已有学习形式,如开展集体学习、讲座和研讨会等,还需要从以下方面着手,全面提升组织的学习能力:第一,党政组织应重视组织成员对改善组织绩效的各类意见。党政领导干部可以建立团队共同学习机制,结合组织的日常工作实践,鼓励组织成员提出已经不适应新环境的既有规则。对提出意见的组织成员予以一定的精神或物质奖励,以确保组织成员的意见得到最大程度的尊重。其次,党政组织领导者应建立制度化的反思机制,通过投入一定的时间、场地和资源,确保组织开展阶段性的工作情况回顾。在反思过程中,组织可以在广泛搜集组织成员意见的基础上,通过实施和评估新工作方法/政策的正式流程,从组织运作的各个细节改善工作绩效。最后,党政组织还应强化组织内信息传递机制,重视将已经确定的新工作方法在组织内部加以推广,确保组织成员能够将新知识运用到日常工作之中。

中　篇

3 重构政府与市场关系，完善经济结构

构建良好的政府与市场关系，走出发展困境，是建设社会主义和谐社会的重要内容，也是当前全面深化改革中的重大问题。长期以来，政府与市场关系都是一个开放而未决的话题，在现代国家建立以后，两者关系先后受到古典自由主义、国家主义、新自由主义等思潮的影响，在摇摆和迂回中不断前行，以更好地适应不同阶段的经济社会发展情景。从全球视野看，2008 年以来的全球性金融危机由于集中暴露了国家在金融监管中的不足，掀起了一场关于政府与市场关系的新讨论，而这场热烈的争辩把人们的目光引向了对新自由主义发展模式的反思、国家资本主义的考量以及国家建构理论的思考。时至今日，金融危机的雾霾还未完全散去，各国政府都在寻求新的治理模式，以期找到应对经济衰退、失业率攀升、社会失衡、环境恶化、资源枯竭等一系列问题的良方。

2013 年，中国重启改革进程。十八届三中全会通过的《中共中央关于全面深化改革若干重大问题的决定》将政府与市场的关系作为今后改革的主线，并将进一步推进经济体制改革、充分发挥市场在资源配置中的决定性作用，作为撬动经济社会整体性改革的出发点和支撑点。2014 年 5 月 20 日，国务院批转了国家发改委《关于 2014 年深化经济体制改革重点任务的意见》，将改革的轨道从"要素型"拉到"要素—体制并重型"的方向上来，政府管理体制、国有企业体制、公共财政体制、社会体制等领域的改革与货币、土地、资源等要素类改革齐头并进。紧接着，在 2014 年 5 月 26 日举行的政治局第十五次集体学习中，习近平总书记就如何发挥好市场作用和政府作用的问题，强调要用"辩证法"和"两点论"，将"看得见的手"与"看不见的手"都用好。与此同时，"渐进式"、"倒逼式"的政府治理模式革新在这样一场大刀阔斧的改革浪潮中也似乎显得不再合时宜，如何积极主动地发挥政府作用成为"全面深

化改革"的关键领域,伴随着"权力清单"、"简政放权"、"反腐行动"等深入开展,一场政府的自我革命正席卷而来。在这样的背景下,本章基于当前中国的发展模式与政府治理面临的新挑战,借鉴各国在处理政府与市场关系中的有益经验,探求适合中国发展现状的政府与市场关系模式与可行路径。这也就从构筑、完善经济结构的角度回答了如何共建共享和谐社会的问题。

3.1　发展模式之困与政府治理的新挑战

2007 年源于美国的次贷危机在 2008、2009 年迅速扩散,并进而由金融危机演变为全球经济危机。世界各国尽管采取了各种金融援助计划、经济刺激方案来应对挑战,但这场自 20 世纪 30 年代大萧条以来最严重的危机还是给世界经济造成了巨大冲击和破坏,从而导致世界经济自二战以来首度出现负增长。中国经济在此次金融危机中的表现引人瞩目。在开始阶段,危机造成外部需求迅速下降,导致中国出口增速由 2008 年 3 月的 30.6% 下降到 2009 年 5 月的 -26.4%。2009 年全年的出口总值下降了 16%,这也是中国自 1983 年以来首次出现出口负增长。在外需萎靡的同时,内需因受制于国民收入增长及国民收入分配,短时间难有起色,整体经济增长因此急剧下滑。GDP 增速从 2008 年二季度的 11% 下探到 2009 年一季度的 6.1%。尽管如此,中国经济的表现相比其他国家而言实属难得。另外,中国金融市场保持相对稳定,与欧美金融机构倒闭风潮形成鲜明对比,尤其是大型银行反而有突出表现。工行、建行、中行甚至一跃成为全球银行市值的前三名,其中工商银行在 2009 年末居全球银行业之首,市值达 2689.82 亿美元。经过这场全球金融危机,中国在世界经济中的地位发生了重大变化,2010 年超越日本,以 5.8 万亿美元位居世界第二。2013 年中国经济总量达 8.3 万亿美元,超过美国经济总量的 1/2。

中国应对全球金融危机取得的积极效应,体现了中国的体制机制优势。

首先,中国政府快速应对金融危机。2008 年 11 月 5 日,针对 2008 年第三季度经济增长从上半年的 9.9% 迅速下降至 7.2% 的严峻形势,中国政府确定了进一步扩大内需、促进经济增长的十项措施。中国率先在世界推出一揽子经济刺激计划,实施积极的财政政策和宽松的货币政策。2009 年 3 月,温家宝总理在十一届全国人大二次会议上所作的《政府工作报告》中指出,2009

年政府工作要以应对国际金融危机、促进经济平稳较快发展为主线,统筹兼顾,突出重点,全面实施促进经济平稳较快发展的一揽子计划。2009年5月21日,国家发展和改革委员会公布总规模4万亿元的"一揽子"政府投资构成。为了防止中国经济加速下滑,实现"保证GDP8％增长率"的目标,2009年国务院陆续出台了汽车、钢铁、造船等十大产业振兴规划。在政策措施刺激下,中国经济维持着较高的经济发展增速,2009—2011年,中国经济增速都在8％以上。

其次,中国政府采取了统筹全局的政策措施。在刺激经济复苏的同时,政府明确具体地提出了"保增长、扩内需、调结构"的经济工作原则,这不仅着眼于确保短期内经济增长速度和稳定金融市场,而且兼顾促进就业和培育新的经济增长点,并且在政策实施过程中综合运用了利率调整、政府投资、税收减免、扩大消费信贷、补贴弱势群体等多种方法。

政府在推进经济复苏的同时加快推进社会保障体系建设,以完善社会保障、改善民生、加强生态环境保护为主,通过改善人民生活为扩大内需创造有利条件。在政府的4万亿投资中,民生工程占投资的44％,包括保障性安居工程、农村民生工程、农村基础设施建设和教育、卫生、文化事业投资;重大基础设施的建设投资占23％,自主创新、结构调整和节能减排、生态建设占16％;汶川地震的灾后恢复重建资金占14％;其他公共支出占3％;在扩大内需的中央投资中,用于民生工程的投资占比超过50％,同比大幅增长。同时,政府大力推进社会体制改革,2009年相继推出新医改方案、新型农村居民社会养老保险制度等多项重大改革,而被誉为"社会政策年"。

再次,中国政府在应对危机过程中体现了较强的国家能力。已有诸多论者和官员概括了中国经济发展的三大要素:前所未有的好领导(党的集体领导),改革开放的好政策(以经济建设为中心),举国体制的好制度(集中力量办大事)。① 更有一些学者为这样的结论做出了更具体的阐述,把实事求是与解放思想的工作作风、试验性的政府渐进改革、积极融入国际竞争环境与推动国际合作等等,作为中国"经济奇迹"的助推动力。无论是哪一种解释框架,"强政府"都成为不可或缺的要素。这种"强政府"在应对金融危机中无疑发挥了重要作用,有学者将其归纳为四个方面:第一,高效率的国家决策能力;第二,强大的政治动员能力;第三,日益增强的国家财政能力;第四,国家

---

① 燕继荣:"'中国奇迹':成就与问题",《江苏行政学院学报》2012年第3期。

的社会治理能力,即建立良好的社会秩序,保持社会基本稳定的能力。[①]

　　中国政府在应对全球金融危机中取得的积极效应强化了"中国奇迹"的概念,激发了人们对于"中国模式"的讨论。2004 年 5 月 11 日,美国高盛公司高级顾问、清华大学兼职教授乔舒亚·库珀·雷默(Joshua Cooper Ramo)在英国外交政策研究中心发表的一份题为《北京共识》的研究报告,这篇报告全面总结了中国 20 多年改革开放的经验,第一次提出了"北京共识"(Beijing Consensus)概念。雷默认为,"北京共识"将取代"建设一个美好社会",它是一些发展中国家寻求经济增长和改善人民生活的可借鉴模式。基于"北京共识"概念,2010 年以来,"中国模式"成为国内外热议话题[②]。在最直接意义上,所谓中国模式,作为对中国三十多年改革开放和现代化建设实践经验的集中概括和总结,有着鲜明而独特的内在规定性。"中国模式"很多时候是从经济角度被解读的,它主要指自新中国成立以来经过长期经济社会发展而形成的、符合中国实际的、具有鲜明制度特色的成功的经济社会发展方式,其主要特点包括:政府强势和集中高效;对外开放和学习其他模式的成功特质;不断修正的形式;较强的务实性与较快的适应能力;渐变发展过程,稳定国内局势;把握全球化浪潮的机遇;"人口红利"和"出口导向型"经济等。[③] 但也有许多学者赋予"中国模式"政治、社会、文化的含义:在政治上,它坚持中国共产党的领导和有效执政,以及人民群众的广泛参与,坚持中国特色社会主义发展道路;在社会文化上,它坚持马克思主义在意识形态领域的指导地位,坚持通过一部分人先富起来并带动和最终实现共同富裕的路线。[④]

　　30 多年来中国经济社会的快速发展成效有目共睹,但对于是否存在"中国模式",学界仍然存有争议。一种观点认为,"中国模式"客观存在,60 年来中国走的是一条独特的"成功之路",是在现代化进程中逐步形成的'经济持

　　① 胡鞍钢、王大鹏:"中国应对国际金融危机的评价与体制机制优势的比较",《经济社会体制比较》2011 年第 4 期。

　　② 对于"中国模式"的讨论可见:丁学良:《辩论"中国模式"》,社会科学文献出版社,2011;潘维:《人民共和国六十年与中国》,三联书店 2010 年版;俞可平、黄平、谢曙光、高建:《中国模式与北京共识:超越"华盛顿共识"》,社会科学文献出版社,2006 年版;郑永年:《中国模式:经验与困局》,杭州,浙江人民出版社,2010 年版;黄亚生:《并不存在一个所谓的"中国模式"》,《时代周报》,2010 年,第 81 期;李君如:《慎提"中国模式"》,《学习时报》2009 年 12 月 7 日;秦宣:《"中国模式"之概念辨析》,《前线》2010 年第 2 期;高建:《"中国模式"的争论与思考》,《政治学研究》2011 年第 3 期等等。

　　③ 王辉耀:《中国模式的特点、挑战及展望》,http://www.chinareform.org.cn/open/Theory/201104/t20110422_107209.htm,2011-4-11。

　　④ 赵宏:"中国模式与当今世界几种主要发展模式比较研究",《红旗文稿》2009 年第 22 期。

续增长，社会协调发展，国家和平崛起'的一整套思路、理论和实践"[1]，其成功的秘诀在于制度优越。不承认"中国模式"的存在，只能导致对这个模式所包含的缺陷的忽视或者漠视。[2] 另一种观点认为，中国的发展是引入责任机制和市场化原则对既有体制创新性改造的结果。就其"不断扩大社会与个人自主和自由的空间"而言，它与"华盛顿共识"并无二致，所不同的只是执政党和政府在社会经济发展中发挥了更大的主导作用[3]。所以，也就不存在所谓的"中国模式"，"中国奇迹"不过是"政府主导"的"威权主义"模式的"东亚奇迹"的再现。

可以看到，关于"中国模式"，学者们至今还远未达成共识。但这不妨碍我们做出一个事实判断，那就是，改革开放 30 多年来，中国在从计划经济体制向市场经济体制转型过程中，为了实现政权巩固、经济增长、社会稳定的多重目标，采取了统筹兼顾、协同合作的应对方案，形成了政治、社会、经济相互联动的发展路线，其核心要素包括一党执政、政府主导、举国体制、运动式管理、GDP 主义、出口导向的发展战略等，但这套发展思路还未定型，推广性也有待观察。在我们看来，当下关于"中国模式"的讨论取向应该在于，在后危机时代，在欧洲主权债务危机持续深化、世界经济增速放缓、国内经济不确定性增强的大背景下，中国经济社会发展面临着哪些困难？已有制度、体制在应对这些问题、实现经济发展方式转型时是否敷用？也就是说，全球金融危机及其后续发展，考验着已有的中国发展模式或"中国模式"，增加了中国政府转型与治理的复杂性。

当前我国发展模式中存在的不平衡、不协调、不可持续等问题，主要表现在：第一，投资与消费关系失衡。1978 年以来，GDP 资本形成率一直居高不下，近年来甚至有持续上涨的趋势，与之相对应的，则是最终消费率比重较低，最终消费支出特别是居民消费支出比重较低。第二，区域、城乡发展不协调。2013 年，人均地区生产总值最高的天津为 97609 元，最低的贵州仅为22862 元，前者为后者的 4 倍多。同期，城乡居民收入差距依旧较大，城镇居民人均可支配收入是农村居民人均纯收入的 3.03 倍，而且农民收入增长空间有限。第三，经济结构不合理，企业特别是小微企业存在经营困难，"国进民

① 汪玉凯："冷静看待中国模式"，《中国改革报》2010 年 1 月 12 日.

② 郑永年："'中国模式'为何引起世界争论？"，《参考消息》2010 年 5 月 5 日。

③ 燕继荣："'中国模式'还能支撑'奇迹'吗"，《人民论坛》2011 年第 5 期。

退"现象难以得到有效遏制。自主创新能力不强,产业转型升级困难。第四,
经济发展受到资源环境的约束进一步加大,能源消费总量增长过快;等等。
这些都导致经济增长内生动力不足、下行压力加大。

导致经济发展遭遇困境的,正是曾经有效促进经济增长的发展型政府。
(1)较之经济体制的转轨进程,政府改革仍然滞后。在政府与企业、政府与市
场、政府与社会自主治理的关系上,还有一系列深层次矛盾有待解决,例如政
府对微观经济领域的干预仍然过多,政企关系模糊。由于政府管了很多不该
管、管不好、也管不了的事,过度集中了市场和社会所应承担的职能,不仅导
致投资项目审批繁琐问题突出,也更容易滋生腐败,阻碍社会的良性发展,政
府"越位、错位、缺位"的问题依然存在。在各级政府之间,权力下放不到位,
权力配置不合理的情况也时有发生。例如在行政审批权力下放过程中,上级
政府只下放受理权或初审权,却保留终审权;或者把决定权下放,但保留发证
环节;涉及前后置审批事项不相对应,后置审批事项权限下放后,前置审批部
门或相关联部门没有跟进下放权限,等等。这些现象表明,表面上声势浩大
的界分政府与市场关系、政府与社会关系的运动,却由于政府自我改革动力
的不足,而缺乏"含金量"。(2)强政府悖论。一个强有力的政府在推动市场
化改革,保持社会稳定性方面无疑可以发挥积极作用,但政府的目标、体制、
行为、功能等仍然存在许多不适应甚至阻碍市场经济与社会发展的方面。一
直以来,以发展型政府行为模式为核心特征的各级政府掌握了大量的资源,
并应用手中掌握的行政权力积极参与到经济建设的具体事务中,导致政府权
力和职能的过度扩张,挤兑了市场、社会的发展空间。而在另一些领域,政府
职能又明显缺失,从而形成了明显的"强政府悖论",这在很大程度上制约了
政府治理能力的改进和提升。(3)政府决策机制的封闭性导致社会多元利益
失衡,带来较大社会风险。市场化和对外开放必然打破原有利益均衡,政府
治理的一个重要目标是重组分化的社会利益,但以经济建设为中心的发展型
政府不仅没有能够平衡多元利益,在一定程度上还恶化了利益分配格局。在
改革开放的新时期,我国社会整体的利益得到很大提高,但利益在不同人群
之间的分布却并不均衡。而且,在各级政府公共政策的决策过程中,较为缺
乏有约束力的公民参与机制,这常常导致公共政策总体上难于体现、实现公
共利益。

可以看到,在中国经济凯歌高奏、狂飙突进的同时,其发展模式中的非均
衡特征、极化效应、短期行为、贫富悬殊、公共服务滞后、社会保障不足等问题

日益凸显。正是在这样的背景下，中国迈入了"十二五"时期和全面深化改革时代。在这一时期，中国必须对已有发展模式予以调整和转型。正如 2013 年《中共中央关于全面深化改革若干重大问题的决定》所指出的，要在新的起点上全面谋划改革蓝图，要以"完善和发展中国特色社会主义制度，推进国家治理体系和治理能力现代化"为改革的总目标，进行一场系统的、整体的、协同的改革，实现"社会主义市场经济、民主政治、先进文化、和谐社会、生态文明"的共同发展。

全面深化改革时代的调整转型必将是全方位的，也是深刻的。"全方位"指的是，这轮调整转型是全球性的，包括发达国家发展模式的转型和相应产业结构的调整，包括发展中国家发展路径的调整，因为气候变化等资源环境问题使得发展中国家不可能再走发达国家走过的现代化道路，必须另辟蹊径。"深刻"的意思是，这一轮调整转型既包括产业结构和企业发展方式的调整，包括国际货币金融体系以及相应监管制度的调整，也包括社会结构的调整转型，涉及很多体制机制，也可能引发新一轮科技革命。

2012 年 3 月 17 日，"中国发展高层论坛 2012"年会在北京召开，主题为"中国和世界：宏观经济与结构调整"，许多知名学者及政府官员共同讨论中国的可持续发展方向。一些经济学家指出，支撑中国经济高速发展的优势正在弱化，但当前全球流动性的泛滥给中国经济发展增加了新的不确定因素，中国面临着经济增长潜力下降和物价上涨压力过大的双重挑战。而要谋求经济的可持续性，就必须转变经济增长方式，甚至还必须要改变目前的"中国模式"。简单地说，中国能不能够走出金融危机的阴影、能不能保证持续稳定较快的发展，最关键的一条就是"加快经济发展方式的转变"。而实现经济发展方式转变的关键是改革，创立一个好的制度环境。而改革的重中之重即是政府自身的改革。

1995 年，中国在制定第九个五年计划时，就提出了实现经济增长方式根本性转变的任务，但至今已过了近 20 年时间，中国经济增长方式并未实现根本性转变。究其原因，除了原有发展模式还存在着一定空间外，主要是完善的市场经济体系还未完全建立起来，基于法治框架的政府改革还不到位。政府仍然拥有过多的资源，在许多的经济活动中充当着资源配置的主角，相反，在一些公共服务、市场监管的领域，却经常出现政府"缺位"的情况。因此，全面深化改革的核心任务在于厘清政府与市场的关系，转变政府职能，建立更加成熟完善的市场经济体制。《中共中央关于制定国民经济和社会发展第十二个五年规划的建议》为政府改革提出了新的要求,强调"十二五"时期政府应该加强社会建设,着力保障和改善民生,逐步完善符合国情、比较完整、覆盖城乡、可持续的基本公共服务体系,提高政府保障能力,推进基本公共服务均等化。《中共中央关于全面深化改革若干重大问题的决定》则具体指出了在经济体制、政治体制、文化体制、社会体制、生态文明体制等领域深化改革的主要任务。

值得指出的是,全球金融危机、欧洲主权债务危机、中国经济发展方式中存在的深层次问题,不仅倒逼中国的政府改革,也为这一改革提供了诸多机遇。

第一,世界经济进入新的发展阶段,迫切要求政府提高治理能力。政府能力指的是政府能够将自己的意志和目标转化为现实的能力,是一个国家综合国力的重要组成部分和核心能力。从国际上看,全球经济复苏缓慢,全球需求结构、产业链布局、国际贸易格局发生明显变化,各国围绕着技术、资源、市场的竞争日趋激烈,环境治理、能源安全、粮食供给等全球性问题更加突出,这使得我国发展转型在外部环境上遇到了诸多挑战。为了巩固和扩大应对国际金融危机冲击的成果,中国政府必须提高治理能力,把短期调控政策和长期发展政策有机结合起来,把经济增长速度与结构质量有机结合起来,把财政、土地、货币、产业、投资等各项政策有机结合起来,提高决策的科学性、预见性、统筹性与灵活性。

第二,粗放经营弊端日益凸显,迫切要求政府发挥弥补市场缺陷的功能作用。中国的工业化之路,明显地表现为"资源投入高、能源消耗高、污染排放高"的粗放经营特征。有专家指出,根据 2006 年的数据,中国的 GDP 只占到世界比重的 5.5%,但是却消耗了全世界 15% 左右的煤,30% 的钢和 54% 的水泥。[①] 伴随着工业化进程的,还有环境状况的总体性恶化。空气质量下降,部分城市和区域的雾霾天气数量及严重程度不断上升;水污染不仅出现在一些重点流域和海域,地下水的情况也不容乐观;化学品、重金属等污染显现。[②] 有学者指出,环境损失占中国 GDP 的比重可能达到 5% 至 6%。2011年中国 GDP 为 47 万亿,据此折算,环境污染造成损失将达到 2.35 万亿至 2

---

① 马凯:"转变经济增长方式实现又好又快发展——在中国发展高层论坛 2007 年会上的演讲",新华网,http://news.xinhuanet.com/fortune/2007-03/20/content_5869958.htm,2007-3-20.

② 参见中华人民共和国国务院以国发〔2011〕42 号印发的《国家环境保护"十二五"规划》。

.82万亿元,也就是超过2万亿元。① 无疑,粗放经营的背后是市场主体的利益冲动,资源和环境保护问题无法单纯依靠市场机制解决,这要求政府加快转变发展理念,进一步明确职能定位,着力弥补市场缺陷。

第三,结构性失衡矛盾日益突出,迫切要求政府实现发展的公平性和协调性。多个国家的现代化经验表明,现代化在发展的一定阶段会导致一系列结构性失衡。② 当前,我国已经开始进入工业化中后期,这是经济结构将发生深刻变化的重要阶段。发展搞得好,能够顺利实现工业化、现代化;发展搞得不好,可能导致经济社会发展长期徘徊不前,甚至出现社会动荡和倒退。而诸多失衡问题的产生和发展,归根到底与政府制定的发展战略、方针政策及其管理方式、管理手段密不可分。因此,唯有加快推进政府转型,特别是把维护公平放在更加突出的位置,兼顾好不同地区、不同方面群众的利益,才能有效解决各种结构性失衡矛盾。

第四,社会阶层的日益分化,要求政府加快构建有利于多元利益协调的体制机制。当前我国社会已呈现多种利益群体共存的格局,但适应多元社会的利益表达、利益平衡、利益调整机制却严重滞后,现有制度渠道无法有效吸纳各阶层的利益诉求。各阶层组织化程度和资源动员能力的差异,更加剧了社会资源在不同利益主体间分配的不均衡状况。由于弱势群体缺乏体制内的利益表达渠道,其利益诉求难以及时传输到政府决策体系之中,这就极易导致政府政策向某些阶层和利益集团倾斜,以致出现社会下层利益被剥夺的情形。构建一个能够全面表达社会利益、有效平衡社会利益、科学调整社会利益的利益协调机制,是政府制度创新和体制改革的重大课题。

综上所述,政府改革是30多年来中国日益崛起的重要支撑,是"中国故事"、"中国模式"的重要组成部分。从发展型政府转型为服务型政府,是中国政府改革的主线。应对2008—2009年全球金融危机及其后续发展,在"十二五"时期实现经济发展方式转变,不断凸显出政府转型的必要性、紧迫性。"十二五"时期中国经济社会发展能否取得实质性突破,关键取决于政府转型能否取得重大进展。世界银行《1997年度世界发展报告》中指出:"历史反复表明,良好的政府不是一个奢侈品,而是非常必需品。"③这个"良好的政府"就

---

① 2011年中国环境污染损失超2万亿. http://economy.caijing.com.cn/2012-03-13/111740474.html,2012-3-13.

② 塞缪尔·亨廷顿:《变革社会中的政治秩序》,三联书店1989年版,第4页。

③ 世界银行:《1997年世界发展报告:变革世界中的政府》,中国财政经济出版社1997年版。

是服务型政府。构建服务型政府是中国经济社会永续发展的保证,也是"中国模式"得以成型并发挥示范意义的保证。

3.2 变动中的政府与市场关系

在各国经济发展进程中,如何定位政府与市场的边界经历过一个思想变化过程。一些学者从历史角度,将以往的两个世纪中,出现于西方社会中的政府与市场的关系分为三个发展阶段:自由放任社会、福利国家和新古典主义阶段[①]。

18 世纪以来的西方社会一直奉行"自由放任"的经济政策。"自由放任"一词意味着政府应当禁止干预商业活动,它被早期自由市场论者鼓吹为取得经济增长的最佳途径。要增加国家财富就要给人们以经济活动的充分自由、废除一切特惠和限制。这样的自由竞争并不会因为缺乏政府的监督而陷入混乱,因为市场自身会规范经济生活,市场中"看不见的手"——追求自身利益最大化的个人理性——会引导着经济生活的调整。在这样的自由制度之下,政府的适当角色是尽可能远离经济生活,它只有三个应尽的义务:保护社会,使其不受侵犯;维护社会公正和社会秩序;建立公共制度,节约社会总交易成本。以斯密为代表的经济自由主义对政府与市场关系的理解是:经济生活应当尽量从政府干预中摆脱出来,管得最少的政府才是最好的政府。

而 1929—1933 年的经济危机将流行于西方世界的自由放任政策带入了困境。这场空前的经济危机不仅证实了自发的市场机制的缺陷,而且使政府对经济事务的干预只应保持在最低限度的这种"最小国家"理论遭受到致命打击。人们发现仅仅靠市场的力量并不能达到帕雷托最优。于是在 1945—1962 年间,西方主流经济学发起了一场大规模的揭露市场失灵的学术运动,这场学术运动的主力军是凯恩斯主义经济学家,他们在攻击市场缺乏效率的

---

① 欧文·E. 休斯:《公共管理导论》,中国人民大学出版社 2001 年版,第 107 页。这里的"新古典主义"与本书中使用的"新自由主义"同义。自由主义自产生以来,几经变异,特别是 19 世纪 80 年代以格林为代表的牛津唯心主义学派对英国古典自由主义进行了全面批评和重新解释,20 世纪 30 年代大萧条以后,凯恩斯主义成为了主流意识形态,自由主义转型为新自由主义(Neo-liberalism)。而在 20 世纪 70年代后期以来主导国际意识形态的自由主义,较多强调对古典自由主义的继承与复兴,被人们称作"古典自由主义"、"新古典主义"或"新自由主义"(New liberalism)。本书统一行文为"新自由主义"。

同时主张政府干预经济生活,特别是用宏观财政政策和货币政策来调控市场运行。这一理论在二战后大行其道,资本主义国家在认识到经济危机并非任何非国家力量所能解决之后,一反"守夜人"的传统形象而扮演了一个强大保护者的角色。在战后重建中,从美国到西欧到斯堪的那维亚国家,各国政府充分发挥自主权,通过对经济和社会政策的调整重振国家经济和社会民主。在这一过程中,西方国家的福利体制逐步确立。

但是,福利国家这台融汇各方利益和要求的错综复杂的机器只是一种有限的阶级调和的产物,它并不能像它保证的那样彻底解决内在于资本主义制度的社会问题,带来真正的社会和谐与公正。因此,当20世纪70年代的石油危机到来的时候,它面对危机的无力解决最终成为人们对它进行广泛批判的导火线,福利国家阶段开始向新自由主义阶段转变,这一方面表现在理论上自由主义者对福利国家思想的批判和致力于政府失灵研究的公共选择理论的兴起,另一方面表现在新自由主义政策在国内和国际层面的推行。①

通过新自由主义改革,国家偏向了对资本主义自由经济的全面维护,这使经济获得了稳定增长,但同时它也带来了不可忽视的负面效应。美国里根政府后期,失业率居高不下,平均水平超过70年代,并且出现了空前的财政和贸易赤字。这一经济和社会包袱一直到布什总统任期结束也未能甩掉,并最终导致了共和党政府的下台。英国撒切尔政府的改革也没有解决英国经济遗留下来的所有问题。到了保守党执政后期,通货膨胀与高失业并存成为困扰英国经济的一个突出问题。更为严重的是各国的改革所带来的一系列社会问题。其中突出表现在:贫富分化和不平等所导致的城市暴力日益增多;公民领域受利益原则支配而日益商品化;一种对抗政治的力量正在不断地形成之中②。

20世纪90年代中后期,伴随着一批中左派政府上台执政,政府与市场关系又出现了一些新的变化。中左派政府越来越实用主义化了,它们一方面不再将国家视为绝对的权威,转而倡导一种国家与社会的合作伙伴关系,让社会分担部分国家职能,试图以一个"小而强的国家"取代传统左派对一个"大而全的国家"的追求;另一方面它们的诸多改革措施表现出了浓厚的自由主义色彩。这种新思想最终被冠以"第三条道路",成为以英国新工党为代表的

① 郁建兴、周俊:"论当代资本主义国家与社会关系的变迁",《中国社会科学》2002年第6期。
② 参看卡尔·博格斯:《政治的终结》,社会科学文献出版社2001年版,第96—105页。

全球中左翼政党的执政哲学关系最为紧密的理论。但是,"第三条道路"也被诸多论者批评为一种反政治的政治,因为它人为地消除了作为民主基础的、不可避免的意识形态冲突和物质冲突①。在 2003 年伊拉克战争后,英国新工党和"第三条道路"遭遇了自身的困境。2007 年 6 月 27 日布莱尔宣布辞职,新工党衰落,越来越多论者不愿意使用"第三条道路"一词,取而代之的是"进步治理"等术语。

2008 年全球金融危机开启了对自由市场经济的全面反思,政府与市场的关系需要重新被定位。西方左翼知识分子将此次金融危机称为"全球资本主义的总体性危机",认为这"不单纯是因为这次金融危机,而是鉴于当前以美国为代表的资本主义本身陷入了一系列政治、经济和生态等深重的危机,以至于这种制度不仅无法广泛满足人民的需要,甚至无法继续复制其剥削规范,也无法再有效地推行其强制性的意识形态霸权"②。而导致全球金融危机的主要原因则表现为金融创新过度与监管不足、实体经济危机、新自由主义的制度缺陷等等。

从表象上看,监管制度的漏洞和监管手段不足使金融体系的风险积聚,导致金融危机。20 世纪 70 年代以来,以美国为代表的发达国家在现代科学技术和金融创新的推动下,金融机构呈现出无限膨胀和多层虚拟的业务扩张态势,出现了过度竞争和过度冒险的局面,而金融机构缺乏社会责任感的创新则加剧了金融系统的脆弱性。一方面,创新日益脱离实体经济的真实需求,金融机构通过业务创新和工具创新为实体经济提供了过度的货币供给和货币替代品,导致实体部门价格大幅上涨,原有宏观经济运行的规律和结构被打破。另一方面,金融系统内部各种衍生产品的创新,使金融业开始出现自我创造需求与供给的局面,形成了金融系统内部的自我循环。金融风暴的形成与这两方面的金融创新"过度"有密切的关系。③ 放松监管——过度创新——经济金融化——金融危机,这是历史的也是逻辑的发展轨迹。

金融创新过度与监管不足的背后实际上暴露的是实体经济的危机。持这种观点的学者认为,当前国际金融危机的根源在于实体经济长期的生产过剩或利润率持续下降。美国马克思主义经济学家罗伯特·布伦纳(Robert

---

① 谢礼圣编写:"第三条道路的教训",《国外理论动态》2010 年第 11 期。

② 林晖:"总体性危机与左翼新战略——2009 年美国左翼和马克思主义者对金融危机的反思与应对",《云南大学学报》(社会科学版)2011 年第 4 期。

③ 王广谦:"正确处理金融创新与监管的关系",《经济日报》2009 年 2 月 24 日。

Brenner)，强烈批判仅把当前国际金融危机看作是一场纯粹金融化危机的观点。布伦纳认为，这场危机的根本原因是 20 世纪 70 年代以来全球性制造业的产能过剩，导致实体经济的利润率持续下滑，但西方国家一系列刺激经济政策的目标却并不是解决根本性的产能过剩问题，而是挽救资本的利润率，甚至不惜以金融泡沫刺激经济。以资本利润为目标的经济为了维持自身的运转，对于借贷的依赖性不断加强，而政府为了确保这种借贷的持续又不得不保持低利率，进而进一步加深了对于资产价格不断走高的依赖程度。这种政策最终导致了目前这场巨大的危机。[①] 克里斯·哈曼(Chris Harman)赞同这一观点，认为其中的逻辑是：市场利润率的下降，成为国家加强干预的充分理由，而扩张性的经济政策导致了资本过剩和生产过剩，但遗憾的是，强刺激下的繁荣并不能持久，资本主义无法摆脱长期萧条和慢性死亡的魔咒，而当前的全球性金融危机则是这一逻辑的最新注脚。[②]

如果从体制角度看，当前全球金融危机的爆发可以被视为是新自由主义的资本主义体制危机。在新自由主义阶段，政府不断放松对经济生活的管制，金融自由化思想日益泛滥，自由市场广泛存在；政府更多地运用货币政策来调控经济，减少整体性系统性宏观经济政策的实施，其关注点更多的是维护垄断资本利益的低通胀率，而非关注民生的低失业率；政府极力推进私有化进程，大幅削减社会福利支出。新自由主义的这些举措不断扩大资本主义社会中的不平等，催生了金融领域的投机和资产泡沫，从而为当前新自由主义体制危机的爆发埋下了隐患。在大卫·科茨看来，新自由主义体制在其前期具有进步意义，它在一定程度上缓解了剩余价值生产和实现的矛盾，然而，当前金融危机的爆发则表明，新自由主义体制生命力可能已达终点，它已经不再能够推动经济增长，也不再能够向外围转移经济危机。[③]

在全球金融危机冲击下，世界各国普遍遇到了发展模式的困境。这些发展模式包括英美模式、莱茵模式、转型国家模式、东亚模式、拉美模式、非洲经济发展模式等。

---

① Breener, Robert. A way out of the global economic crisis? http://english. hani. co. krartien-glish_edition/e_international/336766. html,2009-02-04

② Harman, Chris. The Rate of Profit and the World Today. International Socialism No. 115 , Summer 2007. http://www. marxists. org/archive/harman/2007/xx/profitrate. htm.

③ 大卫·科茨："前金融和经济危机：新自由主义的资本主义的体制危机"，《当代经济研究》2009 年第 8 期。

　　英美发展模式又称盎格鲁—撒克逊模式,是英国、美国、澳大利亚、爱尔兰等国家所实行的发展模式的总称。该模式的主要特点是:信奉新自由主义倡导的"国家最小化、市场最大化"原则,奉行最少的政府干预、最大程度的竞争;主张实行私有化,要求削减赋税,鼓励个人积聚财富;主张贸易和资本的自由流动,推崇不受管制的金融市场、劳动力市场和自动调节的市场等。这种以追求效率和利润最大化为导向的发展模式,其优点主要是最大限度地发挥市场经济的优势,充分地调动个人和企业的主动性、积极性和创造性。但是其弊端也非常明显:忽略了国家必要干预的作用,控制风险的能力弱化;目光短视,重短期利益,牺牲长期的社会利益;过于强调个人主义与自由竞争,激化了社会矛盾,严重削弱了市场的协调性与社会的和谐;效率优先原则加剧了贫富差距,社会分配有失公正,社会问题不断凸显等。2008年全球金融危机让英美模式的缺陷集中爆发,市场自我调节、放松管制、私有化等一系列政策理念已无法解决社会经济问题,相反,它们本身成了问题的根源。正如有些学者所言,"西方成熟的自由民主资本主义模式好像再也不是唯一的意识形态"①,美国式的资本主义模式"已经失去了往日的光环"②,英美模式受到前所未有的信任危机。

　　莱茵模式又称欧洲社会民主主义模式,它以德国的社会市场经济理念和模式最为典型,主要流行于莱茵河流域的一些欧洲大陆国家以及北欧国家。该模式的特点是:坚持市场自由竞争原则与适当的国家干预相结合,把高度集中的中央计划经济和自由放任的资本主义市场经济结合起来,企图实现自由、效率和社会秩序三者的和谐统一;建立比较完善的社会保障制度,注重效率与公平的有机统一,保证社会的公平与稳定;实行劳资"共参制",由雇主组成的雇主协会和由雇员组成的工会结合起来,共同参与管理企业的内部事务,尽力减少工人与管理层之间的矛盾冲突,注重提高雇员的地位和劳动积极性,注重职工目标与企业目标的一致性,尽量避免因失业而引起工人运动和社会动荡;银行具有高度的独立性和权威性,并与企业有紧密的联系,在很

---

　　① 李慎明:《世界在反思:国际金融危机与新自由主义全球观点扫描》,社会科学文献出版社2010年版,第100页。

　　② J. E. Stiglitz, Wall Street's Toxic Message. http://www. vanityfair. com/politics/features/2009/07/third-world-debt200907,2011-04-06.

大程度上起着金融市场和股票市场的作用。① 尽管金融危机使得欧洲社会民主主义模式增强了"信心"，并且在当今政治思潮的交锋中暂时取得了更多的话语权，但这一模式的固有弊端并未因金融危机的爆发而自动消失，诸如高福利体制拖累增长动力、财政困难加剧、体制僵化、金融市场不够灵活、制度创新不足等问题，越来越暴露无遗。面对各国社会民主主义政党在 2009 年的欧洲议会选举中的普遍挫败，西方理论界对欧洲社会民主主义模式进行了更为彻底的反思，他们不仅指出在欧洲大陆金融危机的实质就是"第三条道路"的危机②，更将社会民主主义模式的困境归纳为三点：社会民主主义政党的理论阵地和政策空间受到右翼挤占；社会民主主义政党的身份特征在全球化中不断丧失；社会民主主义政党长期以来内部缺乏团结。③ 欧洲国家则将摆脱困境的改革方向定位在了回归社会民主主义传统的基础之上，提出了强调"社会公正"、"可持续发展"以及"左翼联合"等具体策略。

转型国家模式主要指苏东剧变后，前苏东十几个国家所采取的经济发展道路。中东欧的经济转轨已逾 20 年，多数中东欧国家已经建立了良好运作的市场经济体制，但这些国家的政府仍然重视对经济生活的调控作用，不赞成由市场决定一切，强调政府的干预职能不能弱化，同时致力于建立和完善覆盖绝大多数人群的社会保障体系，加强社会建设，重视对社会弱势群体的保护，在公正与效率的关系上，重视社会公正，努力缩小社会两极分化。全球金融危机的冲击对中东转型国家的"改革疲乏症"④敲响了警钟。比如，普京治下的经济复苏，改善了俄罗斯的财政状况，提高了人民的生活水平，但没有使俄罗斯经济实现成功转型，全球金融危机暴露了俄罗斯经济状况的本质：俄罗斯经济在这近 8 年来只是"恢复性增长"，而非以投资和创新所驱动的可持续性增长⑤，过度依赖资源性产品和海外市场是俄罗斯经济发展模式的致命伤。就此而言，转型国家仍然面临着进一步深化改革的挑战。

东亚模式是 20 世纪 60 年代中期至 90 年代东亚地区如日本、韩国、中国

---

① 中央组织部党建研究所课题组："当今世界主要发展模式的特点、变革及走向"，《新华文摘》2011 年第 10 期。

② 马格努斯·莱纳著，杨望平译："'第三条道路'的讣告：金融危机和欧洲社会民主主义"，《国外理论动态》2011 年第 5 期。

③ 吕薇洲："金融危机后西方思想理论界对社会民主主义的新认识"，《红旗文稿》2011 年第 1 期。

④ 孔田平："国际金融危机背景下对中东欧经济转轨问题的再思考"，《国际政治研究》2010 年第 4 期。

⑤ 斯蒂芬·赫德兰："金融危机后的俄罗斯"，《俄罗斯研究》2010 年第 6 期。

台湾、中国香港、新加坡等国家或地区出现的区域性经济社会快速发展现象。该模式的特点包括经济发展表现出浓厚的出口导向色彩,威权主义与市场原则相结合的经济体制,密切的公私合作关系,以及不断升级的产业政策等。2008年,全球性金融风暴席卷了欧美发达经济体,美国总统奥巴马表示要重塑美国资本主义,改变国民的消费观以及增加出口贸易,以达到经济的稳定与增长。这意味着亚洲新兴经济体实现出口导向模式所依赖的国际环境将发生重大变化。东亚发展模式开始从以投入和出口扩张为主的传统增长方式向以技术进步与效率提高为基础和内需主导为支撑的经济增长方式转变,并从外需主导型经济转变为内需主导型①。

拉美模式是指战后特别是20世纪80年代以来,拉美一些发展中国家的经济社会发展道路和战略。20世纪80年代,许多拉美国家陷入长达10余年的通货膨胀和债务危机之中,为了帮助拉美国家找到一条通过经济改革而摆脱困境的道路,1989年,美国国际经济研究所原所长、曾在世界银行任职的经济学家约翰·威廉姆森,系统地提出指导拉美经济改革的10项主张,也即"华盛顿共识"。按照这些主张,拉美将摆脱危机的出路放在"推行经济自由化、私有化、市场化和一体化",其实质是实行西方式的自由化的市场经济。但事与愿违,以自由化政策为指导的拉美模式,并没有将拉美国家带入繁荣民主的新世界,相反,民族工业的衰落、贫富差距的加剧、政府调控的式微、社会矛盾的涌现至今仍然是拉美国家无法甩掉的包袱。

在后危机时代,世界各种类型的发展模式在深入反思各自面临的问题和挑战的基础上,调整、完善甚至创新自己的发展模式。② 在各国发展模式的调整过程中,政府与市场关系呈现出以下共同趋势。

第一,政府的规模和范围发生了变化,政府作用被强化。2008年金融危机后,各国政府就纷纷拿出大量资金用于救市。2008年10月3日,美国通过了7000亿美元金融救援计划;2008年10月8日,英国推出一揽子银行救助计划,投入500亿英镑来挽救英国银行业,并对这些机构实施部分国有化;2008年10月21日,德国上议院批准5000亿欧元银行救助计划;2009年2月17日,美国奥巴马签署7870亿美元经济刺激计划;2009年4月2日,G20峰

---

① 全毅:"东亚模式转型与中国发展道路",《新东方》2009年第12期。
② 刘志明:"金融危机凸显世界各种发展模式的困境",《浙江大学学报》(人文社会科学版)2011年第4期。

会的与会领导人达成共识,为国际货币基金组织和世界银行等多边金融机构提供总额 1.1 万亿美元资金,以推动全球经济复苏。中国则推出了庞大的 4 万亿经济刺激计划。在扩大政府开支、向金融机构增注巨资以刺激经济的同时,借助多边金融监管机构等措施强化国际金融监管的呼声也越来越高。欧盟为此提出了加强金融监管的"梯度方案",首先要在欧盟内部建立统一的金融监管机构,其次要把其监管标准推向国际。在 2009 年伦敦 G20 峰会上,参加会议的领导人同意严密监管对冲基金和信用评级机构,首次把对冲基金纳入金融监管范围。峰会同意开展国际金融机构改革,新设一个金融稳定委员会,以强化各方合作、监测全球宏观经济和金融市场上的风险。应对经济危机,无论是"刺激经济"还是"加强监管",无疑都增加了政府开支,扩大了政府规模与范围,加强了政府在经济发展的作用。

在此后漫长的经济复苏过程中,许多国家摈弃了"不是国家就是市场的对立"的观念,试图找出政府与市场互动和联系的最有效且最有益的形式。例如以英美为代表的新自由主义发展模式被迫进行重大调整,开始注重国家对市场的干预。在金融发展领域,优先关注安全发展,注意规避风险,维持国家和市场之间的平衡;重新开始重视实体经济,并提出了"再工业化"、"低碳经济"、"智慧地球"等发展战略,力图在新能源、节能环保、信息网络等领域抢占国际产业科技发展制高点。美国更是明确将着力点放在由债务推动型增长模式向出口推动型增长模式转变上,并希望通过美元贬值提升美国制造业出口竞争力,通过"绿色新政"和"智慧地球",打造新型制造业,形成出口新增长点,通过不惜动用各种贸易保护措施等举措实现这种转变。

有些学者在欧洲贴出了"第三条道路"的讣告,指出在本质上接纳新自由主义基本观点的"第三条道路"并没有带来欧洲经济增长的事实,宣称随着新自由主义的霸权光环褪去,寻找能够真正发挥作用的社会民主主义。2008年,德国社民党副主席安德丽亚·纳勒斯和英国工党政治家乔恩·克鲁达斯开始合作起草一份共同战略纲领。2009 年 4 月,这份名为《建设一个美好社会》的文件在英国和德国同时发表,旨在替代施罗德和布莱尔 1999 年共同推出的"第三条道路"。纳勒斯和克鲁达斯认为新自由主义正在走向终结,希望通过《建设一个美好社会》文件启动左翼的讨论。两人都要求建立另一种更加民主的社会,另一种经济制度,另一种政治模式,要求更多的对话和更少的权威。此外,两人还致力于欧洲层面的民主,支持超国家的财政控制。

积极主动的政府角色也在一些新兴市场国家中上演。俄罗斯力求实现由资源型经济发展模式向创新型经济发展模式的转变。普京在 2011 年政府工作报告中表示政府要采取措施来支持创新发展,其中包括:优化投资环境,消除对俄罗斯战略性产业进行投资的障碍;完善海关政策;对企业的研发工作进行经费支持,并对企业的现代化改造贷款给予利率补贴;建立科技平台等公私合作模式,围绕新技术和新产品整合国家、商界、科技界的力量,实现高技术产品的研发和商品化,等等。面对大量外国资金流入带来的卢布贬值,印度央行采取了直接干预市场的行为,从 2011 年 10 月起出台了包括直接干预外汇市场等多项严厉管制措施,并于 12 月中旬,在抛售美元的同时采取了一系列打击外汇市场投机行为的举动。大部分非洲国家政府及时采取了"反危机"财政政策,增加政府公共支出,有效减弱了危机对国民经济的破坏力。如南非政府在货币政策方面,实行了灵活的通胀目标框架政策,以确保国内经济的稳定,并将稳定经济增长和充分就业看作是应对发达国家量化宽松政策挑战的最好办法。同时,非洲国家也努力加快基础设施建设,着力提高经济一体化水平,以建立新型经济一体化发展模式,更好地发展经济和消除贫困。中国政府不仅推出了庞大的 4 万亿经济刺激计划,并将扩张政策与市场化改革结合起来,不仅在短期内保证经济不出现大幅度下滑,并试图通过扩大内需、调整结构建立起经济增长的长效机制。

总的说来,面对全球金融危机,政府干预显示了重要性和必要性。应当看到,市场机制虽然有自我调节的功能,但是不可避免的自身缺陷经过长期积累会导致大规模经济危机,在这个意义上,现代市场经济需要政府的宏观调控。但是,由于信息、决策能力的有限性,政府并非万能,甚至不恰当的政策措施会破坏市场的力量,因此政府在干预经济的过程中,仍然要保持一种审慎的态度。[①]

第二,各国政府反思社会政策,强调社会政策的作用,并开始着手加强和完善社会福利体系。各国应对 2008 年金融危机的策略与近 30 年的历次危机应对方式不同。近 30 年来,在历次经济危机出现后,国际社会大都是问罪社会政策,削弱福利体系。撒切尔夫人和里根上台后都曾经大张旗鼓地实行缩减社会福利的政策。2008 年危机发生后,社会政策却得到了"全球性的复归"[②],这以美国和新兴市场国家尤为显著。换言之,社会政策在相当程度上

---

① 郁建兴、徐越倩:《服务型政府》,中国人民大学出版社 2012 年版,第 107 页。

② 潘屹:"金融危机下社会政策的全球性复归",《红旗文稿》2009 年第 16 期。

被视为反危机的一个措施。

以美国为例。美国人口普查局调查数据显示,2009 年美国的贫困人口比例已上升至 14.3%,平均每 7 人中就有 1 人处于贫困线以下,而金融危机的爆发更是让这种情况雪上加霜,失业率高企不下,甚至让一些受过高等教育的知识分子也沦为了贫困人口。① 基于此,世界各国开始关注金融危机对社会福利的冲击。汇聚各国社会保障管理和经办机构的国际社会保障协会认为全球金融危机将在几个方面影响社会保障体系。首先,这场危机会消耗社会保障基金,因此破坏了依赖于基金的财政金融方案的可行性计划。其次,金融危机演变成经济危机,其后果是随着贡献人的减少和增长的支出,造成社会保障收入的减少。② 可以看到,在这次危机中,各国政府没有将社会政策与经济危机对立起来,而是把国民福利放在了重要位置,并且把社会政策作为应对经济危机的重要路径。2008 年 12 月 5 日,新美国基金就金融危机下社会政策的未来召开研讨会,正视放任资本主义追求利润最大化的做法对社会福利体系的冲击。2009 年 3 月 9 日,欧盟委员会和欧洲理事会共同发布报告,称社会保障是危机中保护社会的稳定器,决心用欧洲团结基础来保障经济社会的可持续发展。

相应地,国际社会纷纷制定具体的社会政策。欧盟委员会和欧洲理事会提出改革社会保障制度,加强协调作用;使用欧洲社会基金,以促进再就业和老人保障;改进卫生保健。俄罗斯政府在 2009 年 4 月推出的反危机措施中,首先就是强化社会政策,保障和提高福利支出,提高居民购买力,扩大内需。其主要措施包括:提高退休金,履行国家的社会责任;限制药品价格;解决就业问题,缓解社会紧张态势等③。在美国,奥巴马政府开始全面医改,承诺建立一个"全民医保制度"。在社会救助方面,则加大救助力度,以"制度外"措施弥补"常规"社保制度之不足。在美国的刺激计划中,有一项是为弱势群体进行现金补贴。从 2009 年 5 月 1 日—31 日,美国政府为 5200 万弱势群体一次性发放 130 亿美元现金补贴,每人 250 美元,其中,退休金领取者 3400 万人,遗属 600 万人,残疾人 900 万人,低保受益人 300 万人。④ 一些新兴市场国家也开始调整社保政策,扩大覆盖面,完善社会福利体系。韩国为应对危

① 周宏:"后金融危机时代资本主义社会的新变化",《求是》2011 年第 9 期。
② 潘屹:"金融危机下社会政策的全球性复归",《红旗文稿》2009 年第 16 期。
③ http://premier.gov.ru/anticrisis.
④ 郑秉文:"金融危机引发社保制度改革不断深化",《中国证券报》2009 年 7 月 6 日。

机而设立了"老年长期照顾保险项目"。中国政府于 2009 年投入社会保障资金 2906 亿元,并将国有股转持 10% 充实社会保障基金,以增强社会保障基金实力。同时,政府还启动新医改、"新农保"制度等,2009 年成为中国的"社会政策年"。2009—2011 年,政府投入教育、医疗、社会保障的资金大幅增加。

总的说来,在金融危机面前,无论是解决经济问题引致的社会问题,还是寻求经济问题的社会性解决方案,社会政策都因此受到了重视和关注。各国政府都试图通过强化社会政策,以达到振兴经济、保护公民利益、增强社会凝聚力的目标。

第三,越来越多的"国际因素"被加入到政府与市场关系的分析当中。今天,在发达工业国家和大多数新兴工业国家中,金融开放度不断增大。外汇、货币市场工具、银行票据、债券和股票等国内市场比 10 年前更加开放,虽然这些市场资本流动并非是最佳的。到 21 世纪,资本流动性空前增强的看法已经在大多数国家政治中扎下了根,不可否认,布雷顿森林汇率体系崩溃后的这些年里,资本市场一体化产生了重大的政治影响,国家在兼顾汇率稳定性和国家货币政策自主上越来越难发挥作用,这构成了对政治合法性的最基本担忧。但是现实政治又表明,许多国家的政府都没有放弃对自由流动的资本、金融市场、跨国公司以及国家的债务结构进行政治管制,国家的管理权威并没有被全球资本市场所替代。

国际结算银行近年公布的调查数据令人吃惊地表明,在资本全球化过程中货币资本和金融资本的积累如何加速发展。如果以美元不变价格计算,国际金融货币资本在 20 世纪 90 年代平均年度增长率为 10%,与此同时,经济合作与发展组织国家实际国内生产产值平均年度增长率明显低于 3%。近年来,为了避免在国家货币和货币使用发生变化时出现汇兑风险和交易风险,开始使用新的流通手段——例如期货、期权等金融衍生物的交易,但这也使投机成分和金融风险进一步升级。作为一种高风险、高利润的投机性交易,期货期权投资只需付少量定金即可进行大宗交易。资本雄厚的私人投资者如能准确预测到收益丰厚的机会,短期内即可获得梦想的利润,而那些不大机灵的市场参与者就会受到相应损失。而且市场变得越来越复杂,越来越多的金融衍生物避开交易所进行交易。随着世界范围内各种金融市场的网络联结进一步加强,在银行信贷与有价证券发行之间、一国范围内的流通与国际流通之间、市场现金流通手段与金融衍生物之间,以及在各种不同种类的金融衍生物之间的诸多差异将会变得更加模糊,这种日益发展的一体化将进一步刺激资本跨越国境的涌流。①

在一个以放松控制和全球化为特征的世界金融体系内，专家们对突发事故的恐惧日益增长。流通速度越来越快，汇率变动也越来越频繁，宏观经济周期和利息周期搅到一起，金融经济越来越严重地与现实经济基础相脱节，世界各主要经济强国的金融管理机构和国际金融组织在抑制全球性经济事件所导致的最具破坏性的后果方面越来越感到力不从心，这种状况反过来又使得这些机构越来越无力应付金融危机；当前金融市场的制度构成和市场管制方面的缺陷以及私人手中拥有的大量流动资金，都严重限制着各国政府采取协调行动的可能性；与此同时，日益增加的国内金融危机的次数也使得国际货币基金组织所极力推进的金融稳定模型和各民族国家自身制定的经济政策陷入了进退维谷的境地。

研究者们也开始为资本的全球化寻求政府规制的良方。一些人认为金融开放加大了全球金融危机的风险，因而要加强各国政府和中央银行为控制风险所做的工作；另外一些人则认为国际资本流动的规模和持久性是当今世界政治新机制的基本要素，同时也是发达工业国间相互关系中日益明显的制约结构，据此，资本全球化是现存的发达工业国家庞大的福利制度灭亡的内在动力，也是发展中国家努力实现经济开放的内在动力。②

从政府与市场关系的历史考察中可以看出，市场至上和政府至上都不是完美的范式，期望事实上并不完美的某一方来实现完美的目标，是难于奏效的。因此纠正市场缺陷不是政府加大干预的充分条件，减少或弱化政府的作用也不是改革的终点。最好的政府并不一定就是最小的政府，但也不会是一个拥有无限权力的政府。一个有效能的政府才是人们所需要的。

3.3　重构政府与市场关系

"让市场在资源配置中起决定性作用"与"更好的发挥政府作用"是一枚硬币的两面，两者相互协调又相互促进，科学地处理好政府与市场的关系，对于全面深化改革、形成健康成熟的社会主义市场经济体系、实现社会主义和

---

① 转引自张世鹏："论资本全球化"，《当代世界与社会主义》1997 年第 2 期。
② 郁建兴、徐越倩："复兴国家：国家理论的新形态"，《现代哲学》2005 年第 4 期。

谐社会有着重大的理论意义和现实意义。具体而言,首先要进一步推动经济
体制改革,形成开放、有序、公平的市场体系;其次要进一步明确政府职能定
位,政府要把该管的管好;最后,在法治的框架下规范政府行为,进一步推进
政府运行体制改革。

3.3.1　进一步推动经济体制改革

有学者称,30 多年来,中国开启的渐进式经济体制改革创新,大致可以划
分为"目标探索"、"框架构建"、"体制完善"三个阶段[①]。而经济体制转型的路
径,大致可以视为是从农村逐步向城市扩散与深化的过程。

中国经济体制改革首先从农村开始,1978 年改革开放后,安徽等一些地
方率先实行了家庭联产承包制,其取得的成功迅速向全国各地推广。深圳等
地相继被列为改革开放的试点,对外开放的区域从沿海地区逐步向内陆扩
展。在企业改革方面,开展了多种形式的国有企业扩大自主权试点,集体经
济和个体经济逐步恢复和发展。经历了这一阶段的改革,国家统一控制工农
业生产和产品统购统销的旧体制开始松动,但市场发育还主要局限于商品市
场,尤其是消费品市场,整个经济体制的框架仍然以计划经济为主,市场调节
仅作为一种辅助手段存在。因而在这一阶段国民经济的运行具有鲜明的"大
计划、小市场"的特征。

1984 年十二届三中全会通过关于经济体制改革的决定,确定社会主义经
济是"公有制基础上的有计划的商品经济";1992 年,十四大确立社会主义市
场经济体制的改革目标,我国的经济体制进入了转轨阶段。十五大确立了公
有制为主体、多种所有制经济共同发展的基本经济制度,国家在国有企业改
革方面实行"抓大放小"的政策,对金融、税收、财政等体制进行系统改革,同
时逐步开始规划和部署较为全面的社会保障体系。2002 年十六大提出到
2020 年建成完善的社会主义市场经济体制的改革目标。2003 年十六届三中
全会勾画了完善社会主义市场经济体制的图景,党中央继而提出了科学发展
观的指导思想以及构建社会主义和谐社会的宏伟蓝图。自此,我国改革进入
完善社会主义市场经济体制的新阶段。

经过改革开放的 30 多年,中国已成功实现从高度集中的计划经济体制到

---

① 高尚全:"改革开放 30 年我国经济体制改革经验总结",http://policy. sinoth. com/Doc/web/
2008/11/6/17163. htm,2008-11-6.

充满活力的社会主义市场经济体制的历史性转折，在基本经济制度、农村经营体制、分配制度、经济管理制度等方面都取得了诸多成就。

必须指出，中国发展中仍然存在着不平衡、不协调、不可持续的问题。2008—2009年全球金融危机的冲击，更凸显了我国经济发展方式的弊端。在后危机时代，争夺市场资源、人力资源、信息技术等的战争更加激烈，能源安全、气候变化、粮食安全成为各国不容忽视的全球性问题，国际贸易领域各国的保护政策越来越常见，我国发展的外部环境更趋复杂。要实现经济发展质与量的统一，占有更多的国际市场份额，必须转变经济发展方式。

2013年中国人均GDP已超过6700美元，这一阶段为经济转型提供了有利的发展条件。一些国家和地区的实践表明，启动现代化进程并持续推进现代化，需要抓住转变经济发展方式的机遇，否则不仅会出现经济发展滞缓的情形，甚至出现倒退。因此，我国要保持现代化发展的可持续性，必须准确判断国内外形势，抓住有利条件，转变发展方式，由市场的自发走向改革的自觉。

在新的历史起点上，以建立更加成熟完善的市场经济体制为导向的改革主要包括以下内容：(1)建立更为公平的市场化的资源要素配置机制。要素市场化改革一直是我国由计划经济体制向市场经济体制转轨过程中的薄弱环节，其市场化程度远远低于商品市场，政府和大型国企利用行政垄断地位获取了大量廉价的生产要素。深化我国市场经济体制改革，必须提高市场配置资源的效率，根本途径是要打破垄断局面，形成产品和生产要素的自由流动机制。因此，必须加快土地产权制度改革，逐步开放地方金融市场，完善和加强反垄断的立法，打破行政垄断。要重点培育和扶持要素市场的发展和完善，加强劳动、资本、技术、信息等市场制度建设，加快资源要素价格的市场形成机制。按照建立统一、开放、公平、竞争的国内市场要求，大力整顿市场秩序，打破地区封锁、部门垄断的局面，促进国内统一大市场的形成。① (2)建立现代财政制度，推进金融价格改革。继续扩大营改增试点范围，促进服务业发展和产业结构优化升级。进一步理清层级政府之间的财政资源配置关系，合理划分中央与地方、地方各级政府之间的事权与支出责任。建立以政府债券为主体的政府举债融资制度，并建立风险防控机制。金融体制改革要更好地服务于实体经济和社会事业发展。加快推进利率汇率市场化改革。(3)深化户籍、土地等体制改革，推进以人为核心的新型城镇化。探索农村土地制

---

① 徐越倩：《治理的兴起与国家角色的转型》，浙江大学博士论文，2009年。

度改革,探索农村土地集体所有制的有效实现形式,加强城镇化管理创新和机制建设。(4)准确定位国有企业的性质与地位,推进国有企业改革。加快发展混合所有制经济,推进国有企业股权多元化改革,建立政府和社会资本合作机制。(5)加快建立系统完整的生态文明制度体系。国家发改委在《关于 2014 年深化经济体制改革重点任务的意见》中特别指出要坚持节约优先、保护优先、自然恢复为主的基本方针,着力推进绿色发展、循环发展、低碳发展,形成节约资源和保护环境的空间格局、产业结构、生产方式、生活方式,从源头上扭转生态环境恶化趋势。[①]

事实上,中国经济转轨进程中,政府作用的有效发挥对于经济体制改革实现制度转型起到了十分重要的作用:首先,经济体制的改革意味着利益格局的巨大变动,一些与经济体制相联系的既得利益集团成为改革的最大阻力,政府可以通过强制力等手段改变现有的制度安排,打破既有的利益格局。30 多年来改革开放所取得的成就,显示了政府在转型时期消除市场取向改革的利益集团的决心和能力。没有政府的积极参与,改革的推进不可能有这样的自觉性和有序性。其次,经济体制改革中伴随着旧体制的逐步解体与新体制的逐步建立,这一过程所产生的利益群体间和个人之间的冲突需要政府充当“元治理”的角色,公平公正地平衡多方利益。再次,由于中国市场发育还不完善,在经济转型中,市场失灵的范围和规模要比成熟市场经济国家大得多,这不仅要求政府调节的广泛存在,而且给政府提出了培育市场、建设市场和组织市场的改革任务。也就是说,深化经济体制改革需要更加有效的政府。

必须指出,政府作用的有效发挥可以促进制度转型,但也会带来“政府失灵”。更为严重的是,被赋予公共权力的政府机构往往有寻租的冲动。政府权力既可以成为制度转型的动力,也可能成为制度转型的障碍。为此,必须在经济转轨的同时加强法制建设,推进政治体制改革,让公共权力在法治框架下运行。总的来说,在中国经济体制改革的进一步制度变迁中,发挥政府干预或调节经济的基本原则是:第一,政府调节的目的是校正和弥补市场机制不能发挥作用的方面;第二,政府调节的领域是宏观经济领域,而不是微观经济主体的经济运作;第三,政府调节的方式是经济参数调节,而不是直接的

---

①   国家发改委《关于 2014 年深化经济体制改革重点任务的意见》,国发〔2014〕18 号,2014 年 4 月 30 日。

行政干预。[①]

3.3.2　进一步明确政府职能定位

政府应有所为、有所不为,凡是市场、社会、个人能够发挥或能够更好发挥作用的,政府就不应该做;凡是市场、社会、个人不能或不适宜发展作用的,政府必须积极而为之。具体而言,政府的职能应该包括:

1. 完善公共服务职能,保障公共物品供给

处理社会公共需求与政府公共供给的关系是公共行政活动的主题。社会公共需求是政府存在的根据和动力,政府公共服务职能主要包括政府承担的发展各项社会事业,实施公共政策,扩大社会就业,提供社会保障,建设公共基础设施,健全政务和信息等公共服务系统等,政府通过提供公共物品满足人民群众的物质文化需要。《中共中央关于制定国民经济和社会发展第十二个五年规划的建议》提出"着力保障和改善民生,必须逐步完善符合国情、比较完整、覆盖城乡、可持续的基本公共服务体系,提高政府保障能力,推进基本公共服务均等化",并明确了政府在基本公共服务供给中的主要责任。

界定政府在提供公共服务的责任时,需要准确区分公共产品与非公共产品、纯公共产品与准公共产品。政府的注意力应集中在向社会提供纯公共物品,因为纯公共物品除政府之外少有其他人愿意提供或有效提供。在社会保障、义务教育、公共预防保健、弱势群体权益维护等方面,政府应充分发挥供给作用。至于一些准公共物品如基础设施、公用事业、高等教育等,可以引入市场化机制,通过政府、市场和社会组织之间分工合作加以提供,这不仅有助于减轻政府负担,还有利于为社会提供更多高效、优质的公共服务。而那些确保人人享有基本生活保障的内容则属于基本公共服务,虽然可以有各种提供方式,但支出责任在政府。国际数据显示,人均 GDP 在 3000—6000 美元的国家,医疗卫生、教育和社会保障公共支出占政府支出的比重平均为 54%,我国 2008 年只有 29.7%;中等收入国家在基本保障方面的财政支出占到 GDP总量的 10.3% 左右,而我国目前只有 5.4%;与同等收入国家相比,我国在教育、养老、公共卫生、住房保障和社会救助等基本公共服务上的财政支出也依旧很低。[②] 因此,根据建立健全基本公共服务体系的目标以及政府财力的增

---

① 郁建兴、徐越倩:《服务型政府》,中国人民大学出版社,2012 年版,第 132 页。
② 蔡昉:"推动政府职能向提供基本公共服务转变",《人民日报》2010 年 12 月 1 日。

长,政府应该大幅度增加在民生领域的投入,提高政府保障能力。

2. 改善经济调节,促进经济健康运行

市场经济是一种自主配置资源的高效率经济,但市场会失灵。正如萨缪尔森所言:"当今没有什么东西可以取代市场来组织一个复杂的大型经济。问题是,市场既无心脏,也无头脑,它没有良心,也不会思考,没有什么顾忌。所以,要通过政府制度政策,纠正某些市场带来的缺陷。"[①]在一个健全的市场体系中,需要有产权和交易活动能得到合法认可和有效保护的制度环境,这要靠政府才能做到,所以不存在绝对不受政府及其制度约束的市场"真空"。但是,政府的作用只限于弥补市场的不足,而不是替代市场。

第一,引导经济活动。市场机制的自发作用会导致一定的经济波动,造成资源配置效率的降低以及某种程度的损失。因此,政府要通过制定地区中长期经济社会发展规划,调整和完善经济政策,健全市场运行和价格监测预警机制,加强产业信息发布和投资引向,促进经济平稳运行和结构优化。比如,浙江省政府建立规划协调会议制度,加强经济社会发展规划和城乡规划、土地利用规划、生态功能区划的衔接,确保规划对产业布局、民间投资的导向性和约束力;运用土地指标分配、财政贴息、进口设备减免税等措施,引导社会资金投向基础设施、环境保护和重点产业领域,并更多地通过技术、能耗、环保等市场准入标准调节社会投资,有效促进了先进制造业和现代服务业的发展。[②]

第二,培育并部分替代市场。由于受社会历史条件的制约,我国各级政府在一定程度上应承担培育市场的职责。即使是被喻为"市场大省"的浙江,仍存在市场条块分割、信号失真的问题,要素市场发育更是滞后,所以政府必须进一步培育市场,而且在市场尚难充分发挥作用之时,还需替代市场行使一部分配置资源的职能。前些年,各地曾出现"电荒"、"水荒"等资源短缺问题,完全依赖市场调节不可能有效解决,唯有政府通过规划、价格、税收、法规等综合手段,加强供需衔接,才能确保居民生活、重要行业的基本需要,为经济运行和区域发展提供支撑。

第三,解决经济外部性问题。由于市场面对经济外部性而束手无策,地方政府就应该出面,否则经济运行可能偏离人们希望的轨道。地方政府对经

---

① [美]萨缪尔森:《经济学》(第12版),中国发展出版社1993年版,第78页。

② 陈广胜:《走向善治:中国地方政府的模式创新》,浙江大学出版社2007年版,第189页。

济外部性问题的解决,不外乎两个方面,即对正外部性的奖励和对负外部性的惩罚。比如,政府实行重点粮食品种最低收购价制度,对种粮大户、订单粮食、良种推广、农机具购置等方面进行补贴、补助;对从事科教文卫、公用事业的投资提供各项优惠;对掠夺性开采自然资源、严重污染生态环境等行为加以严厉制裁。

第四,履行国有出资者职能。国有资产包括国家通过各种形式投资和产生的投资收益所形成的资产,以及依据法律法规认定的属于国家所有的其他资产。按照国有资产分级管理的原则,地方政府对地方所属的国有资产承担出资者职责。当然,这一职责要与地方政府的公共管理职能分离。国有企业有别于私人企业,将部分承担公共物品的供给责任,但由于产权的特殊性,必须探索有效的监管方式,促使国有资产保值增值。这是地方政府不可推卸的重要职能。

3. 加强市场监管,规范市场秩序

市场经济是在一定的市场秩序框架内进行的,没有市场秩序就谈不上正常的市场竞争,也就不存在健康的市场经济。"市场交易的前提是受保护的财产权、得到维护的交易秩序和对纠纷的有效解决"[1],而地方政府是市场规则的制定者和规则执行的监督者。营造和维护良好的市场秩序,促使广大企业公平竞争,是各级地方政府的应尽职责。

一方面,要规范市场主体行为。社会信用是经济社会健康发展的基础性条件,也是建立市场主体间合作关系的纽带,诚信的缺失不仅会破坏有序的竞争环境,也会损害社会公正,导致社会福利的损失。不容回避,信用缺失现象在我国当前比较严重,从商品假冒伪劣,到企业偷税漏税;从相互拖欠货款,到逃废银行债务,可谓形形色色、花样迭出。1997—2001 年,浙江省税务机关对 67351 户企业的纳税情况进行检查,发现 66.7% 的企业有偷逃税问题。2000 年,浙江省法院受理经济纠纷和债权债务民事纠纷案件 10 万件,约占全部受理案件的 50%,其中绝大部分是信用案件。[2] 作为市场秩序的仲裁者,政府要依法打击各类制假售假、偷逃骗税、走私贩私、商业欺诈、价格操纵、侵犯知识产权等违法经营活动。要以完善信贷、纳税、合同履约、产品质

---

① 张成福、党秀云:《公共管理学》,中国人民大学出版社 2001 年版,第 61 页。
② 何显明、何建华:《信用浙江——构建区域发展新秩序》,浙江人民出版社 2006 年版,第 43—44 页。

量的信用记录为重点,加快建设社会信用体系,健全失信惩戒制度。

另一方面,要强化市场中介组织监管。市场中介组织是市场秩序的维护者,但在我国社会转型时期,市场中介组织自身的失信现象比比皆是。有调查表明,一些中介组织依托行政权力乱办培训班、乱搞评选活动、乱收费的现象比较突出。乱收费已经成为一些挂靠官方的社会组织最为重要的资金来源。这些乱象的存在,不仅耗费了社会资源,给民众带来负担,干扰了正常的社会秩序,伤害了政府公信力,还是形式主义、腐败挥霍的温床。对于一些市场中介组织,有人戏称为"五子登科",即"戴着市场的帽子,拿着政府的鞭子,坐着行业的轿子,收着企业的票子,供着官员的位子",有的机构甚至成了逐利的机器。① 因此,要充分发挥市场中介组织的功能作用,首先必须提升市场中介组织的公信力。要规范发展律师、公证、会计、资产评估等专业化市场中介服务组织,按市场化原则设立各类行业协会、商会等自律性组织,同时加强日常监督管理,促使各类市场中介组织独立、公正地履行职责。

3.3.3　进一步创新政府运行机制

政府管理效率的提高,很大程度上取决于政府行政能力的提高,而提高政府行政能力,关键也在于创新体制,努力形成结构合理、配置科学、程序严密、制约有效的运行机制。

1. 创新行政审批服务方式。

严格依法设定和实施审批事项,推进法治政府建设。行政机关设定审批事项必须于法有据,严格遵循法定程序,进行合法性、必要性、合理性审查论证;涉及人民群众切身利益的,要通过公布草案、公开听证等方式广泛听取意见。没有法律法规依据,行政机关不得设定或变相设定行政审批事项。按照公开透明、便民高效的要求,依法进一步简化和规范审批程序,创新服务方式,优化流程,提高效能。② 加强政务中心建设。原则上实行一个部门、一级地方政府一个窗口对外。发挥网络的作用,实现网上审批。在实现行政审批与技术审查相分离、行政审批与行政收费相分开、行政管理资源"共享"的基础上,逐步实现网上审批,当事人只要在网上提供中介机构的技术性审查结论编号和查询编码,各种收费收据编号和查询编码,办理行政审批申请等材

---

① 陈广胜:《走向善治:中国地方政府的模式创新》,浙江大学出版社,2007年版,第190页。
② 郁建兴、徐越倩:《服务型政府》,中国人民大学出版社,2012年版,第141页。

料，行政机关即可在网上实施审批。杜绝行政机关与当事人的接触，从源头上切断了腐败的根源。

2. 加快构建科学民主公开的决策机制。

近年来，各级政府决策者的民主意识显著增强，各项制度也逐步健全。但是，真正离决策科学化、民主化仍然存在较大距离，必须采取积极有效的措施。一是完善民主决策机制。在民主集中制的原则下，切实做到公众参与、专家论证、智库咨询和政府决定相结合，充分发扬民主，特别是随着互联网的普及，要建立各种类型的官民互动的民意表达渠道，让公民开始越来越多地参与到政策决策中来。二是完善决策程序化机制。政府应健全决策的规则与程序，在决策事项提出前深入调查研究，全面、准确掌握决策所需信息，并按照决策事项涉及的范围征求有关方面意见，充分协商协调，结合实际拟定一套甚至多套决策方案。规范决策事项的论证、确定、执行、反馈等流程，避免出现较为重大的失误。三是完善决策监督机制。进一步完善行政监督体系，继续实行党内监督、权力机关监督、司法机关监督、行政机关内部监督、群众监督和舆论监督。进一步完善重大行政决策通报、重大行政决策公开、重大行政决策执行情况评估、重大行政决策督促执行以及重大行政决策责任追究等制度。

3. 构建多维度、综合化、体现科学发展导向的政府绩效评估指标体系。

政府绩效评估制度是促进政府职能转变、引导政府及公务员树立正确导向、提高政府管理和公共服务效能的一项重要制度，也是实行行政问责制的前提和基础。建设服务型政府，就要树立和完善正确政绩观指导下的评估体系。

实现政府绩效评估制度的改革与创新，首先在于以科学发展观为导向，在充分调查研究、广泛征求各方面意见和建议基础上，制定一个全面的、系统的，符合当前经济、社会发展客观实际的多维度、综合化的政府绩效评估指标体系。一是这个指标体系必须从经济效益、社会效益和政治效益三个维度来对政府绩效进行评估。摒弃过去唯经济效益论的倾向，把实现社会公平与正义作为最高准则。二是这个指标体系必须兼顾各地经济社会发展的实际。各地经济社会的发展具有不平衡性较为明显，要根据各地发展阶段和主体功能区划定位实施差异化考核，不搞"一刀切"。三是要实现定性分析与定量分析的有机结合。在政府绩效评估指标中，有些指标是可以量化的，属于"刚性"指标，而有些指标则是难以量化的，其考量的是公众的满意度、期望值。

要尽量使一些不可量化的"柔性指标"相对"硬化",尽可能地做定量分析,使考评结果更加贴近实际,更加切合民众的真实感受。

其次,建立多元化的政府绩效评估主体。长期以来,政府绩效评估的主体的过于单一,实际是政府自己评估自己,这不仅影响了绩效评估的真实性、公正性和科学性,还直接影响着政府在公众中的形象和地位。在党中央大力提倡民主执政、科学行政、依法行政的今天,必须对政府的绩效进行多层次、多渠道的评估,构建上中下 360 度的全方位评估,其评估主体的构成除了政府机关(或部门)、上级政府等内部评估机构,还包括党的组织、人民代表大会、民间评估机构、政府管理和服务对象即人民群众以及舆论评估等外部评估主体,充分发挥外部评估主体的积极作用。尤其值得指出的是,政府绩效评估必须强化"公众满意"导向,充分调动社会的力量,探索有效的外部评估机制,提高社会公众的参与度,把人民群众拥护不拥护、赞成不赞成、高兴不高兴、答应不答应作为政府绩效评估工作的根本标准;采取各种方式收集、听取社会公众以及社会各界对政府工作的意见,确保政府绩效评估结果的客观、公正,提高政府公信力。

再次,完善政府绩效管理立法,做到依法评估。将政府绩效评估纳入法制化、科学化和经常化的轨道,这既是西方发达国家的成功做法与经验,也是当前国际上绩效评估活动的趋势之一。因此,应从法律上保障公共服务评价的地位,保证公共服务评价成为政府公共管理中的基本环节,促使政府有积极性参与公共服务评价工作。在法律上树立公共服务评价的权威性,公共服务评价机构在进行公共服务评价时不受任何组织或个人的干扰和影响。

最后,开展政府绩效评估必须建立评估结果运用机制。评估机构在确保评估结果的客观、公正和具有公信力的前提下,推行"绩效挂钩"制度,将政府机构及其公务员的工作实绩与奖惩结合起来,探索适度刚性的奖惩机制,从根本上激发政府工作的积极性和主动性,从而在最大的程度上发挥政府绩效评估与管理的导向作用。[①]

---

① 郁建兴、徐越倩:《服务型政府》,中国人民大学出版社,2012 年版,第 143—144 页。

4 建立健全社会协同治理的新体制

如前所述,实现党政组织转型,旨在将党政组织尽快转变到重点履行社会管理和公共服务职能上来,提升构建和谐社会的能力。但是,党政组织并不是构建和谐社会的唯一主体。在上一章中,我们已经指出,重构政府与市场关系,发挥市场在资源配置中的决定性作用,是共建共享和谐社会的经济体制要求。在本章中,我们将继续指出,社会力量与党政组织的协同具有重要地位和作用,是共建共享和谐社会的必由之路。2004 年召开的十六届四中全会首次提出建立健全党委领导、政府负责、社会协同、公众参与的社会管理格局。2012 年召开的十八大进一步要求加快形成党委领导、政府负责、社会协同、公众参与、法治保障的社会治理体制。在其中,社会协同治理是形成新社会治理体制的重要内容。本章从政府与社会关系、公民力量培育与社会成长、社会协同治理的实现机制以及社会协同的制度化与法治化等四个方面,论证了当代中国和谐社会建设中的社会协同治理模式。

4.1 政府与社会关系及社会协同治理

为了说明政府与社会的不同关系模式,尤其是其中的社会协同关系,我们选取"政府治理能力"和"社会发育程度"两个维度,并将每个维度区分为"高"、"低"两个层次,然后将不同维度和层次进行组合,其分别对应政府主体和社会主体间的四种不同关系模式(见图 4.1)。

首先,如果政府治理能力和社会发育程度都比较低,政府可能采取比较简单而且直接的管理和控制社会的方式以保证社会共同体正常运转所需的稳定和秩序。这种情况下,如果政府的行政管控能力比较强,则社会基本能

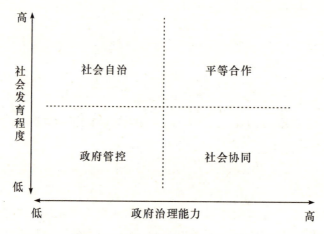

图 4.1   政府和社会关系的四种模式
(图片来源:作者自绘)

够维持一种刚性的稳定。于建嵘教授认为:"这种稳定以垄断的政治权力为
制度特征,以绝对管治秩序为表象,以国家暴力为基础,以控制社会意识和社
会组织为手段。它缺乏制度弹性和韧度,忽视了内在的整合和发展转型的适
应性要求。"他进一步指出,其结果很可能是政治体制用来维护自身生存和运
行的成本越来越高,而支付成本的能力却并不一定同步提高。从长远来看,
一旦这种维护成本超过其支付能力,"刚性稳定"就可能演变为"社会动荡"。[①]
也就是说,不论何种原因导致政府行政管控的能力衰弱,则有可能出现社会
无序和冲突失控,甚至导致"失败国家"或"国家失败"。[②]

其次,如果社会发育程度比较高而政府治理能力又比较低,特别是在政
府行政管控能力同样低下的情形下,社会为了维护自身的利益和秩序,会更
多地体现出自我管理和自主治理的状态。但是,必须承认,社会的这种自我
管理和自主治理也是有限度的,因为其只能在小范围的社会团体或社会组织
内实现,而整个社会共同体或者国家层面的稳定和秩序仍然需要国家通过统
一的法律规范及其执行予以保证。也就是说,如果国家彻底失败或者处于无
政府状态,再强大的社会自治也无法实现长久的良好治理,更无法维护整个

---

① 于建嵘:"从刚性稳定到韧性稳定——关于中国社会秩序的一个分析框架",《学习与探索》
2009 年第 5 期。
② 甘均先:"国家失败与失败国家——关于'失败国家'现象的一些批判性思考",《国际论坛》
2007 年第 9 期。

社会共同体的统一有序。因此,社会自治并不是要求国家及其政府走开,良好的社会自治只能在国家在场的情况下才能实现。

以上两种情形的共同之处在于,政府与社会之间都缺少良好的沟通和互动,从某种程度上甚至可以说是一种没有关系的关系。再次,在政府治理能力较强而社会发育程度相对比较低的情况下,二者之间应当表现为政府在发挥主导作用的同时,出于有效治理需要,还会提供各类社会主体发挥作用的制度化沟通渠道和参与平台,以充分运用社会自身的力量达到社会治理目标,此即政府与社会间的社会协同关系。需要说明的是,在这种关系状况下,政府拥有的权力和掌握的资源都远远大于社会,因此,政府处于主导和支配地位,社会则相应地处于协助、协作的地位。但与此同时,政府和社会都已清醒地认识到,社会才是社会治理的真正主体,只有社会这个主体运转起来,并与政府齐心戮力,才能在社会治理中起到协同增效的功用,社会治理也才能事半功倍。因此,政府会自觉尊重社会的主体地位并且创造条件使其发挥应有的作用。

最后,如果政府治理能力和社会发育程度都很高,政府与社会之间将形成平等合作的关系。这是一种平等主体之间就实现某种共同目标进行协商协调并做出决策,继而相互监督,推进目标达成的模式。在这种情形下,政府与社会的理性发育程度都较高,彼此对自身在治理过程中应该承担的职责、应该发挥什么作用以及如何发挥这种作用都有清晰的体认,即政府与社会在治理中的边界得以明确。基于此,在现实社会治理中,政府和社会能够相互倚重和协作配合、良性互动,一道为整体社会利益的最大化而努力,并共同分享这种利益。显然,这是社会治理中政府与社会关系最为理想的一种状态,当然也是最难以达到的。但是,可以看出,当处于社会协同关系状态下的社会在得到政府支持培育并不断参与社会治理实践后,会不断成长成熟,从而超越社会协同关系而过渡到相互之间的平等合作关系模式。由此出发,社会协同治理也是一条通向平等合作治理的实现路径。

必须指出,在这里,政府“治理”能力并不等于“管控”甚至“统治”能力。这不仅代表着两种完全不同的社会治理方式,更是两种截然不同的思想理念。从对社会的“管控”或“统治”到“治理”理念的转变,不啻一场思想变革。20世纪80年代末90年代初兴起的治理理论强调,治理意味着一种新的统治过程,或是以新的方法来统治社会①。全球治理委员会在其研究报告《我们的全球伙伴关系》中指出:治理是各种公共的或私人的个人和机构管理其共同事务的诸多方式的总和。它是使相互冲突的或不同的利益得以调和并且采取联合行动的持续的过程。这既包括有权迫使人们服从的正式的制度和规则,也包括各种人们同意或以为符合其利益的非正式的制度安排。治理不是一整套规则,也不是一种活动,而是一个过程;治理过程的基础不是控制,而是协调;治理既涉及公共部门,也包括私人部门;治理不是一种正式的制度,而是持续的互动。②

治理与统治至少有两个基本的区别:一是统治的主体一定是社会的公共机构,而治理的主体既可以是公共机构,也可以是私人机构,还可以是公共机构和私人机构的合作。二是政府统治的权力运行方向总是自上而下的,对社会公共事务实行单一向度的管理,而治理则主要通过合作、协商、伙伴关系、确立认同和共同的目标等方式实施对公共事务的治理,因此是一个上下互动的过程。③ 俞可平认为,社会管理不是统治而是治理,所以政府应更多地引导,而更少直接管制;民间组织及公民社会要更多地承担社会治理的责任;市场力量在社会治理创新中应发挥日益重要的作用;社会创新和社会企业应成为改善社会治理的重要因素;要更多地利用新的科技手段进行社会治理的创新。显然,只有在"治理"理论的指导及其社会实践下,才有型塑社会协同治理模式的可能。

此外,从某种角度讲,政府治理能力的高低与社会发育程度的高低并不密切相关,即社会发育程度高并不一定意味着政府治理能力也高。但是在政府治理能力较高的情况下,发现和培育社会自身机制并运用社会自身力量开展治理活动必然成为政府的重要选择。而在政府统治模式下则并非如此,政府甚至会出于恐惧而刻意压制社会力量的生长。由此而言,在政府治理模式下各类社会主体的发育成长,也并非必然形成一种对抗政府的力量,它很可能是一种协同政府治理并提高政府治理能力的重要力量。

那么,当代中国的政府与社会之间到底属于以上何种关系模式呢?这可以从我国"政府治理能力"和"社会发育程度"两个维度进行考察。

---

① 罗茨:《新的治理》,载俞可平主编:《治理与善治》,社会科学文献出版社2000年版。
② 全球治理委员会:《我们的全球伙伴关系》,载俞可平主编:《治理与善治》,社会科学文献出版社2000年版。
③ 俞可平:"治理与善治引论",《马克思主义与现实》1999年第5期。

　　就政府治理能力而言,王绍光曾依据世界银行数据研究指出,在衡量治理的六项指标中,我国的"政府效能"与"政治稳定"水平比大多数国家略胜一筹,"监管质量""法治"与"腐败控制"则有较大提升空间,而表现最弱的则是"民众参与",几乎排在所有国家和地区的末位。此外,王绍光还依据这六项指标对中国1996、1998、2000和2002等四个年度治理水平的变化情况作了比较,得出相对于1996年,除了"法治"水平有所进步外,我国在其他五个方面的得分不但没有改善,反而呈现出较大波动。[1] 从王绍光的研究出发,借助世界银行在1996—2013年间的治理指标数据,聚焦18年来中国各项治理指标的变化趋势。从图4.2可以看出,中国的政府效能在不断改善,法治水平也在缓慢提高,监管质量变化不太明显,在政治稳定和腐败控制方面呈波动起伏,而在民众参与方面,不论是同其他国家同类指标相比还是与国内其他治理指标比较,参与水平不仅较低并且呈下降趋势。

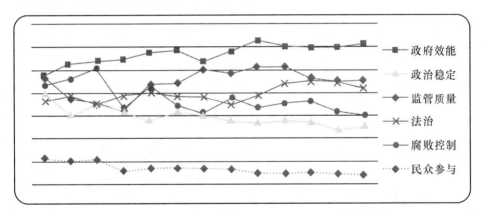

图 4.2　中国治理水平变化趋势[2]

(图片来源:作者自绘)

　　总体来看,我国政府的治理手段基本有效,而且依法治理水平在波动中缓慢提高。存在的主要问题是社会力量发展相对不足,参与治理程度比较低,也就是政府对社会的回应和培育还很不够。这种状况显然与当今世界发展潮流不相符,特别是不能满足现代社会利益关系日益复杂的治理需求。这

---

　　[1]　王绍光:"中国政府治理水平的国际比较",载吴敬琏主编:《比较》,中信出版社2003年版。

　　[2]　资料来源:世界银行全球治理指标,http://info.worldbank.org/governance/wgi/sc_chart.asp,2013-05-03.

也在某种程度上说明了为什么在政府效能得以提高的同时,中国的政治稳定性和腐败控制程度却在不断波动,即单独依靠政府实现此类治理目标的思维需要做出调整。

当前我国社会组织发展的现状,也可以印证上述基本判断,而社会组织的发展程度无疑也是衡量社会发育水平的最重要指标。考察目前中国现实可以发现,其一,与经济社会快速发展和社会利益格局日益多元化局面相比,我国社会组织发展速度相对缓慢。其二,尽管当前我国的社会发展空间已得到较大拓展,然而社会力量依然薄弱。截至 2014 年一季度,我国包括社会团体、民办非企业和基金会在内的社会组织已达 552631 家①。同时依据中华人民共和国 2013 年国民经济和社会发展统计公报,截至 2013 年末全国大陆人口为 136072 万人②。相比之下,我国每万人社会组织拥有量仅 4.06 个。而发达国家每万人拥有社会组织一般超过 50 家,如法国为 110 家,日本为 97 家,美国为 52 家;发展中国家每万人拥有社会组织也一般超过 10 家,如阿根廷为 25 家,巴西为 13 家。③ 而且,尽管论者们对于中国社会组织数量的估计远远超过民政部门注册登记的数量,而且相互之间的差距非常大,从 200 万到 800 多万家不等;尽管在改革开放后,公民社会已经在中国形成,并在完善市场经济体制、转变政府职能、扩大公民参与、推进基层民主、推动政务公开、改善社会治理、促进公益事业等方面发挥着越来越重要的作用④,我国社会组织发展仍然面临着诸多体制性障碍,其自身的治理能力和水平还有待提高。换言之,中国的社会力量发展刚刚起步,培育发展社会力量还有很长的路要走。

总起来说,当代中国的社会结构分化已经形成,必须创新不再适应当下社会建设要求的以前高度一体化的社会治理模式。作为对这种社会状况变化的回应,当代中国政府的执政理念已经发生重大转型,更加注重治理而非统治,政府在经济社会等主要领域和社会秩序维护等关键问题上具备较强治理能力;政府也在不断创新和探索新的治理方式和手段,治理绩效不断得到改善。然而与政府治理能力相比,中国社会力量发育程度依然弱小,而且发展进程相对缓慢,前景也不十分明朗。因此,在当前甚至今后相当长的时期

① 数据来源:http://files2. mca. gov. cn/cws/201301/20130128174655179. htm,2013-01-28.
② 数据来源:http://www. stats. gov. cn/tjgb/ndtjgb/qgndtjgb/t20130221＿402874525. htm,2013-02-22.
③ 温庆云:"扶持社会组织发展的几点思考",《社团管理研究》2011 年第 11 期。
④ 俞可平:"中国公民社会研究的若干问题",《中共中央党校学报》2007 年第 6 期。

内,中国政府与社会间的关系应当处于社会协同状态。

当然,社会协同仅属于政府与社会间的一种关系,要使社会协同关系发展为一种治理模式,即社会协同治理,还必须在治理理论的视域下全面构建有利于实现社会协同的各种体制机制。首先,社会协同自然不能没有社会,而社会力量发展壮大的基础又在于公众参与。只有在公众热心于各种治理事务并积极参与后,才能一方面形成成熟理性的公民力量,同时又形成多种多样或基于共同利益或基于兴趣爱好的社会组织,从而最终形成实现善治的基石。其次,随着社会力量的发展壮大,需要健全政府与社会良性互动的机制即协同机制,如此才能形成政府与社会治理的合力。最后,针对政府和社会协同开展治理过程中产生的各种问题和瓶颈制约,必须从制度和法律的层面作出合理安排,才能保障这种治理模式的顺利发展。

简言之,所谓社会协同治理模式,就是在政府治理能力较强而社会发育程度较低的现实情形下,政府在社会治理中发挥主导作用,但出于有效治理需要,政府同时保护并尊重社会的主体地位以及社会自身的运作机制和规律,并通过建立健全各种制度化的沟通渠道和参与平台,既培育发展社会力量尤其是社会组织不断成长,又推动落实各项相应的制度建设和政策措施,直至将其纳入已有法律体系,从而充分发挥社会力量在社会治理中的作用。具体到当前我国社会治理中的政府与社会关系模式,可以看到,社会协同治理模式是加快形成能够促进善治的社会治理体制的必然选择。在这一社会治理模式中,公众参与是基础,社会协同是依托,法治保障是根本。确立在公众广泛参与基础上和法治保障下的社会协同治理模式,对于社会治理体制建设至关重要。换言之,确立社会协同治理模式,基础和前提是培育社会力量不断成长成熟,关键和核心是建立健全社会协同治理机制,根本保障是协同治理机制的制度化与法治化(见图4.3)。

4.2 公民力量培育与社会成长

社会的成长成熟和公民力量的发展壮大是确立社会协同治理模式的基础和前提。在现代社会治理过程中,社会不能"缺位"。与政治、经济、文化相对的狭义的社会既是广义上的整个社会的基石,更是社会协同治理的基石。离开社会这个基础,协同治理必定成为无源之水、无本之木。

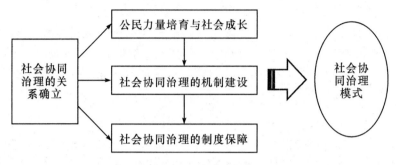

图 4.3　社会协同治理模式的基本框架

（图片来源：作者自绘）

　　中国改革开放前三十年的历史进程中，基本上不存在任何社会力量，所有社会个体都依附于政府性质的各种"单位"或人民公社等生产组织，即个人镶嵌于单位或生产组织中，而单位或生产组织又镶嵌于国家中。国家对一切政治、经济、文化、社会乃至社会个人的私生活都无所不包、无所不管。管理的方式即实行国家计划，基本模式是政府一元主体下自上而下的行政控制及政治动员，制度载体包括有单位制、人民公社制度及户籍制度等。其目的归根结蒂都是将人固定在某处并便于管理和控制。户籍制度就是最典型的例子，马福云研究指出，1958 年 1 月，《中华人民共和国户口登记条例》颁布实施，规定"公民由农村迁往城市，必须持有城市劳动部门的录用证明，学校的录取证明，或者城市户口登记机关的准予迁入的证明"。条例所确立的户口凭证迁移落户制度开启了以户口迁移控制人口流动的先河。而且，户籍制度不仅达到了将农村人口控制在农村的目的，更是造成了城乡二元体制下城乡经济社会发展的巨大鸿沟和城乡居民在享有国家各种公共服务、福利待遇甚至政治权利方面的巨大不平等。①

　　当然，在这种管理模式下，并不是完全没有政治参与，但这种参与是通过政治动员依靠发动群众运动的形式进行的。顾名思义，这种群众参与一方面是运动式的，是非常态化的，说到底是非正常的参与；另一方面这种参与的政治色彩非常浓厚，参与的目的基本是搞政治运动，而不是促进社会的良好治理。总之，这种"群众参与"的方式不是现代社会治理意义上的"公民参与"，参与的主体是"群众"，而不是"公民"；群众参与可能是非自愿参加，并且有可

---

　　①　马福云："中国户籍制度变迁及其内在逻辑"，《北京科技大学学报》2013 年第 1 期。

能成为一种破坏社会的力量,而公民参与一定出于个人意愿,并且通常会促进社会的善治。历史经验业已表明,建国后实行的社会治理方式并不利于经济发展和社会进步。改革开放以来,中国社会已经发生深刻的结构性变化,市场力量和社会力量一直处于快速成长之中。俞可平就指出,当代中国已经形成了政治社会、经济社会和公民社会三个相对独立的子系统①。然而尽管如此,与政府的治理能力相比,中国社会的发育程度仍然处于较低水平,需要政府加大培育发展的力度,夯实社会协同治理的社会基础,使社会系统由"缺位"到"补位"、由弱到强。

　　首先,需要引导公民的公共精神成长。"公共精神,即公民对公共事务的积极参与,对社会基本价值观念的认同和对公共规范的维护。它是一种公民美德,更是一种社会资本,较强的公共精神能够为民主政治的发展奠定良好基础,而民主政治的发展也会为公共精神的成长提供有利条件。"②毫无疑问,公民公共精神对于良好的社会治理不可或缺。何又为"公民"呢?中华人民共和国宪法明确指出:"凡具有中华人民共和国国籍的人都是中华人民共和国公民"。其实,宪法对公民的公共精神也有论及,即"中华人民共和国公民必须遵守宪法和法律,保守国家秘密,爱护公共财产,遵守劳动纪律,遵守公共秩序,尊重社会公德",还有比如"中华人民共和国公民在行使自由和权利的时候,不得损害国家的、社会的、集体的利益和其他公民的合法的自由和权利"。那么,如何培育公民的公共精神?一是培育公民的责任意识和法治意识,使社会治理中的公众参与奠基于责任意识和法治意识之上。现代国家首先应是一个法治国家,法治国家则是由公民构成的,所以公民本来就是一个法律概念;相应地,任何一个国家基本都以国家基本大法的形式对公民的基本权利和义务作了明确的规定,而权利和义务自然都是相辅相成的。因此,最好的公民教育首先应从学习和认识宪法开始,再到实践宪法精神和宪法规定,依此良性循环。二是政府需要着力完善制度安排,优化治理结构,畅通参与渠道,保障公民各项基本权利的落实,使每一个公民都能有机会参与到公共事务治理的决策、执行和监督等过程中,从社会治理现实中真正历练和习得公民精神。古代中国人即认为要读万卷书还要行万里路、知行要合一,公

① 俞可平:"重构社会秩序,走向官民共治",2013-04-10,http://www.chinainnovations.org/Item/38207.aspx.

② 张洋:"理性引导公民公共精神",《人民日报》2012年7月18日。

民公共精神的成长更不例外。因为公民的责任意识和法治意识等等公民精神,既需要通过专门的学习和教育获得,而更要从参与社会治理实践中习得。因为即使是从纸上学到了公民精神,也不见得就能在社会实践中自然地得到运用或者运用得好。所以必须指出,公民公共精神的成长有赖于一个事实原点,即公民的公共生活实践及其训练。

其次,尊重并支持社会自发力量的自主治理行为。各类民间自发力量及其自主治理行为的形成和产生绝非空穴来风,事实上大多属于对某种社会现实问题的自然反应。周其仁教授指出:"事实上,解决中国问题的很多措施,在实践中是有的。体制出问题,真正难受的是实践中的人,总要想办法,中国之大,这里想不出,那里可能就有办法。"①比如,随着中国经济的发展,环境污染的危害性也日渐暴露。但是在这种情况下,地方政府往往因为更看重经济总量而有意无意地忽视环境问题,社会个体的力量又无法和政府相抗衡,由此催生了大量的环保组织,也使得环境保护领域的非政府组织成为公民社会领域成长最快的一支力量。不可否认的是,在环保组织的带领下,确实妥善地解决了很多环境事件,捍卫了公民享有健康清洁环境的权利;同时在这些组织与政府协调协商、沟通互动的过程中,普遍训练了公民参与公共生活、处理公共事件的能力,提高了他们的理性程度,不仅处置了问题,同时也维护了社会安定。更可贵的是,正是通过类似事件的发生和处置过程,重塑了社会与政府之间良性互动的关系,甚至初步形成了多元共治的格局。因此,对于这类社会力量及其自主治理行为政府应当尊重,并给予资金、专业技术和政策等方面的支持。不可否认,我国的很多社会自发力量正处于形成和发展的过程中,面临的问题还很多。解决这些问题并持续健康地成长并不能完全靠其自生自灭,而需要政府利用自身掌握的经济、技术、人才甚至制度资源对其加以支持和培育,从而既达到使其发展壮大的目的,又达到使其顺利成长为协同政府治理的良性社会力量的目的,使政府和社会实现双赢。此外,需要强调指出,对于基层治理实践中的成功经验,政府尤其是高层级政府乃至中央政府必须及时总结推广,上升为高层级政府直至中央政府的政策,从而使得成功的治理经验能够为更多的地方加以学习和借鉴,造福更广大的民生福祉,同时也建立起基层探索和顶层设计之间的良性互动关系。周其仁教授也

---

① 周其仁:"改革开放三十年'中国做对了什么'?",2012-04-06,http://finance.ifeng.com/news/special/zhouqiren/20120406/5880969.shtml.

指出:改革的一个关键问题是,对于实践中产生的办法,政治上承认不承认,给不给法律地位。中国做对什么,不是一批精英想出一套更好的治理办法,而是眼界向下,看第一线做的事情有没有合理成分,然后中央承认其合法性,令其融进体制。改革就是给予能够解决实际问题的办法以法律地位,使其与几十年来的主导体制融洽。

再次,大力培育并支持各类社会组织开展社会治理。通俗地说,政府"仅此一家,别无分店"。而越是随着社会的发展和进步,社会利益格局将越加多元,人们对于个性自由和生活质量的要求也越高,从而注定将有越来越多的公民积极参与到自身所处的社会治理当中,并形成形形色色的公民力量。首先要肯定的是,公民活力的激发对于社会良治是完全必要的,但是也只有有秩序的活力才能避免活力成为暴力并走向其反面。历史经验已经表明,单纯依靠政府行政力量的社会管控模式无法形成或可持续发展这种"有秩序的活力";同时,原子化的个人也不是促进社会良治的可靠力量。因此,一方面,政府需要创造有利条件,积极引导松散的、原子化的公民力量走"结社"的道路,即以社会组织形式推动和规范公民力量的持续壮大和良性发展。众所周知,在中国单位制式微后,原来镶嵌于单位里的大量人员成为游离于组织之外的力量,部分甚至形成社会的边缘群体,这种状况显然非常不利于社会稳定及长治久安。如何将目前这些大量的社会个体重新组织化,使之成为推动当代中国科学发展、建设和谐社会的重要力量已然成为目前重大的理论和现实问题。但是传统的组织,包括行政组织、事业单位和国有企业都无法再成为吸纳社会人员的主体,只有依靠新经济组织和新社会组织,而经济组织都是利润导向的,因此只有社会组织吸纳人员的空间还有很大的开发空间。萨拉蒙等也研究指出,以就业为例,其所研究的 36 个国家的公民社会组织提供的总就业量为 4550 万相当全职工作人员,从业人数平均是经济活跃人口的4.4%。其中有超过 2000 万,即 44% 是志愿者,2500 万即 56% 是领薪人员。事实上,据研究人员估算,因为大多数志愿者比雇员工作时间短,所以在这 36 个国家的公民社会组织做志愿工作的实际人数至少达 1.32 亿,相当于这些国家大约 10% 的成年人口。① 因此,培育发展社会组织,既可以解决部分就业问题,还是使社会人员重新组织化的重要途径。另一方面,即政府还应当对于

---

① 莱斯特·M. 萨拉蒙等:《全球公民社会——非营利部门国际指数》,北京大学出版社 2007 年版,第 21 页。

不论是自发的还是人为的,不论是本土的还是外来的等等社会组织,都应基于法律法规进行服务和管理,并以政府为主导建立健全各类制度化的沟通渠道和参与平台,支持各类社会组织参与到自主治理、公共服务和社会治理中去,这也是社会协同治理机制构建需要解决的重要问题。

最后,政府必须顺应时势有所作为。社会自主治理力量即公民力量的产生和发展有其内在的逻辑规律,但是这种力量的产生和发展并不是要政府走开。俞可平指出:"官本主义在中国传统社会绵延数千年,已经成为中华传统文明不可分割的组成部分。官本主义不仅有其长期存在的政治、经济和文化的现实基础,而且必定有其契合国民性的合理因素"。[1] 其实,如果不说中国人文化心理上对于"官府"的特殊倚重,事实是在任何一个国家,政府手里都掌握着令人艳羡的丰厚资源,能否得到这些资源,可能决定着小到一个企业或社会组织大到一个产业或行业的发展。里夫金指出,即使不是从建国之初,但至少在南北战争之后,美国政府和商业就紧紧地联系在一起,不可分割。而且在美国经济史上所取得的每一项巨大成就,都是政府资助重要资源和通信基础设施建设,并长期协助的结果,这样数以千计的新兴产业才能够发展壮大。而且,他还指出:如果城市、郡、州和联邦各个层面上政府和商业组织没有一个全面而健康的关系,将无法想象有何种途径可以推动美国迈入新经济时代。最后,他说:美国政府在第二次工业革命发展的每一个关键时期都提供了财政支持,同时也为很多商业机会提供了补贴。而政府刺激经济发展、建立和维持工业体系发展的资金总计达数千亿美元,这是有史以来最大的一笔投资。[2] 同样的,尽管中国的经济总量不及美国,但政府手中掌握的经济资源更加不可小觑。这就既需要社会组织等各种社会力量积极争取政府资金等,加快自身建设发展;又要政府积极转变财政支出结构,安排更多资金投入现代公民教育、培育和发展社会组织等各种社会力量。当然,任何一种力量对于良好社会治理而言都可能有其建设性的作用,与此同时,如果处理不当,则又有其破坏性的作用。因此,政府首先需要发现、确认并积极培育社会自身生长出来的力量和机制,推动社会自我组织、管理、服务和修复的正能量不断增长。其次,还需要紧密联系社会发展现实和情势变化,积极营造

---

① 俞可平:《官本主义引论——对中国传统社会的一种政治学反思》,2013-05-28,http://www.21ccom.net/articles/sxwh/shsc/article_2013052884358.html.

② 杰里米·里夫金:《第三次工业革命:新经济模式如何改变世界》,中信出版社 2012 年版,第132、135 页。

法治环境,既促进健康公民力量不断成长、成熟,同时预防并阻止非理性的、不合预期的负面力量或者负面作用出现并造成破坏性的后果。最后,任何一种社会自主治理力量都有其两面性,是发挥积极的建设性作用,还是造成负面的破坏性作用,关键仍在于政府能否及时高效地建立健全有效的公民参与机制,归根结底就是能否建立基于处理各种各样社会现实问题和社会治理问题的政府与社会之间的良性互动机制。

概言之,现代社会的治理任务绝不是政府唱"独角戏"就可以完成的。很多时候,公民力量也已经是"既成事实"。不论是出于现实治理需要,还是社会稳定考量,政府都必须与其"和平共处"。与此同时,政府还必须顺应时势,促使形成与公民发展需要和复杂治理要求相适应的丰富多彩的社会组织。而各种沟通渠道和参与平台就是联结政府、社会组织和公民力量三者,并使其协调配合、良性互动的"经脉"。只有这样,才能达到培育公民力量和促进社会发展的目标,通过打下坚实的社会基础为社会协同治理创造必要条件。

4.3 社会协同治理的实现机制

社会协同的治理机制建设是确立社会协同治理模式的关键和核心。近年来,公民社会理论中关于协作性治理的讨论,可以为构建社会协同治理机制提供思想资源。许多学者已经探讨了社会协同的路径选择、社会协同机制的构建等核心问题,但已有研究对于如何才能有利于建立起社会协同治理机制,社会协同治理的具体机制是什么,以及这一机制下政府与社会之间的互动关系、互动平台和互动载体等问题,尚缺少清晰的界定和描述。为此,结合已有成果并基于经验事实观察,我们接下来试图提出关于建立社会协同治理机制的相关条件及社会协同治理机制的系统模型。

首先,建立社会协同治理机制,要明确如何才能建立起机制的问题,要对于机制建设的普遍性问题,如机制建设的要件、机制建设的主体、机制建设的方式等进行深入研究。

"机制"一词源自希腊文,原指机器的构造和动作原理,即一是机器由哪些部分组成和为什么由这些部分组成;二是机器是怎样工作和为什么要这样工作。将"机制"引申到社会领域,就产生了各种各样的社会机制。理解社会机制需要把握两个要点:一是事物各个部分的存在是机制存在的前提;二是机制是以一定运行方式将事物的各个部分联系起来,使它们协调运行而发挥作用。社会机制的建立,一要靠体制,主要是指组织职能和岗位责权的配置;二要靠制度,并且制度的作用更加直接,包括法律、法规以及任何组织内部的规章制度。

不难看出,机制的建立主要依靠制度的建立或变革,而政府又是制度的最主要供给方,所以政府同时也是机制建立的首要主体。这也不难理解,依据治理理论或新公共管理理论,对政府的一个基本要求即提高对公民社会诉求的回应性,有学者还主张建立回应型政府①。事实上,政府作为公共事务管理的重要主体,其任何行为都会直接或间接对社会的利益整合和资源配置产生重大影响,而由政府主导,建立健全各种社会治理机制,则既是提升政府回应性的客观要求,更是应对当代社会转型和促进社会稳定的理性选择②。当然,由政府主导建立社会治理机制,绝不是说政府可以随意作为。正如回应性所要求的,政府的所作所为应该是对社会发展和公民诉求的反应与回复。这意味着政府既要对通过各种渠道和途径已经反馈到政府手中的各种事项及问题作出响应与反馈;同时还必须未雨绸缪,积极主动地深入社会治理的各个领域及角落,发现和收集已然存在而没有向上反馈的问题甚至是苗头性的问题,然后仔细研究并作出判断,引导社会治理在健康可持续发展的轨道上不断前进。

显然,政府对各种治理问题的回应,对于机制的健全和完善,在很多情况下都要通过制度、规则的制定、改革等规范化的形式来完成。因为政府的治国理政行为,与一般次级组织的管理活动不同,更与家庭等初级组织不同,政府的所有权力都来源于人民的授予,其所实施的一切管理行为必须具有法理上的依据,并依法依规履行管理职能。这决定了出台政策、法规等自然成为政府治理的基本工具。当然,这些规范性文件都只是处理相应社会问题的载体而已。当社会问题发生变化,相应的制度法规也必须随之作出调整修改,即制度改革。而当制度发生改变,机制自然也会相应地发生变化。

必须指出,政府作为机制建设的主体,并不完全通过制度等规则的制定来达到目标。政府作为社会治理活动的领导者,恰如转换型领导者可以通过创造前瞻愿景,借以凝聚组织内部的向心力和信任感,使组织成员的努力具

---

① 卢建坤、苗月霞:《回应型政府建设的理论与实践》,中山大学出版社 2011 年版,第 67 页。
② 化涛:"政府社会管理机制的审思与再造",《湖湘论坛》2012 年第 1 期。

有可以期待的目标而不至于彷徨无措一样,政府也可以通过塑造社会治理的美好愿景来团结一切治理力量,并形成治理合力。在这里,愿景可以是未来期望达成的景况,可以是实现理想的蓝图,也可以是具体的计划与任务目标。

还需要指出的是,尽管政府是机制建设的主体,但这绝不意味着公民及社会组织就是旁观者,事实上他们也是无可辩驳的重要体制建设主体之一。因为任何治理活动都是为了解决相应的社会问题并改善人民的生活境遇、提高生活质量,即都是为了人这个真正的社会主体。而任何治理活动同时也离不开社会人的参与,无论是自觉的还是不自觉的、被动的还是主动的。而且,越来越多的研究也表明参与式治理的效果更佳,参与式治理也成为现代社会治理的重要趋势之一。在这个意义上,戈德史密斯和埃格斯提出了公共部门的新形态即网络化治理①。在他们看来,网络化治理之第三方政府高水平的公私合作特性与协同政府充沛的网络管理能力相结合,然后利用技术将网络连接到一起,并在服务运行方案中给予公民更多的选择权。因此,"网络化治理"是跨界合作的最高境界。

其次,建立社会协同治理机制,要明确建立什么样的机制的问题。简言之,社会协同治理机制是指政府在保护并尊重社会的主体地位以及社会自身的运作机制和规律基础上,出于治理需要,通过发挥主导作用,构建制度化的沟通渠道和参与平台,既加强对社会的支持培育,又与社会一起,发挥社会在自主治理、参与服务、协同管理等方面的作用。在此过程中,政府还需改变传统一元主体下自上而下、管控式的治理方式,综合运用行政管理、居民自治管理、社会自我调节以及法律手段甚至市场机制等多种方式,从而形成政府主导、社会协同、共治共建共享的社会多元治理新格局,实现充满活力、和谐有序的社会治理目标。

其一,在协同治理模式下,政府需要营造与社会共同享有的社会治理的愿景目标,即构建一个充满活力、和谐有序的社会。而且,这种目标的达成,既无法完全依靠政府之力,也不可能完全依赖社会自治,而必须来自于政府与社会的治理合力。显然,在社会力量相对比较弱小的情形下,成功实现这一目标的关键在于政府必须建立或完善对于各类社会主体的支持培育机制。

其二,为了培育发展社会主体并发挥其在社会治理中的作用,政府一方

---

① 斯蒂芬·戈德史密斯、威廉·D. 埃格斯:《网络化治理——公共部门治理的新形态》,北京大学出版社 2008 年版,第 8—9 页。

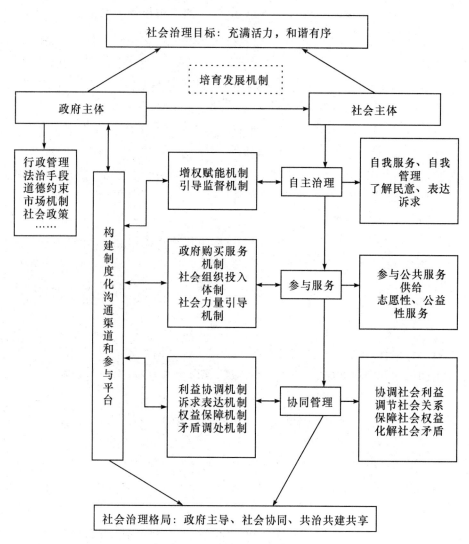

图 4.4　社会协同治理机制

（图片来源：作者自绘）

面必须转变传统的一元主体并以行政控制为主的社会管理理念，树立多元治理、共治共建共享的新治理理念，综合运用行政管理、法治手段、道德约束、市场机制以及社会政策等多种管理方式和手段，从而给社会力量的发育成长留出空间；另一方面，政府必须积极建立健全在社会治理过程中的制度化沟通渠道和参与平台，主要包括：

（1）充分赋予并自觉尊重基层自治组织以及各类社会组织的相应权力，

推动社会主体实行自我组织、自我教育、自我服务、自我管理等自主治理；同时，政府必须切实履行自身职责，扮演好引导监督的角色。社会自主治理绝不是让政府走开，而是要政府扮演好应该扮演好的、甚至更加重要的角色。"国家（和政府）在众多水平上的治理中并不是可有可无的，离开了国家这一'中心'，所谓的多元治理主体、多中心协同几乎是不可能的，碎片化的社会是无法匡正市场和政府的失败的"。① 此外，政府要承认并相信社会具有自我修复能力，且能够在自主治理实践中不断提高自主治理能力、发展成长为成熟的社会治理力量。由于社会主体具有贴近公众、身处基层的天然优势，能够更好地发挥其在各领域的自主治理功效。一是借助本组织自身人力、物力、财力等资源，因地制宜地为组织内部成员提供小规模、个性化的服务和切合自身实际所需的管理，并保持动态化更新。二是实时了解组织成员的各种思想动态和意见建议，由组织代表及时地向相关机构和主体传递表达本组织的利益诉求等，并协商解决。三是实现单位制式微以及越来越多的自由职业者兴起后社会人群的再组织化，为扩大公民有序的政治参与打下基础。

（2）尽快规范建立政府向社会组织购买服务机制等培育发展机制。显然，购买服务和政府职能转移属于同一过程，因此首先要加大政府职能转移管理力度，舍得向社会组织"放权"，敢于让社会组织"接力"。凡是社会组织能够"接得住、管得好"的事，都要逐步地交给他们。其次，必须建立或完善公益创投基金等社会组织投入体制，保障资金来源渠道多元化，提高资金使用效率。再次，需要规范管理社会组织，尤其是在放宽准入条件、引入社会组织之间的竞争机制、下放非公募基金会的登记管理权限等方面。最后，还应当灵活地建立对于社会自发力量的各种引导机制，通过及时有效地疏导放大社会力量的积极效应、削弱负面影响。只有在这些制度化渠道和平台上，才能真正发挥社会主体参与服务的作用。一方面，社会主体可以弥补政府在非规模化、差异化公共服务供给方面的不足，提供更多符合实际需要的丰富多彩的服务。不仅如此，即使对于一些必须由政府负责提供的公共服务，也不必然要由政府亲自生产或者提供，完全可以通过公共服务供给的复合模型，即在公共服务的供给参与方之间进行初次分工和二次分工，发挥行政机制、市场机制和社会机制的各自优势，整合各种社会资源，从而在满足公民的异质

---

① 王诗宗：《治理理论及其中国适用性》，浙江大学出版社 2009 年版，第 59 页。

性公共服务需求基础上提高服务供给的效率①。另一方面,社会主体还可以提供某些独一无二的志愿性、公益性服务。而且此类服务的效用不仅体现在增加公益慈善和社会服务等方面,它更能够达到政府无法实现的润物细无声式地教化人、熏陶人,从而提高个人的责任意识、担当意识,使之成为具有公共精神、关心国家公共事务治理的现代国家公民,进而达到净化社会环境、增进社会和谐的功效。

(3)在政府引导、社会力量参与、专业化社会工作者操作、公众监督、法律保障的原则下,着重建立健全社会治理领域的各种利益协调机制、诉求表达机制、权益保障机制以及矛盾调处机制等,并始终以各种具体机制安排保障社会主体协同管理的常态化运行,充分发挥其在化解社会矛盾、调节社会关系、规范社会行为等社会治理方面的重要作用。当今中国利益主体多元化格局已经形成,社会发展进入分化与整合的新时期,在这种转型过程中,改变传统的社会管理格局为各利益主体参与式治理的多元共治格局已基本达成共识。但是,必须指出,落实这一理念关键要靠在制度建设上付出努力,并形成常态化的社会管理运行机制。

其三,社会发挥自主治理、参与服务和协同管理等方面的作用无疑离不开政府的制度支持和保障,同样的,政府构建社会在社会治理中的各种各样制度化沟通渠道和参与平台本身也并非政府单方面作为的结果,而需要充分借鉴并吸纳社会的各种反馈信息与意见建议。换言之,这种社会主体协同治理的制度化沟通渠道和参与平台事实上也是在政府的主导之下,由政府和社会一道建立健全的。与此同时,社会主体实时提供的这种关于沟通渠道和参与平台建设的信息反馈,再加上社会情势和社会问题的发展变化又恰好构成了所构建制度化沟通渠道和参与平台的一种动态更新机制,从而确保制度与现实环境相适应,提高制度本身的效用。

概而言之,只有以上一系列制度安排及其相互之间的互动关联,才能促使形成政府主导、社会协同、共建共享的社会治理新格局,进而保障构建充满活力、和谐有序的社会治理目标的实现。同时,上述分析表明,建立社会协同治理机制的核心在于构建社会在社会治理中的制度化沟通渠道和参与平台。这意味着,政府要加强对社会的培育发展机制,也必须通过深层次的制度强化、制度改革和制度建设来实现。

---

① 郁建兴、吴玉霞:"公共服务供给机制创新:一个新的分析框架",《学术月刊》2009 年第 12 期。

4.4 社会协同的制度化与法治化

社会协同治理机制的制度化与法治化是确立社会协同治理模式的根本保障。当前,我国正处于发展转型期,社会问题众多而复杂。社会问题的复杂性决定了当代中国社会治理一方面要尊重地方政府的自主性,即中央要有统一政策,但各地的贯彻落实需要结合自身实际情况;另一方面,地方政府特别是基层政府面临千奇百怪的社会治理问题,必须勇于创新,善于创新。近年来,中国地方政府在政治改革、行政管理、公共服务、社会治理等方面的创新活动相对活跃,但面临着创新可持续性的压力和动力不足的威胁[①]。究其原因,一是地方政府比较成功的创新成果很难适时转化为制度成果,即难于制度化,而没有制度保障的创新成果是难以持久的;二是地方政府的改革和创新行为缺乏法律的保护,不确定性和风险都非常大,成者为创新,败者属违法的现象屡见不鲜,由此抑制了改革创新的动力。走出上述困境,必须实现政府创新的制度化与法治化。一要在"顶层设计"与"基层探索"之间建立良性互动,特别是对于下级政府创新成果中的合理成分,上级政府要承认其合法性,给予能够解决实际问题的办法以法律地位,令其融进几十年来的主导体制[②];二要改善地方政府创新的法律环境,借鉴美国界定联邦与州政府、州与地方政府关系的一些重要法案,更好地界定当代中国不同层级政府间集权和分权的底线、政府创新的边界,既维护上级政府的领导权,保护公民的基本权利,又给予地方相当的自主治理权和发展空间[③]。就建立社会协同治理模式而言,除了以上宏观环境的改善,还必须在以下制度和法治建设方面持续取得进展。

首先,把社会协同治理机制形成过程中产生的合理机制转化为制度成果乃至进一步上升为地方法规甚至法律制度。比如健全政府购买服务机制,十

---

① 俞可平:"中美两国'政府创新'之比较——基于中国与美国'政府创新奖'的分析",《学术月刊》2012年第3期。

② 周其仁:"改革开放三十年'中国做对了什么'?",2012-04-06,http://finance.ifeng.com/news/special/zhouqiren/20120406/5880969.shtml.

③ 蓝志勇:"给分权划底线,为创新设边界——地方政府创新的法律环境探讨",《浙江大学学报》(人文社会科学版)2007年第6期。

八大报告明确提出,加强和创新社会管理,需要改进政府提供公共服务方式。国内外经验表明,政府向社会组织购买公共服务是一种可取方式,当前我国各级政府向社会组织购买服务,除了需要切实转变观念、跨越观念误区,更需要加强制度建设,构建政府向社会组织购买公共服务的制度体系①。比如健全社会自发力量引导机制,近年来,从参与抗震救灾及灾后重建的志愿者和各类社会组织,到应对各种环境事件的环保组织,再到以各种方式挺身而出维护自身利益的普通公众,都令人印象深刻。一般而言,社会力量日益多元化、组织化无疑是社会发育成熟的表征,而社会力量的持续健康发展却仍有赖于政府建立一整套完善的支持培育及监督管理制度。

其次,促进有利于建立社会协同治理模式的各项制度、法律法规的不断健全完善和自觉落实,同时改革落后制度。比如落实基层自治制度,基层群众自治制度是中国民主政治的四项制度之一,是一条发挥群众主体作用与国家主导作用有机统一的民主自治之路。人民群众的理性程度不仅关乎社会力量的成长和成熟,并将最终决定一个国家的发展水平、一个民族的进步程度,因此必须不断扩大基层群众自治范围和民主实践。比如完善社会组织投入体制,根据著名公民社会理论家萨拉蒙教授对 34 个国家的研究,在这些国家中,公民社会组织收入的 34% 来自公共部门,是政府机构或准政府机构通过拨款和合同或报销的方式来实现的。而且,这只是平均值,一些发达国家的比例更高②。显然,我国各级政府应将增加社会组织的财政投入作为改善政府支出结构的重要内容。同时,需要完善落实国务院《关于鼓励和引导民间投资健康发展的若干意见》("新 36 条")等政策,拓宽民间资本投资渠道,引导其向社会事业投资。比如健全社会工作队伍培育制度,当今社会分工日益细化、利益日益多元、因此需要具有专业知识和价值理念的社会工作者来化解社会矛盾、解决社会问题,以求维护社会稳定、促进社会和谐。政府需要从经济社会发展规划、人才发展总体战略、工作资格认证制度等方面发挥宏观调控功效,推动符合发展需要的社会工作队伍发展壮大。

最后,坚持在全社会树立依法办事的理念和原则。政府部门首先必须信法、守法,使依法治理和法治政府理念入脑入心,且内化于心、外化于形。其

①　王浦劬、[美]莱斯特・M. 萨拉蒙等:《政府向社会组织购买公共服务研究——中国与全球经验分析》,北京大学出版社 2010 年版,第 32—33 页。

②　莱斯特・M. 萨拉蒙、S. 沃加斯、索克洛斯基等:《全球公民社会:非营利部门国际指数》,北京大学出版社 2007 年版,第 34 页。

次,正如十八大报告所指出,法治是治国理政的基本方式,领导干部要提高运用法治思维和法治方式深化改革、推动发展、化解矛盾、维护稳定能力。具体来说,就是要把建立健全社会治理的制度、体制和机制放在首要位置,不断把社会生活的各个方面纳入法制化轨道,提高社会治理的法治化水平。当然,再好的法律,如果得不到人民的拥护和信仰,也只能停留在纸上,法治社会亦无从建立。这就需要社会治理之法首先是良法,立法必须经过深入调查研究,使其能够体现和反映人民的意志和利益,能保障人民依法享有广泛的自由和权利,需要保证人民在法律面前一律平等,确保执法公平和司法公正。唯有如此,法治才能真正深入人心,守法才能真正成为全体人民的自觉行动。

必须指出,确立社会协同治理模式还应理顺不同保障制度和法律法规之间的关系,形成体系合力,这样才可能真正让社会运转起来。社会协同治理的根本目的是让社会运转起来,而不是固化这种治理模式本身。因为当各类社会主体有能力承接政府转移更多职能后,社会必将真正发挥治理主体的作用,由此形成政府与社会关系的良性循环,进而超越社会协同治理模式。此外,正如社会的萎缩和弱小绝不意味着国家的强大,随着公民力量的理性培育和各类制度化的协同治理机制的健全,社会主体的日渐成熟也绝不意味着它将成为对抗国家的力量,它们将成为促进善治的力量,并帮助政府超脱"划桨者"或者是"掌舵者"的角色争论,致力于做一个有效的"护航者",更好地扮演监督者和仲裁者的角色,从而不但提升政府掌控全局的能力,改善自身的治理绩效,而且提高政府永续存在的公信力和合法性。

5 培育社会力量

　　培育发展社会力量并使之不断成长成熟无疑是共建共享和谐社会的重要基础。建立健全新型社会治理体制,需要引导公民公共精神的成长,尊重并支持社会自发力量的自主治理行为,大力发展并支持社会组织开展社会治理以及政府必须顺应时势并积极有效地作为。那么,在当代中国和谐社会建设实践中,公民力量培育与社会成长的重要性、必要性以及紧迫性在哪里?其可行性以及可能路径又是什么?本章通过两个地方政府实践案例的分析,来解答上述问题。

5.1　培育社会力量是共建共享和谐社会的重要基础

　　在最一般意义上,社会建设可以理解为社会主体根据社会需要进行的一种有目的、有计划、有组织地改善民生和推动社会进步的社会行为和过程。当代中国社会建设主要指改革开放以来,尤其指 2002 年党的十六大以来我国的社会建设活动。当代中国社会建设至少应当包括以下四部分内容,或者说这四个方面是当前中国社会建设的重点领域:社会民生建设;社会治理创新;社会体制改革和社会能力建设。① 毫无疑问,社会能力建设是社会建设的核心要素之一。从某种意义上讲,社会建设就是要建设社会,就是要发现、确认和培育社会机制在社会建设和管理中的作用。而培育发展公民力量、促进社会发育成长又是发挥社会机制作用的前提条件。因此,社会建设无疑是一个需要多元主体共同参与的过程,但是它应当以促进社会自我管理、自主治理、

---

　　① 　郁建兴等:《让社会运转起来》,中国人民大学出版社 2012 年版,第 6 页。

协同管理为目标；社会建设尽管需要政府发挥主导作用（尤其在当前时期），但是政府主导不等于政府包办，而是需要在政府与社会之间构建一种良性互动关系。倘若在社会建设过程中将政府主导演变为政府包办，或者甚至以压制和打击社会自主性的方式去建设社会，其结果必定是社会反而越建越小。事实反复表明，在社会建设中，缺少广大利益相关者的积极参与，其代价将十分高昂、效率却非常低下，而且往往事倍功半，难以达到良好治理。显然，公众自下而上地参与、政府自上而下地建设，并由此形成一种合力，乃是现代社会建设的基本特征。

既然发挥社会机制自身的作用对于社会建设的功效不言而喻，那么公民力量的缺失和社会发育的不足则将使社会机制失去物质载体。首先，无论什么样的社会，都是由人构成的，如时任中共中央总书记胡锦涛指出，"社会管理，说到底是对人的管理和服务"。而人的特殊性在于，他们既是一个社会需要管理和服务的对象，又是管理和服务自身所处的社会并使之达致善治的主体。因此，构成一个社会的人的素质如何，直接决定着整个社会治理的质量。构成现代社会的人就是公民，人的素质也就是公民的素质或公共精神。"公民的公共精神指作为具有独立主体人格和平等权利义务的个人，自觉主动参与社会公共生活，关心他人利益和公共利益并勇于维护自身正当利益的一种积极态度和精神风貌。"[1]进一步说，"公民公共精神是指在公民组成的共同体中，公民对共同体公共事务的积极参与，对共同体价值的认同和对公共规范、公共原则的维护。公民公共精神是一种公民美德和公民性，或者在更高层次上说是一种社会资本。其内涵包括信任、宽容、互惠、合作、诚实、团结等现代公共理念，也包括契约意识、平等意识、规则意识、责任意识、信用意识、法治意识等现代公共意识，其核心价值包括政治平等、参与和责任、信任和宽容、团结和协作"[2]。公共精神的缺失，已经使当前中国出现社会公德意识淡薄、社会责任意识淡薄、公平正义意识淡薄等"意识淡薄症"和重信守义行为缺失、文明理性行为缺失、遵纪守法行为缺失等"行为缺失症"。具体表现为：公民的主体意识缺乏，参与政治生活和社会生活的愿望较弱、热情较低；公民的公共意识淡薄，对公共事务持漠然态度；公共责任的缺失与公共生活的虚化，使公民失去了参与公共事务的基本资源。这种公共精神的缺失，轻则导致人

---

① 刘学平、梁贵红："我国公民公共精神的缺失及培育"，《成都教育学院学报》2005年第5期。
② 吴光芸："公民公共精神与民主政治建设"，《理论探索》2008年第1期。

们相互之间缺乏信任、社会风气恶劣；重则必然导致社会秩序混乱，和谐社会建设无法顺利进行，甚至已有改革发展的各项成果都难以巩固。必须指出，公共精神缺失的表现之一还有公共意识的滥用与错用。在某些情况下，这种滥用和错用会导致公共意识泛滥成灾，从而使得非理性湮没和替代了公共性，或者以理性、法治的公共精神之名行激情、无节制的非理性之实。因为并非是公共意识就一定是正义的，并非是"共同体"就一定是合理的。

分析公民公共精神缺失的原因，既有封建社会长期的家长集权制与小农经济制约公共精神成长的因素；又有传统儒家学说所宣扬的和培养的其实是愚忠、愚孝的"顺民"、"臣民"的因素；还有新中国成立以来在"人民当家作主"的名义下，通过无休止的政治运动将公民个人的私生活最大限度地纳入公共事务的控制范围，从而极大地损耗了个人的自主精神的因素；更有市场经济的不完善，导致人们在利己欲望的驱使下只追求个体利益的最大化的因素。但其更为根本的原因还在于社会治理理念问题和治理结构的不完善。前文已经分析指出，传统的社会治理理念是"统治"，在这种理念下，社会治理的主体几乎是唯一的，即公共权力的占有者；社会治理的运行方式也只能是自上而下、单一向度的管理和控制。与"统治"的理念相对应的社会治理结构中，只有政府的力量是最强大的，其次如果还有其他力量的话，就是市场的力量，但是不可能有社会力量的发育和成长，因为它总是被先入为主地认为是对抗国家的力量而受到严格控制。这也是中国改革开放前三十年的历史进程中，基本上不存在任何社会力量的根本原因。但是，改革开放以来，随着社会主义市场经济的不断健全和完善，中国发生了剧烈的社会转型。现在对这种转型成功与否作出判断还为时尚早，但有一点是可以肯定的，即中国在全面迈向现代化的征程上已经越走越远。表现在社会方面，就是俞可平所指出的："改革开放以来我国社会已经发生深刻的结构性变化，社会形成了三个相对独立的子系统。即以党和政府官员为代表，以党政组织为基础的国家系统，或称政治社会；以企业家为代表，以企业组织为基础的市场系统，或称经济社会；以公民为代表，以民间组织或社会组织为基础的社会系统，或称公民社会。"不仅如此，"在改革开放30多年的社会变迁进程中，我们已经可以明显地看到，市场系统和社会系统的力量正在迅速成长，特别是从上个世纪90年代后，一个相对独立的中国公民社会开始形成，并且对中国的社会政治生活发生日益重要的影响"。显然，在这种情况下，国家对社会的治理方式也必须相应作出改变，即由"统治"到"治理"，更确切地说，就是政府和社会协同治理。

协同治理的要求必然一方面会催生公民及社会力量的自然发育成长,另一方面也要求国家不断地还政于民、还权于社会,并积极培育社会力量,支持鼓励社会力量开展自主治理,尤其是要大力培育发展各类社会组织,发挥社会组织在重新组织公民并协同社会治理中的作用;重点完善社会参与机制,切实推进公民有效参与和社会协同。换句话说,在协同治理情境下,政府应更多地引导,而更少直接管制,民间组织即公民社会则要更多地承担社会治理的重任。从而也使公民及社会力量在参与社会治理的公共生活实践中不断地得到锻炼、健康地发育成长;因为公民公共精神深深地根植于社会公共生活之中,只有存在公共社会的空间,它才能培育出来。当然,反过来这种日益成熟的公民及社会力量自然又会进一步促进社会的善治。党的十六大以来,特别是以科学发展观和构建和谐社会目标的提出为标志,我国事实上已经进入了以社会建设与经济建设并重的新时代。在这种背景下,近年来,基层各地政府也已经就如何培育发展公民力量,促进社会不断成长壮大,并构建社会协同治理模式等方面作出了艰苦努力和积极探索。显然,深入观察和分析这些实践案例并总结其中的成功经验,对于进一步探寻公民力量培育和社会成长的现实路径具有重要意义。

5.2 德清县引导"民间设奖",给力社会自主治理

5.2.1 产生背景和基本情况

首先,德清县经济社会发展为"民间设奖"创造了物质条件。改革开放以来,德清经济社会持续健康快速发展,先后多次进入全国百强县(市)行列,获得了中国全面小康十大示范县、世博之星·中国(长三角)最具活力民营经济县等荣誉称号。2013年,全县实现生产总值334.3亿元,比上年增长9.6%,按户籍人口计算的人均GDP连续多年超过一万美元。城乡居民收入稳定提高,2013年城镇居民人均可支配收入36976元,比上年增长10.2%;农村居民人均纯收入19570元,比上年增长10.8%。城乡区域协调发展,城乡居民收入比为1.89∶1。德清逐步形成了以先进装备制造、生物医药、装饰建材等新兴产业为主的3+X工业产业体系,生物医药产业被列入全省现代产业集群转型升级示范区试点。"3830"现代农业园区和粮食生产功能区"两区"建设

扎实推进,莫干山现代农业综合区、新港现代农业综合区被列为省级现代农业综合区。新农村建设成效明显,被湖州市列为全市唯一的省级社会主义新农村实验示范区"示范县",气象服务社会主义新农村建设的做法在 2011 年全国气象工作会议上进行交流。第三产业加快发展,莫干山风景区、下渚湖湿地风景区成功创建国家 4A 级旅游景区,新市古镇通过国家级历史文化名镇验收,"名山湿地古镇、休闲度假德清"旅游品牌进一步打响,被评为省旅游经济强县、全省首批中国低碳旅游示范县。毫无疑问,德清县强劲的经济社会发展优势,为"民间设奖"提供了强有力的物质支持和保证。

其次,德清县深厚的文化传统积淀为"民间设奖"提供了思想道德基础。德清因濒临余不溪,取政德清明如水之义。宋代诗人葛应龙《左顾亭记》道:"县因溪尚其清,溪亦因人而增其美,故号德清。"德清地处杭嘉湖平原,历史悠久,人文荟萃,素有"鱼米之乡、丝绸之府、名山之胜、竹茶之地、文化之邦"美誉。境内有千年古刹云岫寺、宋代石桥等一大批历史文化遗迹,还孕育了沈约、孟郊、管道昇、俞平伯等一大批历史文化名人。其中孟郊所作乐府诗《游子吟》:"慈母手中线,游子身上衣。临行密密缝,意恐迟迟归。谁言寸草心,报得三春晖。"广为后人传诵。又说德清因古人一句"人有德行,如水至清"赞誉而得名。不管怎样,崇文重教的传统,纯朴雅致的民风,在德清得到了很好的传承,成为现今德清百姓的自觉意识。这种道德传统和文化基因正是孕育"民间设奖"的内源力量,并激发了全社会积极参与"民间设奖"活动的积极性。

最后,新形势下思想道德危机为德清县"民间设奖"提出了客观要求。不可否认,伴随着物质生活需求的极大满足,我国思想道德领域出现了一些不容忽视的问题。一些人理想信念动摇,世界观、人生观、价值观发生扭曲,拜金主义、享乐主义、极端个人主义滋长;有些社会成员思想道德失范,诚信缺失、制假售假、欺骗欺诈行为蔓延;一些地方封建迷信和黄赌毒等社会丑恶现象沉渣泛起;等等。

在这种形势下,开展公民教育,加强和完善思想道德建设,是提升市民文明素质、倡导文明风尚的迫切需要。首先,加强公民思想道德建设,积极弘扬宣传各领域思想道德模范事迹,可以倡导良好社会风尚,营造文明和谐的社会氛围;可以有效增强人们的自律意识,倡导"我为人人、人人为我"的道德观念,推动形成男女平等、尊老爱幼、扶贫济困、礼让宽容的和谐人际关系;可以有效强化人们的生态文明理念,引导广大群众自觉实践绿色消费、低碳生活,在全社会形成注重节约、爱护自然、保护环境等良好新风尚,促进人与自然和谐相处。其次,加强和完善公民思想道德建设,也是满足人民精神文化需求、提高生活品位的迫切需要。随着物质生活水平不断提高,人们对精神文化生活的需求必定不断提升,对追求文明健康科学生活方式的愿望将更加强烈,对革除各种社会陋习的要求也将日益迫切。通过加强思想道德建设,组织开展各种生动活泼的教育、创建活动,有利于人们陶冶情操、充实精神世界、完善自身品格,也有利于抵制和消除落后文化对人们的影响和侵蚀,逐步缩小和剔除它们借以滋生的土壤,引导人们养成健康向上的生活习惯。再次,加强和完善公民思想道德建设,还是合理调节社会矛盾、保持社会稳定的迫切需要。思想道德建设是维护社会秩序、促进社会和谐、营造良好社会环境的重要载体。通过加强思想道德建设,可以有效形成强有力的社会舆论力量,引导全社会人心向善向好;可以有效规范社会行为,引导人们正确处理个人利益和集体利益、局部利益和全局利益、眼前利益和长远利益的关系,理性合法地表达利益诉求和解决利益冲突;可以有效提高公民的公共精神和社会参与意识,形成人人参与社会管理、维护社会和谐的良好氛围。

简言之,德清县"民间设奖"就是基于其深厚的道德文化传统,在经济总量持续快速增长而社会思想道德滑坡的背景下产生的一种民间自发的公民教育实践,它是在积极参与社会思想道德建设并不断探索和回应当代中国各类社会问题中发展和成熟的。

德清"民间设奖"开始于 1997 年。那年,莫干山老年乐园院长马福建出资设立了"孝敬父母奖",奖励孝敬父母的优秀村民。之后,2001 年,乾元镇钟表匠、古稀老人朱天荣出资设立"天荣环保奖",奖励爱护环境、注重环保的小学生。2002 年,县公安局民警童溪水在武康镇城西村出资设立"交通安全奖",奖励本村交通安全记录良好的群众。2003 年,德清县市政公司的浙江东阳籍外来人员斯正良出资设立"外来人员风尚奖",奖励注重提高自身素质、倡导文明友善的优秀外来务工人员。2005 年,下岗女工钱立玲出资设立"立玲残疾学子励志奖",奖励身体残疾,但仍发奋学习,学业有成的学子。2011 年本县居民王法珍设立"贫困家庭助学奖",资助品学兼优家庭经济困难的学生。截至目前,德清县民间奖项累计已达 26 个(见表 5.1),奖励人数超千人。

表 5.1 德清县"民间设奖"一览表

（表格来源：根据调研资料整理）

编号	奖项名称	颁奖情况	编号	奖项名称	颁奖情况
1	孝敬父母奖	马福建 1997 年设立，已颁发 6 次，共 44 人获奖。	12	带头致富奖	忻金山 2007 年设立，已颁发 1 次，共 7 人获奖。
2	天荣环保奖	朱天荣 2001 年设立，已颁发 8 次，共 300 多人获奖。	13	医德医风奖	朱小松 2007 年设立，已颁发 2 次，共 5 人获奖。
3	志国拥军奖	刘志国 2002 年设立，已颁发 6 次，共 142 人获奖。	14	巾帼创业奖	俞小红、陆小丽 2007 年设立，已颁发 4 次，共 40 人获奖。
4	溪水交通安全奖	童溪水 2002 年设立，已颁发 3 次，共 27 人获奖。	15	励学助教奖	任文达 2007 年设立，已颁发 4 次，共 120 人获奖。
5	正良外来人员风尚奖	斯正良 2003 年设立，已颁发 5 次，共 35 人获奖。	16	爱心帮扶奖	胡娟红 2007 年设立，已颁发 3 次，共 24 人获奖。
6	立玲残疾学子励志奖	钱立玲 2005 年设立，已颁发 4 次，共 29 人获奖。	17	花木兰爱心奖	德清县女企业家联谊会 2007 年设立，已颁发 3 次，共 69 人获奖。
7	燮荣见义勇为奖	徐燮荣 2006 年设立，已颁发 4 次，共 30 人获奖。	18	益民报国奖	王益民 2007 年设立，已颁发 3 次，共 21 人获奖。
8	热心好市民奖	钱素春 2006 年设立，已颁发 3 次，共 16 人获奖。	19	蒲公英助学奖	德清县第十期中青班学员 2007 年设立，已颁发 2 次，共 30 人获奖。
9	运来"非遗"保护传承奖	余运来 2006 年设立，已颁发 2 次，共 11 人获奖。	20	三星外来学子奖	杨敏 2008 年设立，已颁发 3 次，共 30 人获奖。
10	海平和谐家庭奖	钱海平 2006 年设立，已颁发 3 次，共 30 人获奖。	21	晓晔爱心奖	童晓晔 2009 年设立，已颁发 2 次，共 20 人获奖。
11	清溪创业新农民奖	王根连 2006 年设立，已颁发 2 次，共 6 人获奖。	22	亚萍春苗奖	陈亚萍 2009 年设立，已颁发 2 次，共 20 人获奖。

编号	奖项名称	颁奖情况	编号	奖项名称	颁奖情况
23	松芳助人为乐奖	陆松芳 2009 年设立,已颁发 1 次,共 6 人获奖。	25	泽民"非遗"保护传承奖	毛泽民 2011 年设立,已颁发 1 次,共 6 人获奖。
24	诚信市民奖	蒋引娣 2010 年设立,已颁发 2 次,共 10 人获奖。	26	贫困家庭助学奖	王法珍 2011 年设立,已颁发 1 次,共 6 人获奖。

值得指出的是,这些奖项一般奖金微薄,但在当地社会引起强烈反响,受到民众的大力响应。一些热心市民主动将资金注入已经设立的奖项中,比如"志国拥军奖"现有四名志愿者加入,奖励基金由创立之初的 1 万元增加到 30 万元。而残疾青年周连海获得"天荣环保奖"后,带头组建了名为"春百合"的志愿者团队,开展环保宣传、义务献血等活动。与此同时,为了进一步规范民间自费设奖,在德清县文明办的引导和推动下,于 2006 年 3 月成立了浙江省首家民间设奖协会,引导民间自费设奖不断提升水平、规模和档次。德清县委、县政府对民间设奖的态度也是引导、扶持、培育,而未轻易用政府或党委行为来代替这些民间行为。

5.2.2　主要做法与实施成效

民间自发设奖。"设奖冲动源自乡土,奖励奖金全部自行承担"。所设奖项全部由民间创立者自愿资助,设奖者都是农民、退休老人、残疾人、下岗职工、民警和个体户等普通老百姓。26 个奖项虽然涉及范围各有侧重、奖励依据各有不同,但都是为了奖励人间正气,倡导乡风文明。

协会规范设奖。为规范民间自费设奖,在德清县委宣传部的引导和推动下,于 2006 年 3 月成立浙江省首家民间自费设奖协会。随后,出台《德清县民间自费设奖管理办法》,明确规定活动宗旨、目标、任务等内容。26 个民间奖项也都有着各自的一套行为准则。例如,"志国拥军奖"不仅有评奖委员会和监委会,还设立专门的开放式账户。"正良外来人员风尚奖"评奖时,每次都把候选人名单及相关情况通过"德清新闻网"、"今日德清"等媒体公之于众,由群众投票评定。

党政扶持设奖。德清县委、县政府一直以来对"民间设奖"给予高度重视和积极支持。县文明办专门成立民间自费设奖管理指导小组,具体资助和指导民间自费设奖工作。县委宣传部积极组织新闻媒体,及时宣传民间自费设奖、评奖的有关活动,组织和动员广大群众参与,扩大其知名度和影响力。

德清县"民间设奖",奖励百姓的现象,充分展示了其所蕴涵的道德力量,促进了精神文明建设,也推动了公民精神和社会力量的健康发展。

树立了一批可亲可敬的平民英雄。运用典型、特别是身边可亲、可信和可学的典型来教育他人,能够在全社会形成"学习榜样、赶超榜样"的积极态势。十几年来,德清县依托 26 个民间奖项,采取组织与自我推荐相结合、公开与公正选拔相结合等形式,在全县树立了一批口碑好、人品佳的榜样。目前,已在基层群众中挖掘、培育和树立的各类先进典型有 1000 多人。县委宣传部也对涌现出的先进典型及时进行表彰和宣传。同时,民间设奖者本人就是大家公认的道德模范。例如,"热心好市民奖"设立者钱素春于 2007 年 9 月被评为"全国道德模范提名奖",受到时任中共中央总书记胡锦涛等中央领导亲切接见;另外,马福建、朱天荣、斯正良、童溪水等先后获得省、市、县级荣誉。

探索了一条道德建设的有效途径。德清"民间设奖"是道德建设的新实践,26 个民间奖项成了引导当地社会风气的风向标。通过道德评估和道德褒奖,也有效地发挥了公共道德化解社会矛盾的润滑剂作用。如马福建的"孝敬父母奖"近年来虽只奖励几十位"孝敬模范",可在他所在的村和周围乡村却激起了千层浪,"得了奖的更加孝顺父母,没得奖的积极向得奖者看齐",不仅村风民风得到明显改善,而且在全县城乡刮起了尊老敬老的新风。城西村是个外来人口集中居住的村落,交通事故时有发生,日常管理也很难。自从设立"交通安全奖",村民们遵守交通规则的意识不断增强,10 名外来务工人员自愿组成"交通治安巡逻队",村里的交通事故连续 3 年零发生,成为浙江省交通安全达标村。在"志国拥军奖"的影响下,又有 4 名志愿者加入,奖励基金由创立之初的 1 万元增加到 30 万元,全县上下形成了一股拥军爱军的热潮。实践证明,德清的"民间设奖",探索出了一条"党政领导、部门负责、社会协同、公众参与"的道德建设的有效途径。

促进了公民精神的生发成长。从奖项设置看,德清县"民间设奖"既体现了道德仁爱、诚实守信、尊师重教、敬业奉献、自律自强、开拓创新等等这些传承了几千年的传统道德规范,但同时也体现了人们对于自身所处社会环境的主动关怀、对于建设更加美好的社会福祉的积极参与和勇于担当。环境保护、交通安全、"非遗"保护、外来人员、医德医风等等,人们关心的主题不再局限于自己那"一亩三分地",不再"事不关己,高高挂起",也不再只做"围观"者,而是尽己所能、身体力行、向善向好。这种主动参与精神不仅带来了德清社会风貌的变化,更可贵的是带动了更多人参与其中,并成长为一种良性的社会治理力量,共创共建共享和谐社会,例如因为其他志愿者加入,使得原本只有1万元的"志国拥军奖"奖励基金增加到30万元,再如残疾青年周连海获得"天荣环保奖"后,又带头组建了叫"春百合"的志愿者团队,开展环保宣传、义务献血等活动。事实表明,德清县"民间设奖"既为现代公民精神的形成提供了训练场域,也为社会力量的良性发展作出了有益探索。

5.2.3 基本经验及存在限度

多年来,德清县"民间设奖"从发轫到发展的过程,同时也是一个不断制度化、规范化的过程,在此过程中,"民间设奖"的德清经验已初露端倪。

首先,政府尊重并支持社会自发力量的自主治理行为。时任中共中央总书记胡锦涛2011年2月19日在省部级主要领导干部社会管理及其创新专题研讨班开班式上就当前要重点抓好的社会管理工作提出八点意见,其中之一就是"进一步加强和完善思想道德建设,持之以恒加强社会主义精神文明建设,加强社会主义核心价值体系建设,增强全社会的法制意识,深入开展精神文明创建活动,增强社会诚信"。从中不难得出,当前我国正面临着道德失范、诚信缺失等诸多问题。而德清县"民间设奖"的诸多活动,恰好是对此类社会问题的积极回应及其破解之道的实践探索。进一步思索可以得出,各类民间自发力量及其自主治理行为的形成和产生绝非空穴来风,而极有可能是"春江水暖鸭先知"、是对于某种社会现实冲击的自然反应。"任何事物只要符合社会发展规律,符合社会进步的要求,就会像雨后的春笋一样,不但阻挡不了,而且使人赏心悦目。"①因此,对于这类社会力量及自主治理行为政府至少应予尊重。这种尊重在德清的表现即是,其在"民间设奖"行为产生后,政府既没有用行政的手段干预或压制它,也没有以政府的力量取代它。当然,这并不意味着政府将毫无作为。

其次,面对社会自主治理力量政府要顺应时势有所作为。不可否认,社会自主治理力量即公民力量的产生和发展有其内在的逻辑规律,但是可以肯定,这种力量的产生和发展并不是要政府走开。首先,任何一种力量对于良好社会治理而言都有其建设性的作用,与此同时,如果处理不当,则又有其破

---

① 俞可平:"重构社会秩序,走向官民共治",2013-04-10,http://www.chinainnovations.org/Item/38207.aspx.

坏性的作用。因此,政府一方面应该像一个智者,发现、确认并积极培育社会自身生长出来的推进社会自我组织、管理、服务和修复的正能量。同时,紧密联系社会发展现实和当前时代背景,积极营建一种良好的法治环境,既能促进健康公民力量不断成长、成熟,同时预防并阻止非理性的、不合预期的负面力量或者负面作用的出现并造成破坏性的后果。当然,可以说任何一种社会自主治理力量都有其两面性,是发挥积极的建设性作用,还是造成负面的破坏性作用,关键还在于政府能否及时高效地建立健全有效的公民参与渠道,归根结底就是能否建立基于处理各种各样社会现实问题和社会治理问题的政府和公民力量之间的良性互动机制。

再次,大力培育并支持各类社会组织开展社会治理。通俗地说,政府"仅此一家,别无分店"。而目前,越是随着社会的发展和进步,注定将有越来越多的公民积极参与社会治理当中,从而形成形形色色的公民力量。公民活力的激发对于社会良治是完全必要的,但是不言自明,也只有有秩序的活力才能避免活力成为暴力并走向其反面。历史已经表明,单纯依靠政府一家的力量无法形成或可持续发展这种"有秩序的活力"。路在何方?需要政府一方面创造有利条件,积极引导松散的、原子化的公民力量走"结社"的道路,即以社会组织形式推动和规范公民力量的持续壮大和良性发展。另一方面,对于不论是自发的还是人为的,不论是本土的还是外来的等等社会组织,都应基于法律法规进行服务和管理,并以政府为主导建立健全各类制度化的沟通渠道和参与平台,支持各类社会组织参与到自主治理、公共服务和社会治理中去。

最后,引导公民公共精神的成长为社会治理奠定良好基础。公共精神对于良好的社会治理不可或缺。社会治理说到底是对人和各种因人而生之事的管理和服务,这种管理和服务自然离不开公众的参与。传统上,人们更多地关注自己的私事,对自身利益之外的公共事务不闻不问,这是公民公共精神缺失的最直接、最普遍表现。相反,近年来频发的不理智群体性事件和网络谣言等,则是一些公民对公共精神的滥用或者错用。显然,这两种倾向都和良好的社会治理无缘。正确的出路则在于,一是培育公民的责任意识和法治意识,使社会治理中的公众参与奠基于责任意识和法治意识之上;二是政府要着力完善制度安排,优化治理结构,畅通参与渠道,保障公民各项基本权利,使每一个公民都有可能参与到公共事务治理的决策等过程中。但是,必须指出,以上意识和精神绝不是一朝一夕可以养成,也不可能单纯依靠知识学习就能够得到,而且,即使是非常合理和精致的制度,也不是一经设计和制定出来就能自然得到贯彻和落实。因为,这一切都有赖于一个事实原点,即公民的公共生活的实践及其训练。这也正是德清"民间设奖"之于良好社会治理的重要意义和基本经验之一。

社会治理,说到底是对人的管理和服务,涉及广大人民群众切身利益,必须始终坚持以人为本、执政为民,切实贯彻党的全心全意为人民服务的根本宗旨,不断实现好、维护好、发展好最广大人民的根本利益。要坚持贯彻党的群众路线,坚持人民主体地位,发挥人民首创精神,紧紧依靠人民群众开创新形势下社会治理新局面。德清县"民间设奖"经验的本质即在于以人为本、尊重人民主体地位及其创造精神,并顺势作为,引导形成政府主导、社会协同、公众参与的社会治理新格局;与此同时,进一步助力社会力量健康永续发展,最大限度激发社会活力,促使社会运转起来,形成社会力量与社会治理之间良性互动、相互增强的关系。

总体而言,德清县"民间设奖"实践取得了积极成效,积累了宝贵经验,对于如何推进社会建设和加强社会治理创新提供了有益启示,但也不可否认,德清县率先开展的创新实践仍有待进一步完善。

第一,德清县"民间设奖"的发展理念有待转变。众所周知,德清县"民间设奖"的确起源于个别有爱心、有责任、有德行之人以自身之力解决所关心社会问题的善行义举。然而,在发展变迁过程中,德清县"民间设奖"不论是从设奖领域、资金来源渠道,还是奖励对象、社会影响范围来讲,都已远远超越了初创阶段的"民间设奖"。推进公民道德建设无疑仍是其题中应有之义,但其内涵和意义已远不止于此。"十二五"规划再次提出,要"按照健全党委领导、政府负责、社会协同、公众参与的社会管理格局的要求,加强社会管理法律、体制、能力建设……广泛动员和组织群众依法有序参与社会管理,培养公民意识,履行公民义务,实现自我管理、自我服务、自我发展"。显然,健全社会治理体制必须有公民意识的觉醒和公民力量的成长①,也只有理性、成熟而积极参与的公民力量才是化解众多社会治理难题的可靠基石。德清县民间自发设奖的深远意义正在于此,而进一步推动公民力量健康成长并使公民力

---

① 党的十八大报告已将上述"社会管理格局"进一步阐述为"加快形成党委领导、政府负责、社会协同、公众参与、法治保障的社会管理体制"。十八届三中全会《决定》又将社会管理体制进一步表述为社会治理体制。

量成为社会治理的主体应当成为德清县"民间设奖"继续发展的理念定位。

第二,德清县"民间设奖"的资金渠道有待拓展。德清县"民间设奖"的最大特色在于"民"字,不仅其设奖的主体、参与者都是普通群众,而且其资金来源也主要来自民间,即设奖者的捐赠。事实上,德清县民间设奖之所以成功主要也是建立在当地经济实力基础之上,而这个基础随时有可能因为设奖者本人经济状况以及宏观经济社会发展变化而动摇。显然,民间设奖的资金来源渠道比较单一,而且出资能力都非常有限。虽然也有政府选择注入资金的情况,且当前政府财力基础比较雄厚,但是政府资金属于公共财产,其用途以及使用方式必须受到法律约束。因此,要维持奖励资金的安全持续增长,一方面必须扩大资金的来源渠道,比如吸纳社会捐资、引入基金会投入资金,等等;另一方面必须改革奖励资金的保管和运作方式,探索确立完全公开透明的公益基金管理体制。

第三,德清县"民间设奖"的发展体制仍待理顺。德清县"民间设奖"已基本形成设奖者、"民间设奖"协会和政府三者良性互动的运作体制。然而囿于当前社会发展现实,这一体制中各角色理应承担的职责仍待进一步理顺。一是政府应该扮演好主导者角色,依法审查、规范设奖、评奖工作,决定是否出资以及出资方式,同时和新闻传媒组织一道,宣传扩大"民间设奖"的影响力,并做到全程监督,为"民间设奖"创建有利的发展环境。此外,鉴于民间设奖的设奖方式、评奖依据等暂时存在某些不足,民间设奖协会指导管理领导小组要切实发挥其管理监督作用,严格执行《民间设奖管理办法》中确立的申报登记制度、基金管理制度、监督管理制度等各项制度,进一步规范设奖名称,按程序产生获奖人选,切实把公平、公正和公开性与奖项、设奖人和获奖人实情紧密结合。二是民间设奖者作为此项社会事业的主体,必须全方位提高自身综合素质和管理水平,以现代慈善理念和基金会方式规范设奖行为,发展设奖项目。三是"民间设奖协会"必须发挥专业社会组织作用,做好政府和社会组织的沟通桥梁与连接纽带。既协同政府引导和规范民间设奖行为良性发展,又满足与民间设奖者希望实现一切良善愿望有关的现代专业知识需求。此外,协会还应发挥与各类基金会的关联业务,做基金会和民间奖项之间的"鹊桥"。并且随着民间设奖事业的发展而不断完善发展自身的治理结构与服务能力。

第四,德清县"民间设奖"主体的治理作用仍待开发。事实表明,"民间设奖"的作用不仅仅是对符合奖励要求的人员进行金钱激励那么简单。更重要的是,这种设奖行为唤醒了更多人的公民意识,使更多人关心自己身处的这个社会。这既是人们参与公共事务管理的前提,也是人们结合成为各类社会组织,并以组织形式参与社会治理的前提。现代政府应该欢迎这种公民力量的成长。但是同时政府也要转变自身职能,退出不该管、管不了、管不好的领域,由公民和社会组织开展自我组织和管理。政府一方面要为这种自主治理创建良好的法治等宏观制度环境,另一方面要能在"社会失灵"后及时充当"替补角色",发挥"兜底作用"①。除了拓宽"民间设奖"主体参与社会治理的领域外,政府还必须主导建立其参与社会治理的各类制度化渠道和平台,如通过建立落实赋权制度,发挥其在自主治理中的作用;通过政府购买服务机制等发挥其在公共服务中的作用;通过建立利益协调机制等发挥其在协同社会管理中的作用,等等。必须指出,参与综合社会治理的程度最终决定着"民间设奖"主体的影响力及其生存。换言之,"民间设奖"主体只有积极开展活动,发挥自己的独特作用,才会形成社会影响力并可持续发展。而在现代社会治理语境中,党委和政府部门应加大培育与扶持力度,促使各类社会主体健康成长,发挥其在协同开展社会建设与治理中的独特作用,实现社会善治目标。

第五,德清县"民间设奖"协会的内部治理结构仍待完善。德清"民间设奖"事业发展如何,民间设奖协会作用巨大。协会除了必须处理好与政府、"民间设奖"主体、基金会以及其他社会力量的关系之外,首先必须完善自身治理结构,提高自身治理水平和参与服务能力。简言之,德清县"民间设奖"协会要以章程为依据,健全组织机构,如权力机构,即会员大会或会员代表大会;执行机构,即理事会或董事会;办事机构,即秘书处,等等;在理事会或董事会之外设立监事会,对协会的年度计划、工作进展等进行审查和监督。同时,建立健全各项内部制度并予以贯彻落实,特别是民主决策制度,充分发挥会员代表大会、理事会等的作用,以民主协商、公开公正的方式处理内部事务;会员资格审查制度,资格管理是一项基础性和持久性的工作。实施好准入和退出制度,有利于保证会员的质量,维护协会的纯洁性,树立良好的外部形象。还必须建立健全会议、管理、服务等方面的制度,始终做到以制度管人、管事和管协会。协会还应抓紧制定"民间设奖"组织人员的行为准则和职

① 莱斯特·M. 萨拉蒙:《公共服务中的伙伴——现代福利国家中政府与非营利组织的关系》,商务印书馆 2008 年版,第 46 页。

业道德规范,促使相关人员自觉遵纪守法,坚持从整体利益出发,引导协会及民间设奖事业健康永续发展。

第六,德清县"民间设奖"组织的外部监督机制有待构筑。对德清"民间设奖"组织及其民间设奖协会,既要其"自律",通过相互协调、合作与制衡、监督,做到对民间设奖严格进行自我组织、自我管理,又要"他律",通过外部舆论和社会力量对其进行监督和控制。为此,一方面要积极整合全社会优质资源,有机联结政府监督、司法监督、舆论监督和公众监督,在现有法律法规基础上,构筑起对"民间设奖"行为的全方位外部监督体系。另一方面要设立专门机构,负责接受有关查询和投诉,并对此作出快速反应及有效处理,从而对外树立良好形象,加深社会各界对民间设奖行为的正面认识,提高公信力,对内促使民间设奖相关各方端正社会服务意识,提高工作效率。综上所述,可以提出"民间设奖"经过完善后的理想运行机制如下(见图 5.1):

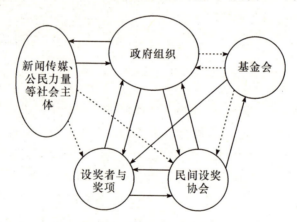

图 5.1 德清县"民间设奖"理想运行机制

(图片来源:作者自绘)

5.3 "桐庐百姓日":尊重公民主体地位,建立公众参与机制

5.3.1 实施背景和基本情况

桐庐县位于浙江省西北部,钱塘江中游。县境内土地总面积1829平方公里,属浙西北丘陵山地。全县土地面积构成中:山地丘陵占86.3%,平原占10.4%,水域占3.3%,形成"八山半水分半田"的土地结构。桐庐县地处中北亚热带过渡区,温暖湿润,光照充足,雨量充沛,冬夏季风交替明显,气候四季分明。自然资源丰富,土壤资源、水资源、非金属矿产、旅游资源、生物资源等自然资源丰富,成为桐庐县社会经济发展的重要基础。改革开放以来,桐庐经济社会取得了较快发展,主要表现在:一是综合实力不断增强。2013年,全县生产总值达278.55亿元,按可比价格计算(下同),比上年增长8.0%;全年完成财政总收入37.44亿元,比上年增长10.1%。二是城乡面貌日新月异。桐庐打造了全省首个县级商务区——迎春商务区,以及入城口景观、精品示范街区、滨江沿江景观,等等,一个精美现代化中等城市的英姿初步显现。另外,桐庐美丽乡村建设正在如火如荼地推进,且处于全省领先地位。三是社会事业蓬勃发展。"十一五"以来,县财政投入社会事业的发展资金超过54亿元,建成了体育馆、图书馆、博物馆、叶浅予艺术馆、叶浅予中学、第一人民医院新院区等一批重要设施。特别是乡村卫生服务一体化管理工作,新建站室190个,基本达到每个行政村都有一个卫生站室。而且每个新建站室全部实行基本药物零差率销售,较为有效地缓解了群众看病难、看病贵问题。桐庐还实施了"清洁桐庐"三年行动,配备1700多名村保洁员进行长效管理,并对生活垃圾处理实行"户集、村收、乡镇中转、县处置"的一站式处理模式,农村环境卫生治理成效显著。四是民生福祉明显改善。2013年全县城镇居民人均可支配收入33597元,比上年增长11.2%。全县农村居民人均纯收入16986元,比上年增长11.5%。近五年来,桐庐还投入超6000万元,建成廉租房、经济适用房、人才公寓等保障性住房2.6万平方米,解决了500多户低收入家庭的住房困难,其中廉租房对象扩面至低保标准2.5倍以下的住房困难家庭。完成农村困难家庭危旧房改造24万平方米,惠及群众1589户,平均每

个困难家庭可以享受到约 3 万元的危旧房改造财政补助。连续几年实施农村安全饮用水工程,农村受益人口达 26 万余人,让大部分农村百姓喝上了安全的自来水。从 2009 年起,桐庐还共投入专项资金 2 亿多元,完成 150 个行政村农村生活污水处理和 150 个农家乐污水处理工作,走在了全省乃至全国前列。五是政府服务不断优化。近几年来,连续开展机关满意单位评比活动,让群众来评议机关和干部的服务等次,以此推动机关效能和干部作风的提升。设立县长信箱和 12345 县长公开电话,建立群众投诉、受理、交办、督办、评议机制,真正对投诉事项做到"受理一件办理一件、办理一件解决一件、解决一件答复一件"。不断推进行政审批制度改革,成立审批服务中心,把全县分散在各个部门的所有行政审批事项全部集中到一个大厅,统一受理、统一办理、统一监督、集中评议,审批事项的办理办结时间从法定平均时间 21.9 天压缩到 2.33 天,审批效能大幅提升。

然而,在巨大的经济社会发展成绩背后,桐庐同样面临诸多社会快速转型带来的新问题和新挑战。突出表现在:人民幸福感下降,社会矛盾增多,官民关系疏远,政府公信力降低,等等。在新形势下,如何以新理念提出新思路、以新举措应对新情况、以新办法解决新问题,显然是桐庐和当代中国面临的共同课题,也是各方为之努力的共同目标。"桐庐百姓日"无疑先行一步,结合桐庐社会实际和具体情况,对破此难题作出了富有自身特色的探索。简言之,举办"桐庐百姓日"的主要目标即在于:通过突出"百姓的节日",让全县所有老百姓通过一系列内容丰富、形式多样的活动,在节日氛围中增强"桐庐属于百姓,百姓归属桐庐"的集体认同感、情感归属感,增强"欢乐百姓日、幸福桐庐人"的心理幸福感和自豪感,更好地促进干群关系融洽,提升群众幸福指数,营造和谐的社会发展环境。换句话说,即通过政府主导并直接动员,从而调动和激活公民及其社会自身的力量,融解社会发展中出现的各种问题,促进社会实现善治。

为了更好地贯彻杭州市党代会"打造东方品质之城、建设幸福和谐杭州"的重要精神,全面践行"幸福和谐"观,推进"三城三区"建设,桐庐县将每年 5 月 6 日桐庐解放之日定为"百姓日",意在突出"桐庐的生日"即"百姓的节日",旨在以"我们的节日"来铭记历史、增强共识、凝聚人心。2012 年 5 月 6 日暨首个"百姓日",该县围绕"欢乐的节庆、百姓的日子"活动主题,开展了"百姓日启动仪式"、"政府开放日"、"天然大舞台"、"幸福家乡欢乐游"、"名特产品大展销"、"公益事业大开放"、"公职人员齐奉献"、"义工联盟大行动"、"民俗文化大巡游"、"全民运动大聚会"、"市民夜赏富春江"等10＋1项主题系列活动,让全县所有百姓在热烈、喜庆、欢乐、祥和的节日氛围中提升幸福指数,更好地促进干群关系融洽,营造幸福和谐的发展环境。

总体而言,"桐庐百姓日"内容丰富、形式多样,共创设了政民互动、幸福体验、文体展示、志愿奉献等四大系列十大主题活动,各乡镇、街道、开发区也结合自身特色,开展了一系列活动:

——政民互动系列。首创了"政府开放日"活动,以群众现场观摩体验和互动的方式,提高政府工作的透明度,使政务公开之门进一步向老百姓敞开。由全县各行政村(社区)按一村(社区)遴选1人的办法征集了202名市民代表,主要包括创业能手、先进典型、劳动模范、文明家庭、烈士家属、革命前辈、少数民族和新桐庐人代表。当天,所有代表参观县四套班子主要领导办公室,参加政民恳谈会,与县领导合影、共进午餐,在与县领导零距离接触中,亲身感受开放、务实、亲民的政府形象;还参观了县公安局110指挥中心、数字城管信息处置中心、电视台等机关办公场所,进一步增进对政府机关工作的了解。在县级层面开展"政府开放日"活动的同时,分水镇、凤川街道、横村镇等也相继开展了不同方式的政民互动系列活动,进一步密切了政府与百姓之间的关系。

——幸福体验系列。相继举行了"幸福家乡欢乐游"、"名特产品大展销"、"公益事业大开放"、"夜赏富春江"等四大主题活动,其中:"幸福家乡欢乐游"活动不仅面向全县百姓发放了42000张免费游览预约券,还开辟了2条旅游专线,由各乡镇(街道)、开发区各组织一辆旅游大巴前往景区免费游览;"名特产品大展销"设立了55个展位,组织了全县28家工业企业和29家农业企业参展,并根据"让利于民、惠民于利"的原则进行统一展销;"公益事业大开放"活动中,不仅全县27条公交线路和全部农村客运线路免费乘坐、24个场次的电影免费领票、各类文化场馆免费开放、公立医院免收挂号费、电影下乡,还邀请了100余名省九三学社医委会、各合作医院专家和桐庐县医疗专家一起到县、乡、村举办大型义诊及咨询活动,并举办了免费的"敬老爱老幸福餐",为全县7万多位60周岁以上的老人送上了党委、政府的关爱;"夜赏富春江"活动组织了200多位市民代表观赏了富春江美丽夜景,其中不仅有老干部、优秀党员、劳动模范、优秀外来务工人员、三八红旗手,还有部分网民、社区居民和15位杭州市民代表。除了县级层面以外,各乡镇、街道、开发区也在当天开展了一系列"幸福体验"类活动:如桐君街道的"我与桐庐同生日"活动,旧县街道的"爱我家乡幸福游"活动,新合乡的春季商品交流会,富春江镇的公益单位免费开放活动,钟山乡的省名医专家义诊活动,瑶琳镇的新瑶琳人景区免费游活动,百江镇的镇村干部与 10 位留守儿童结对活动等。

——文体展示系列。重点举办"天然大舞台"、"民俗文化大巡游"、"全民运动大聚会"等三大主题活动。其中:"天然大舞台"在中心广场、桐君广场设置了 2 个主舞台,并相继开展了"龙生股份"大舞台文艺表演、"中通之夜"百姓欢乐夜文艺演出等 5 场演出,相继表演了近 80 个舞蹈、歌曲、越剧等节目。同时,还免费发放了 2280 张剧院越剧演出票,开展了"劳动最光荣"职工摄影展、百幅书画作品进入百姓家等活动,吸引了全县数万群众前来参观;"民俗文化大巡游"组织了分水龙凤呈祥、江南深澳高空狮子、莪山中门布龙、城南天井坞露台、合村岭源竹马、桐君阆里棕龙共 6 支队伍,在百姓日启动仪式结束后沿着县城主干道进行踩街巡游;"全民运动大聚会"活动组织了首届中心镇农民篮球友谊赛,分水镇、横村镇、富春江镇、江南镇等 4 个中心镇组队参赛。同时,组织了自行车骑游活动,邀请了 4 支队伍 80 位自行车运动爱好者,沿着县城进行骑游。在此基础上,各乡镇、街道、开发区也举办了多场文体活动,其中:城南街道举办了"全民运动会",江南镇举办了"女子腰鼓展风采"、"百姓趣味运动会"等活动,合村乡举办了"争当优秀团员,共建醉美合村"主题演讲比赛,开发区举办了职工健身走、自行车慢骑、台球和拔河比赛。一场场精彩的文体活动让城乡各地都成为欢乐的海洋。

——志愿奉献系列。主要举办了"公职人员齐奉献"、"义工联盟大行动"活动,其中:由县直机关党工委牵头开展的"公职人员齐奉献"活动,共有 67 个机关部门和 5 家在桐通信企业、14 家在桐金融机构开展各种形式的无偿志愿奉献活动,有 8248 名公职人员参与。活动当天,有 42 家单位参加广场志愿服务活动,有 49 家单位开展小分队志愿服务活动;除了公职人员全员奉献以外,社会各界也积极参与到"百姓日"活动中来,团县委组织了"幸福桐庐·志愿先行"系列义工服务活动,招募了 415 名志愿者开展了文明交通、美化市容、关爱空巢老人和福利院儿童、"百姓日"活动引导咨询、便民志愿服务等 5 大行动。同时,县商务局组织了以阿富足道、樱花足浴、豪盛足浴为代表的足浴企业总计 150 名技师进入老干部活动中心为老人提供免费足浴服务,还安排了 2 名足浴协会特邀的养生专家在活动现场随时为咨询人员解惑。另外,"桐庐农村合作银行大病致贫困难群众救助公益金"成立暨首批救助金发放仪式在"百姓日"举行,10 户困难家庭领到了首批发放的 48 万元救助金,感受到了"桐庐属于百姓,百姓归属桐庐"的幸福感和归属感。

表 5.2 2012 年"桐庐百姓日"乡镇(街道)、开发区活动一览表

（表格来源：根据调研资料整理）

牵头单位	活动名称	活动内容	地点
城南街道	1."非遗"展示活动	剪纸表演	桐庐长途车站门前
	2. 全民运动会	拔河、乒乓球、象棋、投篮、婆媳接力赛、婆媳抛接球、100m 跑、立定跳远、铅球	三合中学
	3. 家庭才艺秀	家庭才艺表演	大丰村广场
	4. 趣味运动会	夹玻璃球、套圈等	中杭社区
	5. 金婚纪念日	金婚夫妇表演、拍照、祝贺	下杭社区
	6. 便民服务咨询	法律、民政、计生等	街道大门口
桐君街道	1."我与桐庐同生日"活动	组织桐君街道辖区范围内 5 月 6 日出生的市民到梅蓉村参观,在梅蓉村过集体生日	梅蓉村
	2."红狮杯"篮球赛	组织辖区范围内的行政村、学校、机关、企业的篮球队进行友谊赛	城北体育中心
	3."欢乐百姓夜"文艺晚会暨达人秀展示活动	组织辖区范围的达人们进行才艺展示,共庆百姓日	桐君广场
	4. 中医健康义诊	邀请专家进行咨询、义诊活动	桐君社区卫生服务中心
	5. 便民咨询服务活动	在城北家友超市门前设立便民服务广场,开展各项便民服务活动	城北家友超市前
	6. 猜谜语活动	围绕桐庐历史、县两会精神和普及健康知识等内容,开展猜谜语活动	南门社区门前
	7. 爱心食堂免费餐、爱心超市送温暖活动	爱心食堂向辖区范围内三类老人提供免费就餐服务,爱心超市向辖区困难老人开展送温暖活动	迎春社区
	8."我心目中的五大桐庐"图画展	邀请学生绘制"我心目中的五大桐庐"图画,并进行现场展示	东门社区
	9. 社区才艺展	组织社区居民进行才艺展示	鑫鑫社区
	10. 趣味运动会	趣味运动会	鑫鑫社区
	11."我是新桐庐人、我与桐庐共成长"活动	组织辖区范围内优秀外来务工人员代表畅游桐庐,感受桐庐新变化	桐庐境内部分景点

续表

牵头单位	活动名称	活动内容	地点
桐君街道	12."桐庐百姓日、精彩瞬间留"活动	组织社区夕阳红摄影队,为社区80岁以上老人拍照,留下精彩瞬间	圆通社区
	13. 居民才艺展示活动	设立江滨戏迷角,展示居民自编自演的文艺节目	桥北居委会
旧县街道	1."爱我家乡幸福游"当地百姓游览当地山水	百姓代表游当地山水	寺坞坑水库
	2. 组织烈军属、困难党员享受"农家乐"	游农家乐、品农家菜	合岭山庄等5家山庄
	3."健康养生你、我、他"	百姓代表品尝野猪肚、保健品	旧县上峰老村委门口
	4."老有所乐"夕阳红俱乐部文艺演唱会	母岭村夕阳红俱乐部文艺演唱会	文体中心门口
	5. 书画协会为老人送书画	书画协会下村上门为老人送书画	各村服务对象家庭
	6. 钓鱼协会钓鱼送困难户	钓鱼协会钓鱼慰问困难户家庭	合岭水库、各村送鱼家庭
	7. 理发人员上门服务	组织理发志愿者上门为行动不便村民服务	各村服务对象家庭
	8. 法律知识服务	法律知识图板展览、咨询服务	街道司法所门口
	9. 送医上门、免费体检	杭州市第三人民医院专家"送医下乡免费义诊活动"	街道办事处门口
	10. 腰鼓队、排舞队展示	腰鼓队、排舞队才艺展示	文体中心门口
	11. 射击场开放	组织百姓代表体验射击乐趣	中心学校射击场
	12. 乒乓球比赛	组织乒乓球爱好者活动	乒乓球协会(原种子公司)
	13. 象棋比赛	组织象棋爱好者活动	街道文体中心门口
	14. 街道文体站图书室、电子阅览室正常开放	文体中心正常开放	街道文体中心

牵头单位	活动名称	活动内容	地点
江南镇	1. 深澳高空狮子抢绣球表演	省"非遗"项目深澳高空狮子抢绣球演出	桐庐中心广场
	2. 深澳威风锣鼓表演		桐庐中心广场
	3. 环溪女子排舞表演	全国十大村歌金曲排舞演出	桐庐中心广场
	4. 全县中心镇篮球选拔赛		桐庐老体育馆
	5. 拔河比赛	全镇拔河比赛	石阜文体中心
	6. 女子排舞秀	各村女子排舞展示演出	荻浦中心广场
	7. 女子腰鼓展风采	全镇女子腰鼓队演出	各村
	8. 乒乓球比赛	全镇乒乓球比赛	石阜文体中心
	9. 新江南人游美丽乡村	外来务工人员游美丽乡村	环溪村、荻浦村
	10. 江南老人健身走	江南老人健身走	荻浦村
	11. 放飞梦想	中小学生放风筝	江南初中
	12. 老人聚餐晒幸福	老人免费聚餐活动	老年食堂
	13. 名优产品大展卖	江南本土名优产品展卖	荻浦村、环溪村
	14. 百姓趣味运动会	百姓趣味运动会	石阜中心广场
	15. 幸福江南大家唱	幸福江南卡拉 OK	窄溪街上
	16. 梅花锣鼓群英会	梅花锣鼓展示交流	华丰村
凤川街道	1. 开通百姓服务热线（政府开放日）	确定"64261004"为凤川百姓服务热线,向社会公开,拉近与百姓间的距离,为百姓得到服务提供便捷。让百姓参观办事处办公大楼	街道办事处机关办公楼
	2. 山水凤川生态绕城健身走	组织低碳环境宣传志愿者以徒步行走的方式宣传低碳生态环保理念,由各村组织报名参加	翙岗村沿线

续表

牵头单位	活动名称	活动内容	地点
凤川街道	3. 魅力凤川排舞秀	组织各村、各文体协会俱乐部舞蹈队参加排舞比赛表演；设置"你跳，我学，齐欢乐"节目环节	街道办事处机关大院内
	4. 亲子游园	以家庭为单位，组织村民和孩子一起开展趣味亲子游戏：定点投篮、夹弹珠、贴鼻子、套项圈等	街道办事处机关大院内
	5. 爱心义诊健康讲座	凤川中心医院及各村卫生服务站看病免挂号费；组织医务人员在翙岗村开展卫生知识讲座	凤川街道办事处机关办公楼二楼培训室
	6. 志愿服务在身边	家电及电脑维修、理发、义诊、农技咨询、女性健康咨询、法律咨询等	凤川街道凤栖路服务点
	7. 活力凤川野外拓展赛	分三个层面报名，以组团的形式到凤川神秘谷拓展基地参加活动（企业组由各企业组织报名；农村组由各村组织报名；各事业单位职工组，由各单位组织报名）	凤川街道外源村神秘谷拓展基地
新合乡	1. 景区敞开游	免费开放"天龙九瀑"景区，安排志愿者为游客提供服务	天龙九瀑景区
	2. 职工技能比赛	以制锁、制尺两个行业为单位，进行锁具、卷尺组装比赛。每家企业选派 2 名职工参加比赛，以在规定时间内组装锁具、皮尺的数量和质量为标准，评出名次	桐庐中亚制尺有限公司桐庐亚环工贸有限公司
	3. 采茶比赛	由各村挑选 3—4 名妇女采茶能手参加比赛，以 1 小时为限，以采摘茶叶的数量和质量为标准，评出名次	雪水云绿茶叶基地（山桑坞）
	4. 文体场所大开放	在金萧支队纪念馆安排讲解员，为参观者讲解革命历史；开放文体中心多功能厅，通过播放电影、卡拉 OK 唱歌等活动，为群众提供娱乐休闲服务。	金萧支队纪念馆文体中心多功能厅
	5. 春季商品交流会	组织商户到新合坑口工业区举办商品交流会，方便百姓购物	坑口工业园区

续表

牵头单位	活动名称	活动内容	地点
富春江镇	1."解放思想、转变作风、助推发展"大型文艺晚会	"解放思想、转变作风、助推发展"大型文艺晚会	文体中心
	2. 全民健身走	幸福百姓日,欢乐富春江	七里泷大街
	3. 羽毛球、乒乓球、篮球等友谊赛	全民健身,幸福百姓	社区
	4. 健身排舞表演	跳出幸福,快乐大家	各村、社区健身点
	5. 图书馆富春江分馆等公益单位免费开放	全民读书	文体中心图书馆
	6. 剪纸民俗艺术作品展示	弘扬剪纸文化	富春江中学
	7. 书画艺术作品展示	书画作品展	文体中心、七里泷大街
	8. 科技、计生、法律、义诊、成人教育、幼儿早教、公益服务等各类咨询服务活动	服务百姓、提高素质	七里泷大街
	9. 举办农民素质培训班	艺术插花	富春江成校
	10. 国民体质测试		文体中心
横村镇	1. 龙灯巡游庆盛世	舞龙灯表演	阳山畈村牌楼至主会场
	2. 古樟锣鼓迎宾朋	梅花锣鼓、农民绝活展示;免费矿泉水、兑奖券发放点	阳山畈村村口大樟树旁
	3. 名医义诊送健康	桐庐三院组织名医免费诊治活动	阳山畈村卫生室外侧
	4. 滕氏宗祠品文化	横村镇书画、剪纸作品展	阳山畈村滕氏宗祠
	5. 广场演出享幸福	"感受田园风情 共享幸福生活"大型群众文艺演出	阳山畈村风情广场

续表

牵头单位	活动名称	活动内容	地点
横村镇	6. 趣味运动群英会	"阳山杯"登山邀请赛	阳山畈村桃花谷
		"同心协力"竞走比赛	阳山畈村风情广场
		村、企拔河比赛	阳山畈村篮球场
		"绝对平衡"群众托乒乓球跑步比赛	阳山畈村风情广场
	7. 镇文体中心开放	电子阅览室、图书室等场所免费开放	横村老城区
	8. 县图书馆横村分馆免费开放	接待群众阅读、借书	方埠园区
	9. 全镇各村农家书屋开放	接待群众阅读、借书	各村图书馆
	10. "奉献百姓日 党员做先锋"村庄整治活动	各村组织入党积极分子、预备党员、党员开展村庄整治活动	各村
	11. "快乐百姓日 女子排舞秀"各村排舞表演	各村组织户外女子排舞展示	各村
	12. "相约百姓日 干部大走亲"活动	镇村两级干部集中"基层走亲"	各村
钟山乡	1. 图书馆钟山分馆、钟山电子阅览室等场所免费开放	免费借阅图书,乡图书馆免费办理借阅证	乡文体站一楼、各村农家书屋
	2. 腰鼓、排舞表演	腰鼓队到各中心村表演,文艺小分队到歌舞村演出	钟山、城下、大市、歌舞
	3. "钟山之夜"大型文艺晚会	钟山乡首个"桐庐百姓日"暨"钟山之夜"文艺演出	钟山广场
	4. 乒乓球友谊赛	我运动、我健康、我快乐	乡文体站一楼
	5. 剪纸作品展、石雕技艺展、豆腐干制作技艺展	钟山特色技艺展示	各相关展示点
	6. 省名医专家义诊活动	省肿瘤医院、浙二医院名医专家下村义诊	钟山、子胥、城下、中一
	7. 科技、计生、法律咨询服务	开展科技、计生、法律咨询服务	钟山集镇超市前

续表

牵头单位	活动名称	活动内容	地点
莪山乡	1. "畲汉一家亲、构建新莪山"首届莪山畲族乡"桐庐百姓日活动"大型篝火文艺联欢暨畲乡知识竞赛	开展畲汉同胞篝火联欢及畲乡知识竞赛	潘龙畲乡山寨
	2. 文体场所免费开放	乡村两级开展读书、朗诵、图书知识问答及免费办证	乡、村图书室
	3. 开展"清洁畲乡爱我家园"活动	开展全乡清洁、卫生宣传活动	乡集镇、各村
瑶琳镇	1. 启动仪式	瑶琳镇"桐庐百姓日"活动启动仪式(瑶琳威风锣鼓开场,介绍活动安排,宣布活动启动)	瑶琳镇文化中心广场
	2. 项氏武术表演	组织8人表演队,以瑶琳镇项氏武术表演展示为载体,充分展示浓厚的瑶琳地方文化底蕴	瑶琳镇文化中心广场
	3. 瑶琳石绘展示	组织毕浦小学师生8—10人开展现场瑶琳特色的石绘表演,以石绘图案展示瑶琳美景	瑶琳镇东琳村广场
	4. 文化中心百姓开放日	文化中心活动室、图书室、电子阅览室等公共场所免费向群众开放,同时村级农家书屋向全体村民免费开放	瑶琳镇文化中心、各村农家书屋
	5. 新瑶琳人景区免费游	在全镇组织36名代表,免费游览瑶琳景区	各景区
	6. 便民服务小广场	组织卫生、计生、妇联、华数公司等单位和镇机关工作人员,为群众测量血压、身高、体重,开展健康知识、计生政策、数字电视业务等咨询、宣传和服务	瑶琳镇皇甫市场
	7. 瑶琳慢生活区体验游	组织15—20人的自行车队,统一标识骑自行车沿文化中心—大洲畈—沈村—姚村—文化中心线路慢骑,宣传倡导低碳、绿色、环保的慢生活理念	文化中心—大洲畈—沈村—姚村—文化中心线路

续表

牵头单位	活动名称	活动内容	地点
分水镇	1. 开放分水体验（政府开放日、政民座谈会、部门开放日）	开放镇政府、便民中心、文体中心办公场所、驻分水县属部门的办公场所，围绕政府形象"三开放三展示"	镇政府、文体中心、驻分水县属各部门
	2. 美丽乡村体验游	统一组织群众代表参观新龙村、万强农庄，感受美丽乡村建设成果	新龙村
	3. 城镇变化感受游	统一组织群众代表参观分阳公园、水利枢纽大坝，展示分水城镇风貌	分水镇区
	4. 绿色自行车环城游、低碳交通出行	组织自行车爱好者，环城巡游，倡导低碳生活	分水镇区
	5. 文体场所免费开放	图书借阅、电脑上网、棋类活动、艺术培训、综合展览、体质检测等内容免费开放	文体中心
	6. 送文化下乡	书法、绘画、摄影现场大赠送	儒桥村
	7. 乒乓球、象棋比赛	全镇乒乓球、象棋、围棋比赛	文体中心
	8. 人文书画展	举办分水镇人文历史、书法绘画作品展览	文体中心
	9. 组织水、电、通信等部门开展街头便民服务	22个单位44人，开展便民、咨询和服务活动。	分阳公园
	10. 组织医疗机构开展义诊活动	健康检查、卫生知识咨询	分阳公园
百江镇	1. 关爱弱势群体主题活动表演	百江村姐妹腰鼓、排舞、戏曲等表演	镇政府大院
	2. 赠票活动	向各村弱势群体免费赠送天子地门票	镇政府大院
	3. 镇村干部与留守儿童结对仪式	向留守儿童赠送文具以及代表发言	镇政府大院
	4. 农村信用社开展业务咨询活动	组织农村信用社工作人员现场开展支农惠民业务咨询	镇政府大院
	5. 义诊活动	组织镇卫生院医生现场开展义诊	镇政府大院
	6. 百江农副产品展销	百江的农产品经销大户开展产品展销	百江汽车站
	7. 爱心餐	组织弱势群体、留守儿童代表体验农家乐	百江恒兴饭店
	8. 群众代表免费游天子地	组织弱势群体、留守儿童代表游览天子地景区	天子地景区
	9. 敬老爱老助老活动	组织志愿者开展"走进敬老院"活动	敬老院

续表

牵头单位	活动名称	活动内容	地点
合村乡	1. 岭源竹马队参加"民俗文化大巡游"活动	5月6日,组织岭源竹马队30人参加县"民俗文化大巡游"活动	由县百姓日组委会统一安排
	2. 乡卫生院义诊活动	组织县级医院内科、中医科等专家3—4名坐诊卫生院为当地老百姓进行为期一天的免费义诊和相关医学知识(高血压、糖尿病等慢性病)的咨询活动	合村乡卫生院
	3. "争当优秀团员,共建醉美合村"主题演讲比赛	组织机关、村、卫生院等团组织青年团员围绕"争当优秀团员,共建醉美合村"主题开展演讲比赛	乡政府二楼会议室
	4. 图书分馆、电子阅览室、绣花鞋研发中心延长开放时间	乡图书分馆、电子阅览室、绣花鞋研发中心延长开放时间,从上午8时起到晚上20时止,全天对百姓实行免费开放	乡图书分馆、电子阅览室、绣花鞋研发中心
	5. 村级文化、体育、娱乐活动	开放各村"农家书屋"、"健身苑"等活动阵地并由各村根据各村实际开展象棋、乒乓球、篮球等群众参与性强的文体娱乐活动	各行政村文体活动阵地
经济开发区	1. "享受生活品质,体验生活乐趣"——自行车慢骑比赛	组织100名企业职工开展自行车慢骑比赛	梅林路699号桐庐经济开发区管委会办公大楼前
	2. "喜看开发区新风貌"——职工健身走	组织200—300名企业职工健身走	开发区主干道
	3. "咱们工人有力量"——拔河比赛	组织10支队伍开展拔河比赛	梅林路699号桐庐经济开发区管委会办公大楼前
	4. "展示风采,增进友谊"——职工台球比赛	组织企业职工开展台球赛	春江路730号桐庐经济开发区文体活动中心
	5. "共同创业、共享欢乐"——桐庐经济开发区文体活动中心免费开放活动	文体活动中心为企业职工免费开放一天	春江路730号桐庐经济开发区文体活动中心
	6. "我们都是一家人"——走访慰问外来困难职工	走访慰问开发区企业外来困难职工	开发区企业

5.3.2　主要做法与实施成效

"桐庐百姓日"活动中,政府各级各部门按照"热烈、喜庆、祥和、节俭"的总体要求,突出"桐庐属于百姓,百姓归属桐庐"、"欢乐的节庆,百姓的日子"活动主题,在组织各项活动和落实各项工作时,始终坚持以下做法:

贴近百姓。"桐庐百姓日"是桐庐所有百姓的节日。在设计各项活动方案时,都经过多方面、多层次、多形式地征求意见,真正做到问计于民、问需于民,使活动能真正贴近百姓生活,满足百姓需求。

城乡联动。除县级统一活动外,各乡镇(街道)、开发区及村、社区都积极筹划、主动参与,在活动当天精心组织一场(处)以上展示当地文化底蕴、具有地域特色的群体性活动,开展一批惠及百姓的开放类、免费类活动,不仅使县城成为百姓欢乐的海洋,也使农村、社区成为百姓欢乐的海洋。

共建共享。活动的开展着力抓好"市民代表遴选、活动节目组织、社会资源征集、各方力量动员、全方位立体宣传"等重点环节,通过活动的组织实施,实现"百姓更多受益、增进社会文明、参与企业得到宣传"的多赢效果。

社会参与。组织参与"百姓日"活动是政府各级各部门服务基层、服务百姓的重要实践,在活动组织中,同时坚持"现有资源全面开放、政府购买部分服务、引导各类社会经营组织积极参与"的总体思路,整合各方资源,调动多方力量,突出社会参与,努力使百姓日活动成为桐庐社会共同体的重要节日。

政府主导。党和政府与基层民众保持沟通互动是社会长治久安的基石。中央提出要"深化政治体制改革,发展社会主义政治文明。扩大人民民主,健全民主制度,丰富民主形式。依法实行民主选举、民主决策、民主管理、民主监督,保障人民的知情权、参与权、表达权、监督权。"知情是有效参与、表达、监督的重要前提。遵循"请"字原则,通过政府决策请群众参与、政府工作请群众监督、政府绩效请群众评估、政府机关请群众参观,进一步加大政府开放力度,建设服务型、开放型政府,加强政府与群众的沟通,

首先,人民主人意识增强,与政府情感距离拉近。"百姓日"期间,县城、乡镇(街道)、村(社区)都以最富活力的形象展示出来,人人以主人的姿态参与。举例来说:桐君街道5月6日出生的群众齐欢聚同庆祝,共同感受"我与桐庐同生日"的喜悦;莪山畲乡的百姓穿上民族服装开展少数民族特有的庆祝活动;70多岁的张大爷参加了"政府开放日"活动,感慨"活到70多岁,真没想到有一天能到书记、县长的办公室坐坐。看了纪录片、开了座谈会,在机关

食堂吃了饭,过了一天干部的日子,才知道干部不好当,没白天、没黑夜地工作。以前总觉得当干部就是当官了,今天看了之后,真是感觉到我们的干部确实是在为老百姓干实事、干好事。"各个镇村的百姓通过"百姓日"这个载体参与自己喜爱的活动,享受到党委政府的温暖。据民意问卷调查显示,"我在百姓日"感到"非常开心"的占 89.3%;认为"以后还想再参加"的有 96.8%。事后,许多群众在网络、论坛等平台上留下了"百姓日"的亲身感受和个人感言。还有部分群众给县委、县政府写来了感谢信,表达了自己对"百姓日"的感受。钟山乡一位 68 岁的罗洪溢老大爷参加了"百姓日"活动很有感触,写了一副对联"上联:自古家国现顶好;下联:历代朝政今最强;横批:知恩图报"来表达自己的感激之情。

其次,政府主动与民沟通,群众满意度进一步提升。在系列活动中,"政府开放日"、"公职人员齐奉献"等几项重要内容,深受干部群众欢迎。群众通过参访恳谈,了解了政府内部如何运转、领导干部如何工作,领导干部也直接听取了群众的意见建议,问计于民、问需于民,让群众切身感受到"我是主人"、"为我服务"。问卷调查显示,对"公职人员服务"感到"满意"的占92.7%。在定期"基层走亲"的基础上,通过"百姓日"的创新举办,政民互动更加畅通,干群关系更加融洽。

最后,共建共享成果显著,县内县外反响热烈。据统计,全县 92.3% 的百姓享受到各类免费、优惠以及卫生、医疗、文化等惠民服务;通过发放现场问卷调查 1000 份、入户抽样调查问卷 740 份、征集网上有效问卷 122 份,对"百姓日"活动整体评价满意率达 99.4%。相关数据表明,当天全县没有出现一起信访,110 指挥中心接受报警数量大幅下降。同时,中央电视台、中央人民广播电台、人民网、新华社、光明日报、中国青年报、浙江卫视、浙江日报、杭州日报、杭州电视台等 20 多家主流媒体,聚焦桐庐,见证"百姓幸福、处处和谐",深度挖掘并提炼总结了该县"百姓日"活动在推动社会建设、创新社会治理、促进社会和谐等方面的先进做法和经验。

5.3.3　基本经验及存在限度

"桐庐百姓日"的基本经验在于:

以开展活动为载体,提高公民素质,唤醒公共精神。公民的公共精神不是与生俱来的,也不是通过单纯的知识学习就能够得到,更不是一朝一夕就可以养成,而要通过大量公共生活实践和素质训练得来。"桐庐百姓日"这种从县城到乡镇(街道)再到村(社区)全方位、有组织地举办活动,同时又有全民大规模、普遍地有序参与的活动举办,就是公民素质训练很有效的载体。加之与活动举办同步的各类宣传和倡议,更能使公民在体验活动带来的快乐时唤醒其公共精神。例如,百姓日活动期间,桐庐百姓日组委会办公室就发出"文明欢度'百姓日',乐做幸福桐庐人——致全体市民的倡议书",从"让我们彰显主人翁的姿态,营造美好和谐大环境;让我们争当文明市民,树立社会文明新风尚;让我们力做低碳出行先锋,践行生态环保新理念;让我们时刻把安全记在心头,共度祥和安全百姓日"等四个方面倡议共建潇洒桐庐、共享品质生活,取得了良好效果。

以文化传统为根基,融合现代文明,培育共同价值。文化是民族的血脉,是人民的精神家园。"优秀传统文化凝聚着中华民族自强不息的精神追求和历久弥新的精神财富,是发展社会主义先进文化的深厚基础,是建设中华民族共有精神家园的重要支撑。"显然,优秀传统文化仍然是新时代鼓舞人民前进的精神力量,要加强对优秀传统文化思想价值的挖掘和阐发,维护民族文化基本元素,要以各地方为主体,保护利用、普及弘扬各具特色的地域文化。与此同时,优秀传统文化的传承创新必须和现代社会创造的一切先进文明,特别是现代的理性精神相互融合,共同培育公民植根东方传统文化、充分融合现代文明的共同价值,造就具有责任意识、法治意识,具有独立思考、理性表达能力的现代公民,从而筑牢社会稳定和谐、持续发展的根基。"桐庐百姓日"活动中,除县级统一活动外,各乡镇(街道)、开发区及村(社区)都要积极筹划、主动参与,在活动当天精心组织一场(处)以上展示当地文化底蕴、具有地域特色的群体性活动。从而将"桐庐百姓日"活动打造成独具桐庐特色的"全民欢乐日",突出"桐庐属于百姓,百姓归属桐庐"、"欢乐的节庆,百姓的日子"活动主题。

以举办节日为契机,畅通参与渠道,建立参与机制。首先,"公民是社会中人,一个健康的社会是实现公民个人权利的基础,而一个健康社会的形成也需要每个公民贡献力量。因此,对于每一个公民来说,参与公共事务,促进公共利益,关心国家命运,推动社会进步,这是应尽的职责。"[1]然而,并不是所有的参与都是合理的,有些参与甚至成为暴力、破坏的代名词,而且这类事例在中国现当代历史上直至今天都不胜枚举。总结经验教训,符合时代进步要

---

① 张洋:"理性引导公民公共精神",《人民日报》2012年7月18日。

求的公众参与至少需要具备两个条件,其一就是现代公民的长成,突出表现是法治意识应成为公民政治参与、意见表达、享受权利、履行义务等行为的导向,并且那些尚不具备公民能力的未成年人和被剥夺公民权利的人等都要被限制参与;其次就是参与渠道的畅通和参与机制的建立,参与公共事务治理要成为制度化、常态化的形式,成为公民权利不可分割的一部分。政府要创造条件,让公民能就各种各样的治理问题便捷地表达自己的意见和建议,并且显示出其意见和建议是如何被处置的。要不仅让社会公众能和政府对话,而且要建章立制,使其能够相互对话、协调协商。只有全面地建立此类稳定的纵横交错的沟通互动机制,社会共同体内部的各种能量才能够达到一种动态的平衡,进而保持共同体的凝聚力和发展活力。"桐庐百姓日"活动中的每一项活动,都是编织"纵横交错的沟通互动机制"网络的有机组成部分,尤其是"政民恳谈会"更提供了党政官员和人民群众面对面沟通的平台,不仅有益于政府与群众之间的互动、建立起社情民意的集聚回应通道,而且有益于政府与基层民众建立亲近、互信关系,合力推动经济社会和谐发展、科学发展。

以政府开放为窗口,打造透明政府,建设服务型政府。政府无疑处于我国一切改革发展的主导地位,但是越来越多的人已经清醒地认识到,政府不仅可以成为推动发展的进步力量,而且可以成为阻碍发展的保守力量;政府不仅是改革舵手,而且是改革对象。显然,政府改革的艰难之处正在于其必须进行自我革命。尽管社会公众并不能完全依赖于政府进行自我改革,但是政府在履行职能过程中,由于受到各种主观和客观因素影响,也的确会对自身进行各种"重塑"和"再造"。当代中国政府改革的目标早已明确,即建立服务型政府,其中一个非常重要的方面即打造透明政府,创造条件让人民更多地了解政府职能,参与政府决策,监督政府工作。"桐庐百姓日"中的"政府开放日"活动,通过向百姓开放部分政府部门或办公场所,以现场观摩体验方式,提高了政府工作的透明度,探索了百姓对政府进行监督的条件。此外,"桐庐百姓日"面对的不仅是全县干部群众,还有自发或受邀而来的众多社会知名人士和各级国家主流新闻媒体。显然,这些力量,尤其是被称为"第四权力"的传媒力量,在宣传扩散"桐庐百姓日"影响力的同时,也将桐庐政府置于"玻璃房"中,使得权力在公开透明状态下运行成为一种自觉和常态,从而增强政府及其公职人员的公仆意识和服务意识。

桐庐经济社会发展中遇到的问题大都是全国各地不同程度普遍存在的问题,尽管对于问题的彻底解决需要结合各地实际,探索标本兼治的办法,但是"桐庐百姓日"不论是对于本阶段社会发展实质问题的"诊断",还是据此开出的"药方"显然都是值得各地学习和借鉴的。当然,学习借鉴并不是形式上的照抄照搬,也不是一种简单的扬弃,而是吸取以上经验后的开拓创新。

2014年5月6日,桐庐县创办了其历史上第三个百姓日,而且其中的"政府开放日"已经发展成为一种长效机制,每月定期召开。

当然,"桐庐百姓日"实践活动也存在着一些限度,不仅有机制不健全的问题,还有体制上的缺陷问题,更有制度背后社会传统、文化观念不适应的问题,至少包括:

——公民定位不明晰。如前所述,公众参与成效符合预期的前提条件之一是具有现代理性等公共精神的公民。显然,培育这样的公民是当代中国社会建设的根本任务之一。目前我国已经从人治向法治转变,从主要依靠政策治国向主要依靠法治治国转变。宪法的总纲也明确规定:"中华人民共和国实行依法治国,建设社会主义法治国家"。宪法第二章规定了"公民的基本权利和义务"。经验表明,现代法治国家的建立离不开现代公民。尽管"桐庐百姓日"之所以称为"百姓日"也许有其历史和现实的原因,但是从此出发,应该明确"百姓日"的本质就应是"公民日",也应是公民素质训练的重大现实举措。

——社会组织不发达。历史反复证明,"原子化的个人"难以形成推动社会不断改革和进步的合力,而往往是酿成革命的暴力或者破坏性力量。当代中国的社会变迁已经使得许许多多的"单位人"成为了"社会人"。面对这种现实,除了通过教育和训练,使众多的"社会人"成为具有独立判断和理性思考能力的现代公民,也就是培育公民力量外,更要引导、支持其建立各类社会组织。使社会组织成为社会的"稳定器"和"减压阀",也使"社会人"再次成为"组织人",更使公民力量成为有序的、成熟的社会力量。"桐庐百姓日"的健康发展必须引入社会组织的参与,既增强其代表性,又通过社会组织辐射带动更多的社会力量致力于共建共享。

——参与机制不健全。公民力量的疏导和社会问题的化解,关键在于建立健全各类主体共同参与治理的各种机制。一方面,随着经济社会的发展和进步,社会治理问题将变得越来越复杂,从而需要更加精细化的管理;另一方面,随着人们物质生活需要的极大满足,人们对于生活品质和个人价值实现的要求日益提高。这都要求各类社会治理主体积极参与到公共事务治理中来,并且形成治理的合力,共同促成人们生产和生活环境的改善。与此相适应,正如前文所指出的,需要在政府主导下,各类社会主体一道编织好纵横交错的参与公共事务治理的渠道网络,并完善相应的机制和制度建设。在这方面,"桐庐百姓日"的探索无疑是一个良好的开端,但未来的道路还很长。

——运行机制不成熟。现代社会的治理任务绝不是政府唱"独角戏"就可以完成的。很多时候,公民力量也已经是"既成事实",不论是出于现实治理需要,还是社会稳定考量,政府都必须与其"和平共处"。与此同时,政府还必须顺应时势,促使形成与公民发展需要和复杂治理要求相适应的丰富多彩的社会组织。而各种沟通参与渠道就是联结政府、社会组织和公民力量三者,并使其协调配合、良性互动的"经脉"。惟其如此,才有望建立富有生机与活力,而且稳定和成熟的社会治理运行机制。桐庐政府一方的智慧、力量不容置疑,但是面对日趋复杂的现代社会治理难题,仅此是不够的。

5.4　案例比较分析

公民力量培育与社会成长的关键在于四个方面:一是引导公民公共精神成长。公共精神无疑是现代社会公民的核心精神,也是现代社会善治的核心要素及重要基石。缺少公共精神的社会也不可能形成现代公民社会的生长与社会力量的成熟。当然,社会力量总是会通过各种途径和方式成长起来或被激发出来;但可以肯定的是,这样的社会力量成长是不具有持续性的,历史也已经反复证明了这一点。而拥有这种社会力量的社会主体必然也是不理性、不成熟的,他们完全可以一时被利用而促成某些社会问题的解决,但却形不成从整体上制衡国家和市场力量膨胀的第三种力量或者第三部门,而这才是真正促成社会善治的力量,也是促成社会善治的根源。二是支持社会自主治理行为。前文已经指出,任何社会自主治理行为的产生都不是空穴来风,而是对一些社会问题探索回应的自然发生的结果。作为政府一方来说,事实已经表明,不论其手中掌握多少资源、拥有多大的权力,都不可能妥善应对现代社会日益复杂的治理局面。因此,社会自主治理不仅不应成为政府忧心和防范的对象,相反应成为政府鼓励和支持发展的对象。在可以预见的将来,政府永远都是整个社会治理的主导者,为了促进社会的良好治理,政府必须发挥这种主导作用,利用手中的经济、技术、制度等资源大力支持社会自主治理力量的形成和发展以及社会自主治理格局的形成。必须再次强调,这不仅不会危及政府在社会治理中的主导地位,而且会增强政府永续存在的公信力和合法性,进而巩固政府的地位。三是培育发展社会组织开展社会治理。任何良好的社会治理都是以组织化的方式实现的。简单来说,我国传统社会治理中更多强调宗法制的作用,即重视家族在社会稳定中的作用,这是一种初级组织,而较少发挥次级社会组织的作用;建国以后,又通过单位制和人民公社等生产性组织来约束人,进而使得社会维持一种静态的稳定;改革开放以来,社会主义市场经济的建立与发展使传统的管理模式失效了,很多人又回到"原子化"的状态。改变这种状况,只有发展现代社会组织,使人重新组织化,并以各种各样组织的形式参与协调协商及社会治理。这是避免出现社会力量发展的无序化和暴力化的最可行途径(见图5.2)。四是政府必须顺应时势积极有效作为。现代社会善治目标的实现,缺少社会力量的发展和协同固然无法达成;同样的,社会力量的发展和社会主体的成长,缺少政府的主导作用和有效作为同样无法实现。政府不仅要充当社会公民力量培育和社会主体成长的"伯乐",及时发现、确认社会内生的各种合理机制;又要综合运用行政手段、法治方式、道德约束、社会政策甚至市场机制等多种治理工具,做社会成长的"护航者";还要着力构建各种社会治理的制度化沟通渠道和参与平台,使已发展起来的社会力量能有用武之地,并在协同治理实践中继续成长成熟。

由此考察德清县"民间设奖"和"桐庐百姓日"两个案例,可以看出,在引导公民公共精神成长方面,德清县和桐庐县都积极进行培育和引导。德清县"民间设奖"案例中,公民精神自然迸发,主动关心自身所处的生活环境和社

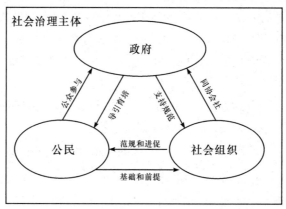

图 5.2 社会治理力量协同运行机制

(图片来源:作者自绘)

会问题,受到政府的欢迎。不仅如此,政府还通过健全相应制度规范、设立相关社会组织、开展新闻媒介宣传等,改善民间设奖的外部环境;与此同时,政府还帮助设奖组织完善内部治理结构,完善章程及各项规章,提高奖项的规范化运营程度等,优化了民间设奖的可持续发展能力。此外,对于民间设奖产生的先进人物,政府也配合进行宣传和奖励,并将其与体制内久已形成的相关评优奖先举措接轨,进一步扩大这些先进模范人物的影响力、感染力,以教育和熏陶更多的人成为关心社会、并致力于使所处社会更加美好的合格公民。"桐庐百姓日"案例中,因为缺乏上述自下而上的公民精神的自然生发,所以政府采取了自上而下的、在全县范围举办群众喜闻乐见的内容丰富、形式多样的各种活动的方式,通过广泛而深入的参与及互动,来激发公民公共精神的生长。例如,在举办活动过程中,政府特别注重结合各地文化传统来举办活动,这样做的意义就在于,人们的精神气质、文化心理都和千百年所流传下来的传统不可分割,尤其是像桐庐这样有着深厚历史文化积淀的地区,因此,只有更好地挖掘并利用好文化传统资源,才能进一步促成民众反思当下所处的社会现实环境,形成新的时代感、使命感和光荣感,促成当代社会的善治和良性发展;而且,也只有挖掘并利用好传统文化资源,也才能真正吸引更多的老百姓参与到此类活动中来,而参与则是一切公民公共精神培育及社会力量成长的基本前提。

同样,在支持社会自主治理行为方面,德清县和桐庐县的热情都很高。德清县在"民间设奖"行为出现后,并没有以政府的力量如体制内的评优奖先项目去压制甚至替代民间设奖项目。相反,政府还在体制内设立相应机构,如在精神文明办设立民间设奖指导管理领导小组来支持配合民间设奖相关工作,同时规范和促进民间设奖的健康发展。此外,为了从体制上保证民间设奖持续发展,德清县还主导设立了新社会组织——民间设奖协会,从而引导民间设奖不断提升规模、档次和水平。"桐庐百姓日"虽然是在政府主导之下设立的,但是活动的举办自始至终都体现了政府对公民主体地位和社会自身治理力量的尊重。例如,百姓日的第一条做法即为:在设计各项活动方案时,都经过多方面、多层次、多形式地征求意见,真正做到问计于民、问需于民,使活动能真正贴近百姓生活,满足百姓需求。在活动举办过程中,坚持整合各方资源,调动多方力量,突出社会参与,努力使百姓日活动成为桐庐社会共同体的节日,又在节日中锻炼提升社会自主治理能力的原则。

在培育发展社会组织开展社会治理方面,两个案例不尽相同。前文已指出,德清县在"民间设奖"发展过程中,政府非常注重并着手建立健全相应社会组织,如民间设奖协会,来指导和规范民间设奖的发展。但是,"桐庐百姓日"因为启动时间相对较短,主要采取按行政区域划分分别组织开展活动的形式,参与者主要也是以"某单位员工"或"某村(社区)成员"的身份参加活动举办,而较少以社会组织的形式参与。

在政府顺应时势积极有效作为方面,两个案例非常相似。"民间设奖"虽为民间所创办,但是在其发展、成熟的过程中,从来都没有离开过政府的配合和支持,特别是其之所以能够不断壮大力量,不断加入更多新鲜血液,更是离不开政府的鼓励、支持和引导。"桐庐百姓日"因为是在政府一手操作下成功发起和运行的,因此政府的作用更加不言而喻,事实证明这种作用也是正向的、卓有成效的。从治理结果来看,"民间设奖"的效果毋庸置疑,而且已经过了超过十六七年的良性运行并不断发展壮大的过程;"桐庐百姓日"的效果也很显著,而且已经连续举办了三年,其中的"政府开放日"更是发展成为一种长效机制,每个季度定期召开,因此,目前看来,其发展的可持续性基本可以实现(见表5.3)。

表5.3   公民力量培育与社会成长案例比较分析

	德清县"民间设奖"	"桐庐百姓日"
引导公民公共精神成长	积极培育和引导	积极培育和引导
支持社会主体自主治理	大力支持	大力支持
培育发展社会组织	已经落实	尚未落实
政府积极有效作为	积极作为且有效	积极作为且有效
治理结果	发展良好且可持续	发展良好,基本可持续

表格来源:作者自绘

最后需要指出的是,尽管我国不同区域之间经济社会发展差距巨大,所面临的问题和受到的约束条件也千差万别,但是改革开放三十多年来,经历经济快速发展和剧烈的社会变迁之后,推进社会建设和加强社会治理创新,或者说以社会改革为旗帜突破发展瓶颈[①],业已成为一项共同课题。迄今为止,全国各地在如何破题并推进问题解决等方面做出了积极探索,但是尚未

① 华生:"权利平等:以社会改革为旗帜突破发展瓶颈",2012-08-03,http://www.infzm.com/content/42420/.

形成十分有力的突破口和改革发展途径,而德清县积极引导"民间设奖"、推动社会自主治理以及"桐庐百姓日"尊重公民主体地位、促进公众参与社会治理的实践或可为当代中国社会建设和社会治理创新提供一种思路和路径,即紧密结合当地实际,发现、确认和培育社会自身力量,并创造良好的法治环境规范其发展,同时基于社会治理现实问题建立健全政府和社会力量之间的良性互动机制,并以制度化的参与渠道推进社会力量开展自主治理、参与公共服务和协同社会治理,进而在此过程中,促使社会力量不断发展壮大、社会主体不断成长成熟。

国内外经验表明,保持社会既充满活力又和谐稳定,一方面必须致力于社会的整合,减少社会分裂。当前我国处于经济体制深刻变革、社会结构深刻变动、利益格局深刻调整、思想观念深刻变化的新历史时期,不论是创新社会治理体制机制、还是加强社会治理能力建设,不论是处理客观社会问题、还是解决主观社会问题,都必须以促进社会多元融合为取向,这是达到社会整合的基础;另一方面,必须培育发展社会自治力量,尤其是提高自组织能力。实现良好的社会治理,既需要强有力的社会治理,更需要高度的社会自治。社会自治乃是社会公众对基层公共事务的自主治理,其治理主体即社会组织。随着经济社会发展,社会公共事务不仅日益增多,而且越来越繁杂,政府将越来越不能承受一元管理带来的负担。政府必须转变角色和职能,更多地从传统的一些管理领域中超脱出来,并通过着力培育发展壮大社会组织等方式,扩大公民自治的领域,提高公民自治的能力。唯其如此,良好的社会秩序与社会稳定才可期待。

6　确立社会治理多元主体间运行机制

培育发展社会力量并使之不断成长成熟是共建共享和谐社会的重要基础。在社会组织等社会主体发展到一定程度从而使社会治理主体日渐多元化后,如何使得多元治理主体间能够实现正向促进、形成共建共享和谐社会的合力呢? 这需要确立社会治理多元主体间协调运行机制,即构建社会协同治理的实现机制。达成这一目标,需要政府发挥"元治理"角色的主导作用,构建社会治理主体各种制度化的沟通渠道和参与平台、健全多元社会治理主体间互动机制。本章通过流动人口协同治理案例分析,探讨在现实社会治理实践中,如何通过政府与社会主体的持续互动逐渐形成和修正这种治理机制。

6.1　多元社会治理主体的形成

"十二五"规划纲要提出,创新社会管理体制需要坚持多方参与、共同治理,统筹兼顾、动态协调的原则,完善社会管理格局,形成社会管理和服务合力。"在管理主体上,要从重政府作用、轻多方参与向政府主导型的社会共同治理转变。改变政府在社会管理中包揽一切的做法,解决好越位、错位和缺位问题。既要发挥政府主导作用,又要鼓励和支持社会各方更加积极、有效地参与社会管理,发挥多元主体的作用,尽快从传统管理转向时代发展要求的'治理'。""实现从以政府为单一主体、以单位管理为主要载体、以行政办法为主要手段、以管控为主要目的的传统模式,向政府行政管理与社会自我调节、居民自治管理良性互动,社区管理与单位管理有机结合,多种手段综合运用,管理与服务融合,有序与活力统一的多元治理、共建共享的新模式转变。"①

当前,社会组织等社会力量在社会治理中发挥着越来越重要的作用。萨拉蒙等人研究发现,公民社会部门除了其社会和政治重要性以外,还是一支重要的经济力量,在国内支出和就业上占有重要比例。而且,社会组织不仅仅是就业场所,其重要性还在于它们所行使的功能,包括:提供大量的人类社会基本服务,从健康医疗和教育到社会服务和社区发展;倡导功能即社会安全阀功能,包括发现被忽视了的问题并提请公众的关心、保护基本人权、帮助人们就各种各样的社会、政治、环境、民族、社区的利益和关注畅所欲言;表达功能,它们提供载体,使大量各种各样艺术上的、精神上的、职业上的等等其他情怀和冲动也得以表达;社群建设中的作用,正是它们创造着越来越多的"社会资本",即社会成员之间信任和互馈的纽带。②

值得指出的是,国务院新闻办公室发表的《2012年中国人权事业的进展》白皮书中表示:社会组织在促进人权事业发展中发挥积极作用。广大社会组织发挥其优势,在教育科技、文化卫生、社会管理、社会福利、慈善公益等方面发挥了重要作用。据不完全统计,全国6万多个行业协会联系会员2000多万家(含个体工商户),447364个基层老年协会覆盖了广大城市社区和农村、有1.1亿老年人参与,4万多个学术社团联系专家学者500多万人,4万多个农村专业经济协会联系农户1000多万个,各类职业性社会组织的会员超过1亿人。2012年,社会组织吸引、凝聚了2500多万名志愿者活跃在公益慈善领域。

毫无疑问,在现代社会治理过程中,社会不能"缺位"。与政治、经济、文化、生态文明相对的狭义上的社会既是广义上的整个社会的基石,更是社会协同治理的基石。离开社会这个基础,社会治理必定成为无源之水、无本之木。故此需要政府遵循社会发展规律,加大培育发展力度,促进社会主体健康成长;尤其是政府要转变治理理念,认识到现代社会管理主要是治理,而不是统治,政府要尊重社会在治理中的主体地位,国家需要不断地还政于民、还权于社会,支持鼓励社会力量开展自主治理。

---

① 马凯:"努力加强和创新社会管理",《国家行政学院学报》2010年第5期。
② 莱斯特·M.萨拉蒙等:《全球公民社会:非营利部门国际指数》,北京大学出版社2007年版,第19—27页。

　　与此同时,在社会力量不断成长、社会主体日渐多元化后,必须认识到,在可以预见的将来,政府都是社会治理的主导者;政府也必须切实履行自身职责,扮演好引导监督的角色。社会自主治理绝不是让政府走开,而是要政府扮演好应该扮演好的、甚至更加重要的角色。正如有研究者所指出:"国家(和政府)在众多水平上的治理中并不是可有可无的,离开了国家这一'中心',所谓的多元治理主体、多中心协同几乎是不可能的,碎片化的社会是无法匡正市场和政府的失败的"。① 因此,为了促进社会的良好治理,政府必须发挥主导作用,利用手中的经济、技术、制度等资源优势促使形成多元社会治理主体间协同配合的治理机制。

　　进一步说,政府不论是培育发展各类社会组织,还是促使形成多元社会治理主体间协同配合的治理机制,都既不能机械地利用行政力量通过行政手段命令式地或者想当然地实现,也不能任由社会组织自生自灭来达成,而是必须走在不断地参与社会治理实践中实现成长的道路。进言之,在参与中实现成长的关键和核心是要在政府主导下,政府和社会良性互动,建立协同治理的实现机制,主要包括,一是构建政府和社会间的制度化沟通渠道和社会主体参与治理的平台;另一是健全多元主体间协同治理的互动机制,如此方能形成政府与社会治理的合力。结合前文关于社会协同治理实现机制的论述,所谓制度化沟通渠道和参与平台,主要包括:一是充分赋予并自觉尊重基层自治组织以及各类社会组织的相应权力,推动社会主体实行自我组织、自我教育、自我服务、自我管理等自主治理;同时,政府必须切实履行自身职责,扮演好引导监督者的角色。二是尽快规范建立政府向社会组织购买服务机制等培育发展机制,促进社会主体参与公共服务供给。三是在政府引导、社会力量参与、专业化社会工作者操作、公众监督、法律保障的原则下,着重建立健全社会管理领域的各种利益协调机制、诉求表达机制、权益保障机制以及矛盾调处机制等,并始终以各种具体机制安排保障社会主体协同社会管理的常态化运行,充分发挥其在化解社会矛盾、调节社会关系、规范社会行为等社会治理方面的重要作用。能否构建起这样的沟通渠道和参与平台,是能否形成多元主体治理合力的关键,也是决定着使发育成长起来的社会活力是成为有序的良性治理力量还是成为混乱的破坏性力量的关键之举。所谓多元主体间协同治理的互动机制,即各治理主体协同配合、良性互动的过程。因为不论是社会治

---

①　王诗宗:《治理理论及其中国适用性》,浙江大学出版社 2009 年版,第 59 页。

理共同愿景的达成、社会组织等社会力量的培育还是参与平台等的建立,都不是仅凭政府一方的力量实现的,而是在政府发挥主导作用之下,政府和社会良性互动的结果。(见图 6.1)因此,互动机制即像人体的血脉,其是否畅通、是否健全决定着机体各个部分能否协调运转以及可否持续发展。

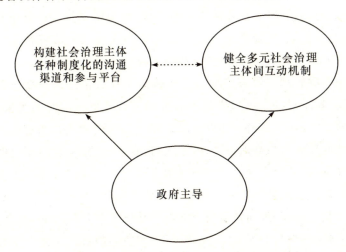

图 6.1 确立多元社会治理主体间协调运行机制
(图片来源:作者自绘)

6.2 慈溪市"和谐促进会":协同治理,促进融合

6.2.1 产生背景和基本情况

改革开放后,随着我国现代化、工业化、城市化进程的加快,人口大规模流动成为经济社会发展的重要特征。相应地,流动人口的管理和服务问题也成为人口流入地政府面临的重大挑战。根据《中国流动人口发展报告 2013》,目前我国流动人口总量已达 2.36 亿人,相当于每六个人中有一个是流动人口。报告还指出,未来二三十年,流动人口规模将不断增加。而且人口流动由生存型向发展型转变,举家迁移比例上升,在流入地长期定居倾向明显,流动人口的民生问题和服务管理体制改革压力增大。

时任中共中央总书记胡锦涛 2011 年 2 月 19 日在省部级主要领导干部社会管理及其创新专题研讨班开班式上发表重要讲话强调,"进一步加强和完善流动人口和特殊人群管理和服务,建立覆盖全国人口的国家人口基础信息库,建立健全实有人口动态管理机制,完善特殊人群管理和服务政策。"同年 4 月 27 日,胡锦涛在中共中央政治局第二十八次集体学习时再次强调,"引导人口有序迁移和合理分布,切实加强流动人口管理和服务,制定引导人口合理流动、有序迁移的政策,积极稳妥推进城镇化,统筹协调好人口分布和经济布局、国土利用的关系,把流动人口管理和服务纳入流入地经济社会发展总体规划之中,为人口流动迁移创造良好政策和制度环境。"

　　流动人口的管理和服务已成为社会建设与社会治理的重要议题。近年来,各地都开展了对外来人口管理和服务的实践探索。但总的说来,各地的探索仍较多以"分群"为特征,即以区分户籍人口与流动人口为基础。这种模式无法建立流动人口与当地市民、外来人口组织与当地社会组织之间的沟通网络和交往关系,从而无法在心理和文化层面上形成相互认同,实现流动人口与当地市民的多元融合与一体发展。长此以往,必将成为经济社会发展的严重隐患。相比较而言,浙江省慈溪市的"和谐促进会"以社会融合为目标,可谓独树一帜,它与瑞安等地的外来人口管理协会的最大不同在于:(1)就会员构成而言,和谐促进会会员主要由村干部、优秀外来务工人员、社区保安、村民代表、出租私房房东、私营企业主等组成,村民和外来务工人员人数各占一半。(2)就性质和职责而言,和谐促进会除了代表会员,维护会员合法权益,了解社情民意,反映会员的意见、要求和建议以及当外来务工者遇到困难、发生矛盾时尽可能予以帮助解决之外,更重要的是探索社会融合机制,协调外来流动人口与本地居民关系,实现平等互惠、多元融合与一体发展。

　　慈溪市地处东海之滨、杭州湾跨海大桥南岸,是沪杭甬经济"金三角"的重要节点城市。经济总体发展水平位居浙江全省各县市首位,县域经济基本竞争力排名连居全国第三。改革开放后,慈溪市依靠东南沿海地域优势,经济得到快速发展。工业特别是传统制造业是慈溪经济的支柱,且以民营中小企业居多。由于当地劳动力资源紧缺,全市 3.5 万家工业企业吸纳了大量外来劳务人员。截至 2013 年末,全市户籍总人口 104.36 万人,全市流动人口登记在册总人数为 99.31 万人,流动人口与户籍人口之比几近 1∶1。大量流动人口的涌入,为慈溪市经济社会发展作出了巨大贡献,同时也对慈溪社会治理带来了严峻挑战。慈溪市政府尽管开展了一系列平安创建活动,但"打不胜打、防不胜防、管不胜管"。在打击处理的犯罪分子中有 80% 是流动人口,80% 侵财型案件的受害者为流动人口。而造成这一后果的一个重要原因就是,部分本地群众对外来建设者缺乏肯定、包容、善待,经常产生误会;部分外来建设者由于观念差异、习俗差异,未能入乡随俗,处于边缘状态,难以融入当地主流社会,进而产生妒忌心理、矛盾冲突,个别人甚至违法犯罪。

最初,慈溪市的一些村尝试吸收优秀外来务工人员加入保安队伍,参与治安防范和矛盾纠纷调处,由于他们具有"地位相同、语言相通、感情相融"的优势,取得了良好效果。2006年初,慈溪市开展了一个题为"民间组织与平安建设"的课题研究,在进行调研、广泛听取各方面意见时,感受到了外来务工人员希望得到肯定、受到尊重、融入主流社会的强烈意愿。在广泛听取各方面意见的基础上,慈溪市决定建立一个旨在促进新老市民融合的社会组织,并最终提出了"和谐促进会"的建设框架。

2006年4月,第一个村级和谐促进会在慈溪市坎墩街道五塘新村诞生。同年5月,第二个村级和谐促进会在掌起镇陈家村成立。根据他们的探索经验,市委市政府召集市委政策研究室、市委组织部、市暂口办、市民政局等部门领导进行充分研讨,进而在市级现代化示范村先期推开。在此基础上,2006年10月市委市政府召开全市村级和谐促进会建设工作会议,印发了《市委市政府关于加强村级和谐促进会管理指导工作的若干意见》,动员各地借鉴成功经验,全面建设村级和谐促进会。目前全市345个村(社区)已全部组建和谐促进会,共有会员单位3026家,会员2.8万人(其中暂住人口1.3万人),理事5287人(其中暂住人口1310人),还有1000多名优秀暂住人口担任了片组长。和谐促进会建在村(社区)里,作用在村(社区)里。为了发挥其横向协作的潜能,便于镇际交流和协助,还成立了百名新慈溪人组成的和谐促进会联谊员队伍。

就其性质而言,"和谐促进会"是符合国家社团建设有关规定要求,以人际和谐为目的,以村(社区)为单位组建的民间团体、群众组织。其宗旨是遵守宪法、法律、法规及政策,遵守社会道德风尚,进行自我组织、自我教育、自我服务、自我管理,开展平安建设,谋求经济繁荣,实现社会和谐。其性质是在镇(街道)党(工)委指导下,由村党支部(总支)、村民委员会、经济合作社管理和协调的,具有民间性、共建性、互助性、服务性特点的群众组织;它是联系党和人民群众的桥梁和纽带,基层组织开展社会治理工作的有力助手;它是探索社会融洽机制,协调社会机体,延伸外来人口服务管理领域,缩小二元差别,实现平等互惠,造就融洽和谐的民间协调团体。

和谐促进会的组织方式为:通过制定《村级和谐促进会章程》,各镇(街道)按照"自愿入会、自选领导、自聘人员、自筹经费、自理会务"的办会原则,指导村和谐促进会建立健全民主选举制度、民主决策制度、财务管理制度和重大事项报告制度,督促其落实规范管理。其中村和谐促进会会费按照"以会养会"的原则收取,采取由镇里出一部分、有条件的村补一部分,辖区企业按团体会员资助一部分的形式进行筹集。在工作方式上,通过经常性组织开展志愿者行动、文化体育活动等,推进村务共管、文明共倡、困难共帮、平安共创,积极营造和谐友爱型的邻里关系、承租关系、劳资关系和人际关系,促进和谐村居与和谐社区建设。

和谐促进会的组织形式为:(1)和谐促进会会员主要由村干部、优秀外来务工人员、社区保安、村民代表、出租私房房东、私营企业主等组成,村民和外来务工人员人数各占一半。由全体会员大会(或者会员代表大会)选举产生理事会,理事会设会长,常务副会长,副会长,秘书长。一般由村党支部(总支)书记担任会长,副书记担任常务副会长,责任区民警、村治调干部、保安队员、优秀暂住人口、企业保卫科长,分别担任副会长,村治调干部兼任秘书长。(2)和谐促进会理事会内设七个专门工作委员会。其中,会员组织工作委员会——组织动员会员树立地位平等、相处和谐的理念,不断发展会员,壮大队伍;维护劳工者权益工作委员会——代表会员,维护会员的合法权益,调处劳资纠纷;社会矛盾调处工作委员会——了解社情民意,反映会员诉求,调处民间矛盾;文化体育工作委员会——组织会员开展文化体育活动,丰富业余文化生活;党团组织工作委员会——组织会员中的党团员,保持组织联系,开展组织生活;计划生育工作委员会——宣传计划生育政策,倡导优生优育;公益服务工作委员会——带领会员参与社会公益活动,动员会员增强治安防范意识,积极参与群防群治,共同创建"平安慈溪"。上述各专门工作委员会主任,分别由副会长或理事担任。(3)和谐促进会理事会下设小组。以社区保安责任区为单位分组,各小组分别以数序排列。小组长一般由优秀暂住人口担任,副组长一般由有责任心的房东、优秀外来人口担任。

和谐促进会还拥有五大工作平台:(1)志愿者活动平台。组织有相应能力和特长的会员,开展专题志愿者活动,实现新老村民双向互助、双向服务。(2)村企共建平台。调动企业参与和谐促进会的积极性,把一些较大的企业划分为单独的片区,加强对企业主的社会责任意识教育,帮助企业算平安账,使企业主认识到善待外来员工,营造和谐的社会关系最终对企业有益。(3)信息沟通平台。依托和谐促进会广泛覆盖的会员网络,及时准确掌握各方面动态,妥善化解矛盾纠纷,促进农村基层社会治安形势的好转。(4)文体活动平台。通过组织新老村民共同参与文体活动,丰富文化精神生活,加强双方沟通,消除隔阂,增进互信。(5)思想政治工作平台。主要是发挥好桥梁纽带作用,推动村(企业)党团工作向暂住人口覆盖,党团活动向暂住人口延伸,吸收暂住人口中的先进分子加入党团组织,外来优秀党员进入村党组织班子。

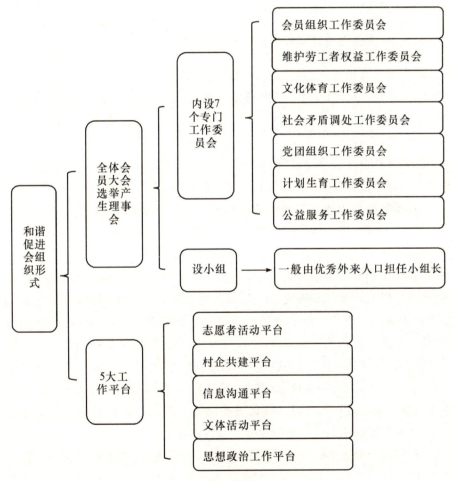

图 6.2　"和谐促进会"的组织形式

(图片来源:作者自绘)

　　和谐促进会的职责是:(1)履行和谐促进会章程确立的职权,充分发挥各专门工作委员会的职能作用,组织会员、动员会员树立地位平等、相处和谐的理念,不断发展会员、壮大队伍,为人民群众参与和谐共建活动提供环境条件。(2)代表会员,维护会员的合法权益,了解社情民意,反映会员的意见、要求和建议。当外来务工者遇到困难、发生矛盾时,尽可能予以帮助解决。(3)组织会员中的党团员,保持组织联系,开展组织生活。(4)组织会员开展法律、法规、政策、乡土文化的培训和劳动技能培训,提高劳动者素质。(5)组织会员开展文化体育活动,丰富业余文化生活。(6)带领会员参与社会公益活动,动员会员增强治安防范意识,积极参与群防群治,共同创建"平安慈溪"。

6.2.2　主要做法与实施成效

和谐促进会依托村、社区组织优势,立足新老市民共建共促共享,坚持以活动促交流、以服务促融合、以参与促管理、以凝心聚力促和谐建设,其基本做法包括:(1)搭建民主参与平台。当前,外来务工人员的思想活动和社会需求的独立性、选择性、多变性、差异性明显增强,和谐促进会的建立为他们的利益诉求表达提供了公平机会和有效平台,广大外来务工人员可通过参与各种社会治理和公共服务,增进沟通了解,促进求同存异,推动社会和谐稳定。(2)缓解调处社会矛盾。和谐促进会扎根于基层群众之中,依托覆盖广泛的会员网络,及时准确掌握各类动态信息,畅通社情民意反映渠道,妥善化解矛盾纠纷,引导广大外来务工人员以理性合法的形式表达利益要求,解决利益矛盾,自觉维护安定团结。(3)协调保障社会利益。和谐促进会通过开展助困、助医、助学、助残以及赈灾、慈善、维权等活动,在社会保障体系中起到了拾遗补缺的重要作用。有些和谐促进会还通过吸纳社会资金,拓展就业渠道,帮助外来务工人员寻找工作。"有困难找和谐促进会"已成为新老市民的广泛共识。(4)提供社会公共服务。和谐促进会积极为广大新老市民提供教育培训、文化体育、卫生保健、扶贫济困、环境保护、法律援助、社区服务和志愿促进等服务项目。尤其是和谐促进会能够为新老市民提供政府和市场不愿、不便或不能提供的一些中介服务和直接服务。

目前,和谐促进会已经形成"遇事共商、情感共育、困难共帮、文化共享、文明共倡、平安共保、和谐共促"的良好协同治理机制和组织运行模式,成为慈溪市社会建设与社会治理的一个重要制度平台(见图6.3)。

可以看出,慈溪市"和谐促进会"创新了流动人口服务管理的体制,那就是在原有的治理主体中加入了社会融合组织"和谐促进会",从而使得原来单一的、自上而下的行政管控式管理转化成了网络化的、多元主体合力共治共

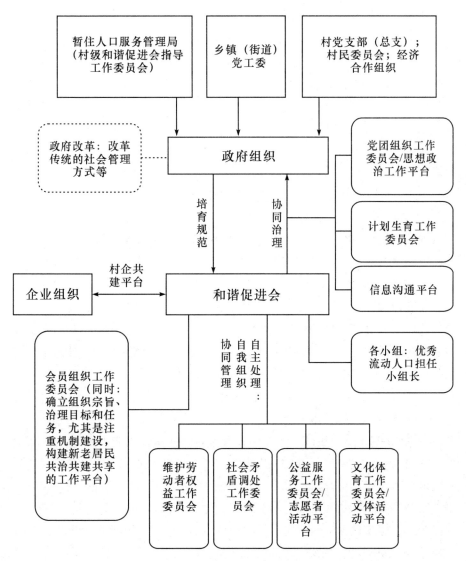

图 6.3 "和谐促进会"的协同治理机制

（图片来源：作者自绘）

建共享的协同治理，这无疑是公共管理体系重构的重大创新；与此同时，它还从机制上极大地推动了流动人口服务管理模式的创新，一是通过组织领导体制等的创造性设计，正确地确立了"和谐促进会"，构建了社会组织与政府组织之间的关系，即"社会协同"。第二个创新则体现在一个"共"字上，不仅"和谐促进会"的会员由户籍人口和流动人口共同构成，且人数比例接近1∶1（这也是从组织体制本身保障和推进新老居民相互融合的重大制度设计),更可贵的是,它彻底打破了其他地方外来人口协会等流动人口组织只局限于处理与流动人口相关事务(更多的其实是问题)的窠臼,而是极大地扩展了组织治理的领域,真正实现社会共同体内一切社会公共事务治理中不区分流动人口与户籍人口,不仅"遇事共商、平安共保",而且"困难共帮、情感共育",更难能可贵的还有"文化共享、文明共倡"。总之,"和谐促进会"不仅将外来人口的社会融合理解为公安、社保、计划生育等方面的政策问题,更是理解为体制机制的问题,理解为公共管理体系重构的问题。其所要达致的正是多元主体、协同治理、多元融合、共促和谐的社会治理模式。

事实证明,慈溪市自建设和谐促进会以来,经过不断努力,已经在组织教育培训、改善公共服务、开展志愿活动、协调利益矛盾以及扩大民主参与等方面取得了显著成效。具体表现为:

(1)较为充分地发挥了社会组织在基层社会管理中的作用,推进了不同人群间和睦相处、深度融合。和谐促进会发挥社会组织结构自主灵活的优势,搭建专门工作委员会和片组等平台,吸引和组织新老居民共同参与丰富多样的社会活动,通过经常接触、思想沟通、感情培养、文化交流,使新老村民之间减少误会和摩擦,增进感情和了解、理解、谅解、善解,进而产生肯定、包容、认可、尊重,互相关心、照顾、逐步熟悉、融合。坎墩街道五塘新村拥有外来务工人员 3100 人,是本村居民的 5 倍,原来刑事治安案件多发,社会环境较差。自 2006 年 4 月率先成立了慈溪市首家村级和谐促进会以来,通过它调解处理民间纠纷,为外来流动人口提供多种内容的管理服务,在新老村民之间有效地化解隔阂,增进感情,社会环境不断好转。宗汉街道周塘西村按照"扩大功能、延伸网络、划片设点、强化职能"的原则,将全村分为 5 个片区,每个片区按 30—50 户(包括新村民)为一组,每组设立一个"和谐促进会联系点",全村共设 49 个联系点,在其中实施村域新老村民网格式管理、互助式服务,使和谐促进会组织网络延伸到新老村民家中,成为新老村民感情的联系点、民情反映的倾诉点以及社会矛盾的调节点。

(2)寓管理于服务之中,大大拓展了农村基层社会治理的内容。和谐促进会具有贴近受益群体的先天优势,始终致力于关注和满足新老村民的社会需求。目前和谐促进会已经延伸了 504 个需求服务站,为近万名外来务工者提供了帮助,满足就业、就学、就医、维权、租房等多方面的需求。另据统计,2007 年以来全市和谐促进会共开展各类教育培训 3612 场次,参加人数达 55

万人次;组织各类文体活动 6600 场次,参加者达 200 万人次;开展各类志愿者活动近 3 万人次,服务群众 10 万余人;有 2.6 万人参加常年性夜巡活动,排摸并化解各类矛盾纠纷 1.3 万起,先后为 15 万外来务工人员解决就业、就学、租房等方面遇到的困难;募集帮扶资金近千万元、帮扶困难人员 2.5 万名。横河镇各村级和谐促进会还通过建立"暂住人口巾帼服务驿站",开展手拉手结对活动,发放外来妇女服务联络卡、爱心卡,为外来妇女提供力所能及的帮扶服务活动。通过主动热情的服务,使流动人口自愿接受管理。

(3)较为广泛地吸收流动人口参与社会治理,通过公众参与实现了社会的平安和谐。由于经济地位、地域文化、思想观念等方面的差异,人口流入地社会对外来流动人口客观上存在着"经济吸纳、社会拒入"的现象,加之现有管理制度的缺陷,流动人口的边缘化、弱势化特征较为明显。和谐促进会不再人为分割本地居民与外来流动人口,而是通过构建不同社会群体共同参与、平等交流的平台,提高相互认同度,广大外来务工人员在参与社会治理的过程中不断增强对于工作地的归属感和主人意识,许多社会矛盾和利益冲突因此消弭。比如贵州籍务工人员墙兴贵一直担任掌起镇陈家村和谐促进会副秘书长,他开设了"小墙热线",至今咨询服务上万人次,涉及劳资纠纷、交通工伤事故处理、就业及子女就学等问题,帮助近万名新村民找到了工作。和谐促进会还组织"乡音讲师团",聘请素质高、口才好的优秀外来务工人员开展"语言通俗易懂、群众喜闻乐见"的宣讲,实现流动人口自我教育。目前全市共有 372 名优秀外来务工人员加入"乡音讲师团",使 10 余万新老村民受到教育。宗汉街道、龙山镇等地和谐促进会通过聘请具有广泛代表性且调解能力强的新村民为特聘人民调解员,参与调解新老村民间的各类矛盾纠纷,消除了新村民担心得不到公正处理的顾虑,把各类矛盾纠纷妥善有效地解决在初始阶段,解决在基层。自 2008 年以来,通过特聘人民调解员排摸的各类社会矛盾 2000 余起,调处成功率达到 98%。

概言之,慈溪市政府在不断扩大流动人口与城市居民享有平等社会权利的同时,充分发挥社会组织在流动人口管理服务中的作用。通过寓管理于服务之中,并广泛吸收流动人口参与社会治理,和谐促进会在协同政府开展管理与服务,共同促进多元融合方面都发挥了积极功用。这在一定程度上有效地化解了流动人口管理服务难题,又成为各方共同参与互动并开展治理活动的综合性平台。

6.2.3　基本经验及存在限度

基于以上实践探索,我们可以将慈溪市通过建设"和谐促进会"推进流动人口管理服务的基本经验概括为以下几个方面。

(1)通过社会组织协同开展管理服务。和谐促进会是协同政府开展流动人口管理服务的主体之一,在此过程中,它不仅获得了自身存在的合法性,也体现出了存在的价值。首先,和谐促进会不仅能够参与流动人口公共服务供给,而且拓展了流动人口公共服务供给的领域并创新了公共服务供给的方式与手段。和谐促进会设有会员组织工作委员会、党团组织工作委员会、计划生育工作委员会、文化体育工作委员会以及文体工作平台和思想政治工作平台,此类委员会或工作平台所从事的工作,大都属于应由政府提供的公共产品和服务。但如果完全由政府来直接提供,一方面会因政府人力不足等原因而提供不了,另一方面即使提供了也可能提供不好,无法保证质量和效率。通过政府购买服务、以奖代补等方式,允许并引导社会组织参与此类产品和服务供给将形成一种多赢局面。而公益服务工作委员会以及志愿者活动平台的工作,则是和谐促进会借助自身优势,开发相关资源,对于政府提供公共服务的一种补充。另外,和谐促进会还通过创新公共服务供给方式、手段,延伸建设需求服务站,寓管理于服务之中,拓展农村基层社会治理的内容。上述事实表明,当前政府需要在社会未能履行供给职能的领域承担责任,即承担"兜底"职能;而社会机制与市场机制一样具有基础性、优先性的地位。[①] 其次,和谐促进会借助优秀外来流动人口具有地位相同、语言相通、感情相融等优势,吸收他们参与治安防范和矛盾纠纷调处,并组织乡音讲师团实现流动人口自我教育等成功实践表明,和谐促进会可以协同政府协调流动人口与本地人口以及流动人口之间的利益关系,化解由此引发的社会矛盾,解决相应社会问题。

显然,通过社会组织协同开展管理服务的积极效应,首先在于可以更好地为社会提供各类公共产品和服务,政府也会相应减轻部分压力。社会需求是多元的,政府在规模化服务供给中具有优势,但在满足个性化、差异化服务需求方面存在困难。其次,由于社会组织往往具有接近服务对象、灵活机动

---

① 莱斯特·M. 萨拉蒙:《公共服务中的伙伴——现代福利国家中政府与非营利组织的关系》,商务印书馆 2008 年版,第 46 页。

性强等特点,通过它们提供服务,成本会更低,从而能够提高公共服务提供的绩效。第三,社会组织在参与管理服务过程中得到了培育发展,社会成员也可以从中学习、提高社会合作能力。

(2)以促进社会多元融合为目标。社会治理应以社会融合为取向。与社会融合相对应的是社会排斥,而社会排斥会造成弱势群体追求社会主导价值目标及其实现手段时受挫,从而引发个体性和群体性社会冲突,进而影响社会稳定。① 因此,开展社会治理,必须致力于让经济社会发展成果惠及社会全体成员,不断提高社会成员对于所处社会环境的认同感及归属感。和谐促进会正是以此为目标,通过搭建专门工作委员会和片组等平台,通过开展各项活动,促进沟通交流,减少误会摩擦,增加了解认可,直至实现熟悉融合。

丁元竹曾经引用诺贝尔经济学奖获得者、印度经济学家阿玛蒂亚·森的话:"不平等和社会反抗之间的联系确实十分紧密,它们之间的关系是双向的。当一个社会发生叛乱或反叛时,其中必然存在可觉察到的不平等感,这一点显而易见。"据此丁元竹认为:"社会不公平与不公正的增长表现在人们心里就是社会怨恨的不断增加。""社会怨恨实际上就是主观社会问题。"而"主观社会问题不能很好地解决就带来了客观社会问题"。② 可见,促进新老市民多元融合,无疑必须重视公平合理地解决劳资纠纷、工伤事故、子女教育等客观社会问题,但同时还必须重视在主观上实现认同建构。和谐促进会一方面从观念上不再区别流动人口与本地居民。外来流动人口在流入地既是经济建设者,也是文化传播者;既是平安建设者,也是社会工作者。他们与本地居民共同参与社会治理,共享社会平安和谐。另一方面通过相应制度安排防范流动人口产生怨恨心理。和谐促进会设有维护劳工者权益工作委员会、社会矛盾调处工作委员会以及信息沟通平台,通过这些机制,当发生诸如劳资纠纷等损害会员合法权益的事情时,和谐促进会通过聘请具有广泛代表性的外来流动人口参与调解,消除流动人口担心得不到公正处理的顾虑。

正是基于和谐促进会促进社会多元融合的多种举措,慈溪市广大流动人口对工作地形成了强烈认同感和归属感,他们不仅尽情施展才华,满足自身的多层次需求,而且成为维护社会稳定以及进一步促进社会多元融合的重要力量。

---

① 方巍:"社会排斥和融合视野下的弱势群体与社会稳定",《浙江工业大学学报》(社会科学版)2010年第2期。

② 丁元竹:"动荡时期如何凝聚社会共识",《人民论坛》2011年第18期。

　　(3)以增强社会自主治理能力为依归。实现良好的社会治理,既需要发挥政府的社会管理能力和作用,更需要形成社会自治秩序。2011年日本民族在特大地震及由此引发的灾难中的表现启示我们:社会的良好秩序应该更多地依靠自治和自律①。如前所述,在流动人口管理服务中,推动流动人口自我管理、自我服务,要比政府大包大揽更为有效。

　　在管理服务流动人口过程中,慈溪市既积极发挥政府主导力量,又努力发现、确认、培育社会机制,推动流动人口开展自我组织、自我教育、自我服务、自我管理,和谐促进会就是其中的重要组织形式。通过建设信息沟通平台等,和谐促进会利用其会员网络掌握及时准确的信息,既有效防范并化解了流动人口与本地人口以及流动人口之间的纠纷冲突,还满足了个别人员在就业、就学、就医、解困、维权甚至化解家庭矛盾等方面遇到的各种特殊需求,在自主治理方面取得了良好效果。在这一过程中,政府十分重视和谐促进会建立、完善自身治理结构。和谐促进会章程对其性质、会员构成、领导产生、运作模式、组织结构、基本职责等都作出了清晰规定。在具体运行过程中,政府督促、引导这些章程得以落实并不断完善。

　　必须指出,慈溪市"和谐促进会"的探索创新也有其限度。

　　首先,造成目前流动人口管理困难的主要根源在于流动人口享受社会保障和公共服务的资格缺失,进而造成流动人口的边缘化、弱势化并缺乏对于流入地的认同感、归属感,而这些问题并非社会组织甚至基层政府所能完全解决。像户籍制度、土地制度、收入分配制度、社会保险制度等综合性、整体性、体制性的改革需要由高层政府直至中央政府予以启动。

　　其次,和谐促进会面临着人才和经费短缺的困境。和谐促进会作用的不断拓展,亟须建立一支强大的专职化和专业化的管理服务人才队伍。由于目前对此类工作人员的录用、培训、激励等管理机制不健全,其合法权益、物质待遇及社会地位等无法保障,管理服务人才队伍建设举步维艰。同时,和谐促进会也面临经费来源不足的困境。目前,和谐促进会的经费主要依靠政府划拨和企业等团体会员资助,政府划拨经费既受政府财力增长情况影响,又要受到公共预算的约束及相应监督;企业等团体会员的经费资助来源则并不稳定。因此,要实现此类社会组织的可持续发展,需要在拓展会员会费来源

---

　　①　俞可平:"社会良序更多依靠社会自治与自律",2012-07-08,http://www. qstheory. cn/sh/shtzgg/201109/t20110921_111570. htm.

基础上,重点推进政府实行购买服务制度,通过项目发包等方式,吸引更多社会组织承接政府委托的管理和服务。而且,特别需要加快建立社会组织发展基金,全面实施并创新促进社会组织发展的扶持政策。

最后,和谐促进会的有效推广需要以相应社会需求为前提。和谐促进会推动流动人口与本地居民社会融合的模式具有操作技术简单、运作成本低廉、组织管理方便等特点,具有易复制和可推广性。其他地区完全可以从自身实际情况出发推广这一模式。事实上,宁波市就在慈溪经验基础上,在全市推广了这一模式,并因其显著成效而获得了首届"中国社会创新奖"(2010)。但必须指出,和谐促进会既有推广不足的问题,也有推广过度的问题。就前者而言,和谐促进会与当前我国各地活跃的地方创新经验一样,面临难以制度化和难以推广的困境。事实上,任何地方经验都具有局限性,需要高层政府直至中央政府对这些经验进行及时总结、提炼和推广,使之超越地方。而就后者而言,有效推广和谐促进会需要具备一定的条件。以慈溪市为例,和谐促进会在全市推广后,目前仍有约三分之一的和谐促进会运行效果不理想。究其原因,关键在于那些地区的社会自身并未产生对于社会融合等的需求。较早建立和谐促进会并且运行效果良好的坎墩街道五塘新村、掌起镇陈家村等都是具有强烈的共建共享融合需要的典型。就此而言,和谐促进会的推广,政府应当定位于"助产婆"的角色①。可见,无论是和谐促进会的建设与管理运行还是有效推广普及,都需要政府深入认识社会规律,充分尊重社会机制,严格把握行政手段发挥作用的限度和范围。

6.3 案例分析与启示

如前所述,确立多元社会治理主体间协调运行机制,需要政府主导,更需要构建社会治理主体各种制度化的沟通渠道和参与平台,并健全多元社会治理主体间互动机制。可以看出,与一般实践案例不同,在形成多元治理主体方面,"和谐促进会"融合了外来人口和本地户籍人口,从而使得"和谐促进会"不再只是一个外来人口的组织,而是外来人口和本地户籍人口共同的组

---

① 慈溪市暂住人口服务管理局的一位领导形象地将政府与和谐促进会的关系形容为产科医生与婴儿的关系。

织，是他们共同治理自身所处家园的沟通交流、平等参与的平台。在构建制度化的参与平台方面，"和谐促进会"不仅在组织内部设立七大工作委员会，还建立五大参与平台，这都是组织本身的有机构成部分，因此制度化程度相当高。在互动机制方面，与通常所讲外来人口管理协会主要是靠个人化、随意性的人与人之间的沟通交流实现方式不同；相对而言，"和谐促进会"则在多元协同治理格局下，形成了政府、社会组织、企业组织、外来人口和本地居民之间"遇事共商、情感共育、困难共帮、文化共享、文明共倡、平安共保、和谐共促"的良好协同治理机制和组织运行模式。事实也已表明，在协同治理模式下，相对来说"和谐促进会"不仅运行效果良好，而且发展也具有可持续性，并在更大范围如宁波全市得到了有效推广。

慈溪市"和谐促进会"的成功经验对于整个当代中国和谐社会建设及创新社会治理又具有什么重要的启发意义呢？其最大的启发意义无疑是在大力培育发展协同治理的社会基础之上，确立社会多元治理主体间运行机制。

首先，大力发展社会组织，构建多元治理主体。"十二五"规划纲要提出，创新社会管理体制需要坚持多方参与、共同治理，统筹兼顾、动态协调的原则，完善社会管理格局，形成社会管理和服务合力。慈溪经验表明，培育发展社会组织是实现社会参与、多元治理、共建共享的关键。当前我国社会建设与社会治理应以发展社会自主性为取向，大力培育社会组织，激发社会组织活力，提升社会组织的自主治理能力和水平。同时必须指出，以上社会基础固然重要，但社会力量发育成长起来后，政府必须要做好疏导，引导其走上促进社会善治的大道，形成社会治理的正能量。为此，一方面必须保证政府和社会主体之间的互动和沟通渠道始终畅通无阻。政府的政策信息要能够及时下达到位并得到贯彻执行，同时有关社情民意的信息又能够客观真实地加以集聚并及时反馈到政府部门，进而加以回应。另一方面必须保证社会力量以及社会组织能有用武之地即发挥其作用的治理平台，即凡是涉及社会治理的各个领域，像开展自主治理、参与公共服务、协同社会管理，都应当通过建立健全村（居）民自治制度、政府购买服务机制、大调解制度等各种制度和机制，构建相应的参与平台。

其次，发挥社会组织协同治理作用，创新社会治理机制。在参与公共服务提供方面，"和谐促进会"等社会组织将社会效益置于首位，提供丰富多彩、生动活泼的文化产品和文化服务，既满足人民精神文化需要，又促进基层社会和谐。作为政府与市场的中间部门（第三部门），社会组织还能够促进社会资源的有效配置和整合,推进社会经济持续健康发展。在参与社会治理中,社会组织由于大多扎根基层、贴近民众,自然是沟通政府与社会的桥梁和纽带,管理者借此能和民众有更多、更广泛、更充分的交流。基于社会组织积极作用的发挥,可以形成行政管理与社会自治互联、政府工作与社会工作互补、政府力量与社会资源互动的良性机制,从而解决一系列社会问题。在反映群众诉求、协调利益关系方面,社会组织可以通过充分吸纳各方面的合理意见和建议,在国家与分散的社会成员之间形成一个中介和缓冲力量,从而实现政府行政管理与基层群众自治的有效衔接,在维护社会稳定方面充当社会矛盾的"安全阀"。随着社会组织日益发展成熟,它们协同开展社会建设与社会治理中的作用还应不断拓展。

需要指出的是,在各治理主体中,代表政府一方或者代表社会一方的主体,通常都不止一个。在现实治理活动中,许多市场主体往往也要参与进来。那么,如何使众多的治理力量良性互动并形成合力? 这对于能否实现治理目标至关重要,因此必须健全多元主体间互动机制。不言而喻,多元主体间互动机制的健全,很大程度上并非人为作用的结果,而是在治理过程中经过各主体间的互动与磨合自然形成的。所谓的互动机制,大多都是经过思维加以抽象的结果。然而这恰恰也是人类的可贵之处,因为在总结成功的经验以及吸取失败的教训之后,治理者完全可以在顺应事物发展规律的前提下,进一步完善原来的运行机制。在这一过程中,政府必须扮演好主导者角色,在自身尽忠职守基础上,一方面要创建完善的制度环境,促使治理活动中的各个主体既要遵纪守法、又能有所作为,另一方面还要搭造各主体间协同配合的"鹊桥",建立健全形成治理合力进而达成善治目标的诸多制度性基础设施。

最后,各级政府尤其是高层级政府还需要适时适当改革传统的社会治理方式,破除和谐社会目标达成的制度阻碍,比如户籍制度和控制式管理等。以流动人口问题为例,正如前文所指出,造成流动人口管理的困难,根本上来自于其享受社会福利与公共服务的资格缺失。这种缺失造成流动人口的边缘化、弱势化并缺乏对流入地的社会认同感,进而严重影响人口流入地社会的和谐与稳定。因此,从长远来看,实现共建共享和谐社会目标,创新社会建设成果公平分享体制,并依此推进相关领域及重点环节改革不可或缺。

下　篇

7 加快城乡一体化发展,推进城乡基本公共服务均等化

　　统筹城乡发展、推进城乡一体化,是实现城乡居民共享和谐社会的根本途径。改革开放后,我国启动农业农村改革并大力推进城市化进程,城乡面貌发生巨大变化。但由于改革进程中仍然遵循城乡二元的发展思维,"三农"问题始终未能从根本上得到解决,城乡差异不断扩大趋势未能得到有效遏制。进入新世纪后,特别是十六大后,党和政府逐步确立了科学发展观以及共建共享和谐社会的目标和任务,并相继提出了统筹城乡发展、推进城乡一体化、建设社会主义新农村、城乡基本公共服务均等化等战略规划。2012年十八大召开后,中国政府进一步提出了以"人的城镇化"为核心的新型城镇化战略。2013年十八届三中全会通过的《中共中央关于全面深化改革若干重大问题的决定》,明确指出"城乡二元结构是制约城乡发展一体化的主要障碍",并将"健全城乡发展一体化体制机制"作为未来我国改革事业的核心任务。可以看到,党和政府已然抛弃传统的城乡二元发展思路,鲜明确立了破除城乡二元结构、推进城乡一体化的发展战略,在工业化、城镇化的大背景、大环境中探寻有效解决"三农"问题的制度设计和政策工具,以基本公共服务均等化推进以人为核心的新型城镇化。本章首先论证了统筹城乡发展必须以破除城乡二元结构、实现城乡一体化为前提和目标,进而通过分析指出必须坚定地在城市化与工业化的发展背景中推进新农村建设,推进以"人的城镇化和农民市民化"为核心的新型城镇化,并最终落脚于构建城乡一体化的基本公共服务与社会政策体系。

7.1 统筹城乡发展与城乡一体化

作为传统的农业大国,中国在其现代化与发展的进程中不可避免地会遇到发展中国家普遍存在的城乡二元结构问题。著名的发展经济学家阿瑟·刘易斯曾对发展中国家的城乡二元问题给出了一般性经济理论解释,认为发展中国家在现代化和工业化进程中必然发生劳动力从传统的农业部门向现代的工业部门转移的过程,这一过程将一直持续到农村和农业中的剩余劳动力全部被城市和工业部门以低工资水平吸纳,农业劳动者与工业劳动者工资收入普遍提高并趋衡,工农业也随之出现平衡发展态势,最终从城乡二元的经济结构转变为一元经济结构。在刘易斯看来,发展中国家在从传统农业经济向现代工业经济转变时一般都遵循上述规律。[1]

新中国成立后,由于受当时特殊的发展环境与客观条件的影响,党和政府在推动社会主义现代化与工业化事业的进程中,不仅未能促成从城乡二元经济结构向一元经济结构的转变,反而通过一系列制度政策的设计,人为地固化了城乡二元结构,导致了不断扩大的城乡分割和不均衡发展的局面。而且,这样一种城乡二元结构不仅界限分明、严格分割,更是大大超过了传统的经济二元结构的内涵(即不是简单的劳动力转移的问题),因此这种结构又通常被称之为城乡二元分割或城乡二元分离以表征其特殊性。[2]

具体而言,我国的城乡二元分割结构体现在以下几个方面:

第一,"工农业比例关系遭到破坏,工农业联系被人为割断,工业化被限制在城市范围内独立运行,而没有带动农村的繁荣,工业化创造的成果没有改善城乡之间的关系"。[3] 在当时,为了加速新中国的现代化和工业化,体现社会主义经济的优越性,以毛泽东为核心的第一代领导集体确立了经济发展的"赶超战略",并将工业化片面地理解为"优先发展重工业"。在这种思想的指导下,我国的计划经济体制实行了工农业产品价格剪刀差、农业合作化、统购统销以及要素流动控制等制度政策,并最终形成了"农业补贴工业"、产业

---

[1] 刘易斯:《二元经济论》,北京经济学院出版社 1989 年版。

[2] 刘美平:"论中国特色城乡协同发展理论——兼评刘易斯二元结构理论",《马克思主义研究》2008 年第 12 期。

[3] 白永秀:"城乡二元结构的中国视角:形成、拓展、路径",《学术月刊》2012 年第 5 期。

结构比例严重失调以及农村物质和消费品匮乏的局面。

第二,为减轻因农村劳动力向城市大量并快速转移所造成的城市供养负担以及工业发展压力,我国于1958年通过《中华人民共和国户口登记条例》并开始实施户籍制度,通过该制度严格限制人口自由流动特别是农村劳动力向城市流动、农村户口向城市户口的转变("农转非"),并且"逐渐把户籍制度与粮油供应制度、就业制度、社会福利保障制度实行挂钩。从此,以户籍制度为主的城乡分割体制开始形成"。① 在计划经济时代,户籍制度一方面长期服务于"城镇非农就业的排他性"以保证足够的农业户籍人口从事农业生产从而保证工业化所需之生产资料,另一方面服务于"针对农村人口做出排斥性的制度安排"以保障城市基本生活品和最低社会福利供给,由此造成严格的城乡分割以及巨大的城乡差异。②

第三,对不同户籍身份人口实施差异化的公共服务和社会福利政策,亦即将享受公共服务和社会福利的资格捆绑于户籍之上。一方面,出于服务于优先发展工业特别是重工业的目标,政府较少将资金物质投入于农村的基础设施和公共服务领域,从而造成农村发展的滞后;另一方面,社会福利待遇附着于户籍身份之上,国家实施城乡二元的社会福利供给体制。在城市实施"单位制福利",向所有单位职工提供同质且平均的社会福利和公共服务,由计划体制保证提供上述福利与服务所需的资金和物质;在农村实施"集体福利制度",由村集体经济负责融资和供给,国家给予少量补贴。总体上讲,计划经济时期的农村与城市在社会福利与公共服务上存在严重的不平等和二元化。③

改革开放后,市场化的经济体制改革首先在农村和农业生产领域推开。家庭联产承包责任制的引入,大幅度提高了农民的生产积极性和农业生产力,农村居民的纯收入大幅度提高,并开始出现农村剩余劳动力大量涌现的客观事实。与此同时,20世纪80年代迅猛发展的乡镇企业,吸纳了大规模的农村转移劳动力。这两个因素共同推动了政府逐步放松户籍管理和劳动力流动。到了20世纪90年代,随着社会主义市场经济体制合法性的确立以及城市经济社会体制转轨的全面推进,特别是为了适应农村向城市、中西部向

① 潘九根、钟昭锋、曾力:"我国城乡二元结构的形成路径分析",《求实》2006年第12期。
② 蔡昉:"户籍制度改革与城乡社会福利制度统筹",《经济学动态》2010年第12期。
③ 郁建兴、何子英:"走向社会政策时代:从发展主义到发展型社会政策体系建设",《社会科学》2010年第7期。

东部经济先发地区的大规模劳动力流动,我国相继出台了一系列制度政策以打破户籍制度的羁绊。到21世纪初,我国基本形成了城乡一体化的全国性劳动力市场。[①]

建立起城乡一体化的劳动力市场,当属20世纪80、90年代我国破除城乡二元分割结构所取得的最大成就。但是,由于改革开放后党和政府在推动城市化、工业化和现代化的进程中,受到了根深蒂固的城乡二元结构的强烈限制,并且在制度政策改革时仍旧不自觉地沿袭了传统的城乡二元思路,因此在城乡一体化发展领域并未取得根本性的突破。主要表现为以下几个方面:

首先,20世纪80年代农村居民收入快速增长甚至一度超过城市居民收入的增幅,但进入90年代后出现了比较严重的"谷贱伤农"问题,农民收入增长缓慢,城乡收入差距持续扩大。虽然国家采取了一些诸如提高农产品价格、加大农业生产补贴之类的农业政策,但并不能从根本上缩小城乡收入差距。[②]

其次,户籍制度改革缓慢,相关的改革基本上围绕方便管理外来劳动力展开,通常采取诸如暂住证、工作证等证件管理方式,并实施一些反对用工歧视如限制工种、同工不同酬的就业政策。[③] 这些改革并没有从根本上废除户籍制度对公民自由流动权利的限制(如外来务工人员很难取得务工所在地的城镇户口,落户往往有许多严苛的条件),也没有从根本上改变附着于户籍身份之上的公共服务与社会福利资格的不平等。

再次,城乡二元的公共服务和社会福利供给体制继续被保留并持续运行,农村公共服务和基础设施建设相对滞后(如金融、水利、道路、电力、通信、文化等),农村社会福利供给更是长期处于"空白状态",在整个20世纪80、90年代,农村居民基本无任何的社会养老与医疗保障。此外,大部分的外来务工人员也被排斥在流入地政府的社会福利供给体系之外,比如对外来务工人员子女平等接受义务教育设置过高的"门槛",又比如所谓的"农民工社会保障"问题,还有外来人口的公共卫生服务均等化问题,等等。[④]

第四,在推进城镇化的过程中,简单地将城镇化理解为城市建设,片面追

---

① 蔡昉:"户籍制度改革与城乡社会福利制度统筹",《经济学动态》2010年第12期。
② 中国发展研究基金会:《中国人类发展报告2005:追求公平的人类发展》,中国对外翻译出版公司2005年版,第20—25页。
③ 蔡昉、都阳、王美艳:"户籍制度与劳动力市场保护",《经济研究》2001年第12期。
④ 何子英:《社会政策》,中国人民大学出版社2012年版。

求基础设施甚至"形象工程"建设，只注重"土地的城镇化"而非"人的城镇化"。特别是对于失地农民，他们很少得到公平的、应有的征地补偿，不少地方对失地农民的土地补偿往往与社会保障进行抵冲，就业问题也未有效解决，常常导致失地农民既失地又失业。

进入新世纪后，中央开始有意识地试图从根本上打破城乡二元结构，鲜明地确立了城乡一体化作为解决三农问题、促进农业农村发展、推进城镇化的主要战略。2002年召开的十六大首次提出了"城乡一体化"的战略目标，指出城乡一体化是增加农民收入、缩小城乡收入差距的根本途径，大力推进城镇化是消除城乡二元结构的根本途径。此后，中央又提出了"科学发展观"，其中统筹城乡发展正是其中的重要组成内容，并逐步确立了"以城带乡、以乡促城、城乡结合、优势互补、共同发展"的城乡一体化发展道路①。2005年召开的十六届五中全会，又提出了建设社会主义新农村的历史任务。2006年发布的中央一号文件《关于推进社会主义新农村建设的若干意见》，进一步明确将"建设社会主义新农村"作为推进城乡一体化的一项国家战略。"新战略明确要求统筹城乡经济社会发展，工业反哺农业、城市支持农村，以'生产发展、生活宽裕、乡风文明、村容整洁、管理民主'为总体要求促进农业农村发展。同时，新战略要求坚持'多予少取放活'，从而前所未有地突出了政府在农业农村发展中的责任。此后，各级政府不断加大用于农业农村的财政支出，着力完善支农政策、建设现代农业，加快发展农村社会事业、促进农民增收。"②2008年十七届三中全会作出《中共中央关于推进农村改革发展若干重大问题的决定》，指出"农业、农村、农民问题关系党和国家事业发展全局"，要求加快推进社会主义新农村建设、大力推动城乡统筹发展，特别是要"统筹工业化、城镇化、农业现代化建设，加快建立健全以工促农、以城带乡长效机制，调整国民收入分配格局，巩固和完善强农惠农政策，把国家基础设施建设和社会事业发展重点放在农村，推进城乡基本公共服务均等化，实现城乡、区域协调发展，使广大农民平等参与现代化进程、共享改革发展成果。"

从十六大以来至今的十多年中，中国政府加快推动了工业化与城镇化进程，不断优化城乡规划和产业布局，大力兴建农村基础设施，推进新农村建

---

① 伍长南主编：《统筹城乡发展研究》，社会科学文献出版社2013年版，第1页。

② 郁建兴、高翔等：《从行政推动到内源发展：中国农业农村的再出发》，北京师范大学出版社2013年版，第20页。

设,实现了城乡就业和劳动力市场一体化,通过养老、医疗、低保等社会政策发展促进城乡基本公共服务均等化,积极探索积分入户等户籍制度改革政策。作为结果,中国的城镇化率目前已经达到了52.6%,城乡一体化发展水平显著提高,为最终彻底消除城乡二元结构奠定了重要的基础。在此背景下,2012年召开的十八大提出要"坚持走中国特色新型工业化、信息化、城镇化、农业现代化道路",要求"工业化和城镇化良性互动、城镇化和农业现代化相互协调,促进工业化、信息化、城镇化和农业现代化同步发展"。2013年十八届三中全会又进一步提出"形成以工促农、以城带乡、工农互惠、城乡一体的新型工农城乡关系,让广大农民平等参与现代化进程、共同分享现代化成果"的目标,要求加快构建新型农业经营体系、赋予农民更多财产权利、推进城乡要素平等交换和公共资源均衡配置、完善城镇化健康发展体制机制。

总体上说,统筹城乡发展、城乡一体化发展是一个系统工程,涉及城乡关系、城乡经济社会结构、"三农问题"以及工业化、城镇化的方方面面,比如城乡规划一体化、城乡产业发展一体化、城乡基础设施建设一体化、城乡劳动就业一体化、城乡基本公共服务一体化、城乡生态环境保护一体化等,也涉及与上述问题相关的诸多体制机制、制度政策,比如土地制度、金融制度、户籍制度等等。出于篇幅考虑,本章不能也做不到对上述议题一一述及,这里仅就新农村建设、新型城镇化与农民市民化以及城乡基本公共服务均等化等几个热点展开论述,土地制度、户籍制度则将另起一章专门论述。

7.2　新农村建设与城市化

进入新世纪以来,中央逐渐明确了在工业化、城市化进程中推进城乡一体化作为解决"三农问题"的战略思路。它有别于过去单纯地就农业、农村、农民遇到的发展问题寻求解决之道的传统思路,而是跳出于"三农问题"之外,从城市化与工业化的宏观环境中寻求解决之道。社会主义新农村建设正是其中的重要环节,成为新时期推进农村发展和城市化的基本途径之一。

对中国政府而言,城市化与新农村建设是一种相互促进、相辅相成的关系。比如,2011年《政府工作报告》明确强调了城镇化与农业现代化、新农村建设的相互促进关系。但是,现实中新农村建设与城市化之间确实存在着某种紧张关系和不协调的现象,因此也造成了认识上的一些分歧和争论。总体上，学者们围绕城市化与新农村建设的关系形成了两种相互冲突的观点；简单地说，一种观点认为新农村建设和"三农"问题的有效解决都必须置于城市化和工业化的进程之中，相反另一种观点则认为"三农"问题正是城市化的结果，中国应尽力避免城市化陷阱①。

根据后发国家的经验，城市化的起步阶段难免会出现城乡收入差距扩大的问题，甚至会出现长期持续扩大的趋势②。正是基于此种认识，对新农村建设的城市化取向持质疑和否定态度的少数论者认为，"三农"问题是城市化过程中的普遍现象，特别是人口众多的传统农业大国在现代化与工业化的较长时期内都将存在"三农"问题，如亚洲的印度、孟加拉国、印度尼西亚，拉美的墨西哥、巴西。无论采取何种发展模式和体制，发展中国家的工业化的完成必然要剥夺农业，从而导致农村凋敝、小农破产。而且，这些国家的工业化和城市化势必导致两极分化、城乡差别拉大，并反过来限制其现代化进程，导致发展中辍。③ 因此，他们认为中国的农业农村发展以及城市化都应当保持"仁慈的城乡二元结构"，将新农村建设较多地理解为"乡村建设"，力图以此避免城市化陷阱，比如当前出现的"赶农民上楼"、"被城市化"等乱象。这样一种"乡村建设"式的新农村建设，首先在于建立以工促农、以城带乡的长效机制，积极发展农村生产，政府加大农业农村支出投入，确保农业稳定、农民增收，加强基础设施建设，从而显著改善广大农村的生产生活条件和整体面貌；其次在于建立比较完善、覆盖全体农村居民的基本公共服务体系特别是社会保障制度，使农民能够享有基本的医疗、养老、教育服务；再次，通过新农村的田园风光、乡风文明、幸福生活，吸引城市人渴望返璞归真，出现向农村回流的"逆城市化"现象④。

此外，他们还认为，城市化不仅会给农村农业带来不利影响，还会在城市导致人口拥挤、交通堵塞、两极分化、贫民窟、公共卫生恶化、环境污染等"城市病"，因此"如果中国不选择贫民窟式的城市化发展路径，则依托于农村生活的人口将长期保持一个很大的规模，农民工流动和往返于城乡的现象将长期存在，城乡二元结构也将长期存在"。对于当今中国而言，由于处于高竞争的产业链末端与价值链底端，非农就业也因此并不能带来更高的劳动收入；

①　贺雪峰："反对积极城市化战略"，《中国市场》2008年第6期。
②　世界银行：《重塑世界经济地理(2009年世界发展报告)》，清华大学出版社2009年版，第65页。
③　温铁军、温厉："中国的城镇化与发展中国家城市化的教训"，《中国软科学》2007年第7期。
④　温铁军："如何建设新农村"，《中国社会导刊》2006年第7期。

而农村生活成本较低,农业劳动相对简单,是廉价劳动力再生产的场所,也是现代化的稳定器①。如果城市化过快,放弃土地、"被进城"的农民不仅会丧失农业生产的收入,同时在城市也难找到相对稳定和高收入的工作,最终会导致贫民窟、城市贫困等问题。因此,保持城乡二元结构具有一定的合理性,例如"中国进城农民工之所以可以提供高质量的劳动而接受很低的报酬,就是因为农村生产劳动力的成本比城市要低"②。所以,新农村建设不在于发展非农产业、推进城镇化、转移农村劳动力,而是从"消灭农村"转向"建设农村"即乡村建设③。

归结起来,对新农村建设的城市化取向持质疑和反对态度的观点认为,尽管"以工促农、以城带乡"可能具有积极效果,但城市化不可能是新农村建设的"正路",相反城市化正是导致"三农"问题的根源,中国的新农村建设必须尽量避免城市化陷阱,而且就城乡关系而言,不是消除二元结构而是建立一种仁慈的二元结构。因此,新农村建设只应该是建立农村公共服务与社会福利体制,充分发挥农村的劳动力"蓄水池"功能,让农民可在城乡间"两栖"往返,以有效防范各种危机④。

不过,只有少数学者持上述观点,大部分学者都坚持把城市化当作从根本上解决"三农"问题的途径,新农村建设就是要按照"生产发展、生活宽裕、乡风文明、村容整洁、管理民主"方针的要求,建立以工促农、以城带乡的长效机制,整体推进农村经济、政治、社会和文化建设,建成体现城乡一体化趋势和社会主义本质特征的新农村⑤。新农村建设是统筹城乡发展的重要内容,是推进工业与农业、城市与农村协调发展的途径之一,它与城市化与工业化具有内在联系⑥。实行"工业反哺农业,城市支持农村"是新时期调整城乡关系的重大战略取向,而建设社会主义新农村则是调整城乡关系的重大战略举措。坚持统筹城乡发展,实行"工业反哺农业,城市支持农村",应该是建设新农村的基本要求⑦。当然,当今中国的"三农"问题与城市化与工业化具有一

---

① 贺雪峰:"反对积极城市化战略",《中国市场》2008 年第 6 期。

② 参见贺雪峰:"新农村建设与中国道路",http://www.snzg.net/article/show.php? itemid-279/page-1.html。

③ 申瑞峰:"新农村建设若干问题研究",《农业经济问题》2006 年第 2 期。

④ 贺雪峰:"中国城市化之忧",http://www.snzg.cn/article/2010/1112/article_20667.html。

⑤ 顾益康:"全面领会建设社会主义新农村的科学内涵",《浙江经济》2006 年第 1 期。

⑥ 马晓河:"新农村建设不能搞成政治运动和形象工程",《中国发展观察》2006 年第 2 期。

⑦ 姜长云:"对建设社会主义新农村的几点认识",《农业经济问题》2006 年第 6 期。

定的关系，但不能从根源上归咎于城市化，而且城乡一体化（城乡趋同）是一个需要长期稳步推进的过程[①]。要实现城乡一体化，更需要推动农业农村的快速发展，特别是农业的现代化与机械化能够为城市和工业提供大量劳动力，从而支持城市化与工业化发展；发展农业农村不仅需要改造传统农业引入现代农业生产要素，特别是从供给与需求两个方面为引进现代生产要素创造条件，而且还需要对农民进行包括教育、在职培训以及提高健康水平等形式的人力资本投资，等等[②]。

　　总体而言，城市化是发展与现代化的内在要求，新农村建设必须置之于城市化的宏观背景之中。当然，城市化也是一把双刃剑，会带来一些"城市病"，给城市发展造成诸多问题与挑战，但这并不构成否定城市化的理由。当前我国城市化进程中出现的一些问题，事实上较多地源自于政府推进城市化的不当做法。从根本上说，城市化与新农村建设应在相互联动与协调推进的基础上实现良性互动，从而逐步缩小城乡差距，实现城乡一体化的过程。

　　可以看到，城市化与新农村建设之间是一种相辅相成、相互促进的关系。一方面，城市化是一个从传统农业社会向现代工业社会转变的过程，也是城乡关系现代化、城乡经济社会结构变革的过程。因此，城市化本身需要农业的产业化、规模化与现代化，从而使农村劳动力向城市二、三产业转移，为现代产业提供充足的劳动力资源；城市化会推进农村基础设施的建设和改善，通过村庄整治和现代化建设引导农村人口集聚，从而有利于节约土地资源、优化调整城乡空间布局；通过建立城乡一体的公共服务与社会福利体系，使农民平等享受公民的社会权利，从而实现农民市民化，推进人口城市化进程。概言之，城市化本身内涵了新农村建设的客观要求，是解决"三农"问题的根本途径。另一方面，新农村建设也需要城市化发展作为助力，因为只有城市产业部门和工业化的充分发展，才能提供充足的就业岗位以吸引农村剩余劳动力，从而提高农村居民的收入水平；城市化的发展会带来城乡空间布局的变化，不仅可以促使农村人口集聚化，而且还将给农民带来土地增值收益，提高农民的土地资产收入；农民职业身份的变化与社会身份的变革是人口城市化的两大重要方面，城市化有助于将公共服务和社会福利资源覆盖延伸到农

---

① 转引自 Henderson, J. Vernon, Urbanization in China: Policy Issues and Options, Research Report: China Economic Research and Advisory Programme, 14 November, 2009.

② 西奥多·W.舒尔茨:《改造传统农业》,商务印书馆 1987 年版。

村,从而终将带来公共服务和社会福利的城乡一体化。

概言之,新农村建设内含于城市化、工业化进程之中,割裂两者的内在联系,对新农村建设与城市化都将造成不利影响。自中央提出新农村建设的目标任务以来,各地积极展开实践探索,而事实也证明,新农村建设的成效基本得益于城市化的诸多举措。如,将城市资本、技术以及先进的管理制度与方式引入农业农村,促进农业现代化、产业化、规模化;对农村土地等资源要素实行产权制度改革,在土地资源配置中引入市场机制,将转包、出租、互换、转让、股份合作等形式引入土地承包经营权流转领域;推动城市对农村投融资改革,促进城乡要素自由流动与合理配置,为农业农村发展提供信息、减少交易成本等等。

此外,新农村建设所提倡乡村生活方式、乡村文明文化,也是城市文明文化、城市生活方式向农村辐射和影响的过程,同时也包括基础设施、公共服务和社会福利的城乡一体化。地方政府积极开展城乡空间规划,积极推进城镇和农村新型社区建设,通过住房、教育、医疗卫生、体育、电气化、绿化、道路等基础设施与公共服务的城乡一体化规划,以增强小城镇和农村社区的集聚与服务功能。通过新农村建设,农民在社区集中居住,农村人居环境得到显著改善,生活水平明显提高,并优化了土地等空间资源配置,为工业化、农业农村的现代化发展提供了基础。进一步地,城市化与新农村建设的相互作用不仅在于城乡空间与人口居住地的变化,而且更在于农民职业身份与社会身份的变革,打破经济、政治、社会意义上的所有城乡二元分割结构,使农村居民和进城农民都能享受现代国家的公民身份和权利资格。

概而言之,“三农”问题的解决不能局限于农业、农村、农民发展本身,同样新农村建设也不能局限农业农村;城市化与新农村建设相辅相成、相互促进,既不能因为城市化初期导致的“城市病”而否定城市化,也不能割裂城市化的根本要求来推进新农村建设;只有通过统筹城乡发展、推进城乡一体化,才能通过城市化与新农村建设使广大农民分享经济社会发展的成果。对此,十八届三中全会明确指出“促进城镇化和新农村建设协调推进”是“坚持走中国特色新型城镇化道路”的根本方向。

7.3 新型城镇化:人的城镇化与农民市民化

城镇化是发展与现代化的重要战略和基本目标,也是表征一个国家或地区经济社会发展水平的重要指标。从内在逻辑上看,城镇化、工业化与现代化之间是一种互动发展、相互促进的关系。如前所述,推进城镇化进程也是打破我国城乡二元分割结构、促进城乡一体化发展的根本途径,新农村建设也离不开城市化或城镇化的发展。

改革开放后,我国开始进入了快速推进城镇化发展的新时期。1978 年,我国的城镇化率仅为 17.92%,处于新中国成立以来城镇化发展的一个谷底。到 2013 年,我国的城镇化率达到了 53.73%,城镇常住人口已经达到了 73111 万人。可以看到,改革开放三十多年来,我国的城镇化取得了举世瞩目的成就。事实上,与改革开放前政府有意限制城镇化发展甚至引导人口"逆城市化"发展不同,改革开放后我国的快速发展的城镇化进程具有明显的政府全面主导和行政推进的特征。这样一种政府全面主导、行政推动的城镇化,一方面对我国城镇化的快速发展具有最直接的贡献,另一方面也产生了一些具有严重负面影响的问题。具体表现如下:首先,政府积极进行城市规划和城市建设,并热衷于发展大城市,往往盲目攀比、贪大求洋,跟风建设大项目、"面子工程"[①];其次,政府全面主导城镇化进程中的土地利用。无论是城镇化本身还是经济发展都需要大量利用作为资源要素的土地,政府也从中获得了巨额的土地出让收入,但在这一过程中也发生了许多非法占用农用地、农村征地补偿标准不合理等问题[②];再次,全面规划城乡产业发展,引导城镇产业集聚发展。但是大部分地方的城乡产业规划注重行政手段而忽视市场力量,常常造成产业单一发展和重复投资,同时轻视城镇现代服务业的发展,就目前而言,城镇化与产业规划发展布局比较协调的地方,通常集中在东部沿海经济发达地区[③];第四,"人口城市化"问题。城镇化的重要标志是人口从农村向城镇集聚,转变农民的社会身份即"市民化",使农民"过上和城市市民一样

---

① 吴江、王斌、申丽娟:"中国新型城镇化进程中的地方政府行为研究",《中国行政管理》2009 年第 3 期。

② 冯奎:"新型城镇化进程中政府需从全面主导向有限主导转型",《经济纵横》2013 年第 7 期。

③ 张文雄:"城镇化重在提高质量",《求是》2013 年第 12 期。

的体面文明生活,享受和城市市民一样的待遇及制度保障"①。但是各地在推进城镇化时,却未保证"被城镇化"的农民和进城务工的农民工享受与城市市民同等的诸如就业培训、社会保障、子女教育、住房等公共服务和社会福利,成为"一个游离于城市的边缘弱势群体"②,这样的城镇化常常被指责为"伪城镇化"、"不完全城市化"、"半城市化"、"虚城市化"③。

此外,城镇化本来就会不可避免地产生一些"城市病",而中国政府这种全面主导、行政推动的城镇化模式更是加剧了"城市病"的复杂性和程度。"所谓城市病(Urban Disease),是对人口及相关发展要素向大城市过度集聚而引起的一系列社会管理和公共服务问题的统称",现阶段我国的"城市病"突出表现为人口拥挤、交通拥堵、环境污染、住房困难等④。

正是基于对过去的城镇化战略的反思与修正,中共十八大明确提出了"新型城镇化"概念,并将之确定为今后推动中国经济社会持续发展的国家战略。从"新型城镇化"这一概念中,我们至少可以把握到中央关于城镇化的两个认识:一是继续坚持"城镇化"作为发展与现代化的基本途径。事实上,当前我国的城镇化率虽然已经超过了50%,但仍滞后于工业化的发展水平。特别是,国际上中等收入水平的国家和地区,其城镇化率基本维持在85%左右,我国的城镇化发展水平明显与自身已经跨入中等收入国家的现实不相匹配。因此,尽管当前我国快速发展的城镇化带来了一些"城市病"问题,也尽管地方政府在推进城镇化的进程中出现了不少失范行为特别是损害了农民的利益,但城镇化的基本战略方向并没有错,更不能因噎废食。二是推行"新"的城镇化发展战略,避免"城市化陷阱"。特别是改变传统的政府全面主导、行政推动的模式,尊重市场机制和社会机制的作用,发挥政府引导的功能;修正把城镇化片面理解为"土地城镇化"的传统观点,而是着力推进"人口城镇化"和"农民市民化";不是盲目追求建设大城市,也不是固守小城镇发展,而是"调整到以大为主、大中小城市和小城镇协调发展"⑤。

根据十八大和中央经济工作会议的思想,张占斌教授将新型城镇化道路

---

① 胡士杰、朱海琳、孙增武:"论中国城镇化进程中的农民问题",《江北学刊》2013 年第 4 期。

② 郁建兴、阳盛益:"城市政府在农民工市民化进程中的作用",《学习与探索》2008 年第 1 期。

③ 王春光:"农民工的'半城市化'问题",载李真主编《流动与融合》,团结出版社 2005 年版;陈丰:"从'虚城市化'到市民化:农民工城市化的现实路径",《社会科学》2007 年第 2 期。

④ 林家彬、王大伟等:《城市病:中国城市病的制度性根源与对策研究》,中国发展出版社 2012 年版,第 3 页。

⑤ 田雪原:"新型城镇化该怎样推进",《人民日报》2013 年 7 月 17 日。

的内涵和特征主要归纳为四个方面：一是工业化、信息化、城镇化、农业现代化"四化"协调互动，通过产业发展和科技进步推动产城融合，实现城镇带动的统筹城乡发展和农村文明延续的城镇化。二是人口、经济、资源和环境相协调，倡导集约、智能、绿色、低碳的发展方式，建设生态文明的美丽中国，实现中华民族永续发展的城镇化。三是构建与区域经济发展和产业布局紧密衔接的城市格局，以城市群为主体形态、大、中、小城市与小城镇协调发展，提高城市承载能力，展现中国文化、文明自信的城镇化。四是实现人的全面发展，建设包容性、和谐式城镇，体现农业转移人口有序市民化和公共服务协调发展，致力于和谐社会和幸福中国的城镇化。[①]

　　相比于传统的城镇化道路，"新型城镇化"的核心思路是"人的城镇化"。推进"人的城镇化"也就是推进"农民市民化"，亦即"以城镇化推动农村居民享受市民待遇。推进城镇化需要改革制约城乡发展一体化的户籍制度，消除农民和市民享受基本公共服务的差距"[②]。20世纪90年代以来，我国的城镇化通常被批评为只是"土地城镇化"、"物的城镇化"而不是"人的城镇化"、"农民市场化"，因为大量农民、农民工进城后不能落户和稳定就业，不能平等享受公共服务，特别是未被纳入城市的社会福利体系之中，户籍制度的藩篱及附着在户籍身份之上社会权利的不平等并没有消除，城乡二元分割结构也没有因城镇化而从根本上打破。因此，新型城镇化所强调之人的城镇化在于"有序推进农业转移人口市民化，推进符合条件的农业转移人口落户城镇、并实现农业转移人口享有城镇基本公共服务……实现农民市民化或城乡一体化"[③]。事实上，从人口城镇化的角度来看，如果考虑"在城镇就业但未享受到市民待遇的农民工及其家属"，那么官方统计的城镇化率至少要降低10个百分点左右[④]。

　　一般而言，农民市民化"是指在我国现代化建设过程中，借助于工业化和城市化的推动，使现有的传统农民在身份、地位、价值观、社会权利以及生产生活方式等各方面全面向城市市民的转化，以实现城市文明的社会变迁过

---

① 张占斌："新型城镇化的战略意义和改革难题"，《国家行政学院学报》2013年第1期。
② 洪银兴："新阶段的城镇化需要政府积极引导"，《人民日报》2013年7月17日。
③ 郁建兴、任泽涛："城镇化：'化物'更要'化人'"，《光明日报》2013年6月25日。
④ 陈锡文："工业化城镇化加速下的'三农'问题"，《农村实用技术》2011年第1期。

程"①。具体而言,农民市民化包括外出(异地)农民工的市民化、本地农民工的市民化以及本地农民的市民化。

对于本地和外出(异地)农民工而言,市民化主要体现为在城市落户定居以及平等享受社会福利和基本公共服务,这两者也是推进农民工市民化的重点和难点②。在现实中,地方政府较多地关注引导农村富余劳动力在城乡、地区间的有序流动,取消农村劳动力进入城镇就业的不合理限制,形成城乡一体化的劳动力市场。但是在农民工落户方面却往往设置较高的"门槛",甚至限制外来农民工购买商品房,而且即便落户也难以享受或者平等享受义务教育、社会保障、公共卫生等公共服务和社会福利,如在"积分入户制"实施较具成效的地方如广东东莞,也存在着"高门槛、低福利、代价高"的弊端。至于一些地方实施的"农民工社会保障",则大多处于参保率低的境地,实施效果很不理想且常常发生"退保潮",究其因主要还是无法落户定居以及社会保障制度本身的不合理。对于被征地农民而言,很多地方政府更是采取征地补偿实行"土地换社保"的方式,从土地补偿费和安置补偿费中拿出一部分为被征地农民参加各类社会保险。事实上,这将被征地农民的土地补偿与社会保障混淆在一起,将农民的财产收益权与社会福利权混淆在一起,要么选择市民身份享受的社会保障,要么选择农民身份享受的土地保障,这种非此即彼的选择实际上对被征地农民的利益构成了隐性的剥夺和损害。必须指出,无论是农民还是农民工,不管是本地还是外地,更不管户籍身份如何,任何一个公民都应当平等享受国家或政府提供的基本公共服务和社会福利,这也是现代国家和政府的一项核心职能,是政府合法性的重要基础。

不过,对于地方政府而言,推进农民市民化也有其条件约束和"难言之隐"。推进农民市民化是需要成本的,基本公共服务和社会福利的供给都需要地方政府来"买单"。但是,现行分税制存在着财政收入中央集权化与财政支出责任地方化的结构矛盾,这一矛盾使得地方政府的财力相对有限。出于增加支出压力的考虑,地方政府并不情愿推进"农民市民化",而且还倒逼地方政府利用户籍制度来限制外来农民工的公共服务和社会福利资格。可以说,如果不加大中央政府的统筹和支持力度,不改变中央与地方事权财权不

---

① 文军:"农民市民化:从农民到市民的角色转型",《华东师范大学学报》(哲学社会科学版)2004年第3期,第58页。

② 国务院发展研究中心课题组:"'十二五'时期推进农民工市民化的政策要点",《发展研究》2011年第6期。

匹配的现状,地方政府推进"农民市民化"始终会遇到财力受约束和积极性不足的问题①。

为推进"新型城镇化",十八届三中全会突出强调城镇化的核心是人的城镇化,并将"农业转移人口市民化"上升为一种国家战略,提出要加快户籍制度改革,逐步把符合条件的农业转移人口转为城镇居民,推进城镇基本公共服务常住人口全覆盖,把进城落户农民完全纳入城镇住房和社会保障体系。必须指出,尽管十八届三中全会提出了"农业转移人口市民化"战略,但严格来说,这与"农民市民化"仍有较大的差别。事实上,无论农村居民是否成为所谓的"农业转移人口",都应当平等享有作为国民所享有的基本公共服务与社会福利权益。

推进"农民市民化",必须从全局考虑、注重顶层设计,其中的关键除了从财政体制改革角度增强地方政府财力与积极性以及全面推动户籍制度改革之外,更在于加快构建基于公民权的农民市民化政策体系,特别是基本公共服务和社会福利政策体系。事实上,"中国城乡二元分割的户籍制度至今仍把这个社会中占据人口绝大比例的农民群体排除在正当的国民待遇之外,这与公民权制度所倡导的每个人作为一个完整而平等的社会成员都应受到公平对待的精神几乎背道而驰。"②反过来说,如果剥离了附着于户籍身份之上的社会福利资格的差异③,只保留户籍制度的社会管理作用,那么更容易从根本上推进户籍制度改革。

推进农民市民化、构建基于公民权的社会(福利)政策体系,从严格意义上讲是实现所有国民不分城乡、职业、地域而平等享有国家或政府提供的基本公共服务和社会福利,但是当前中国的经济社会发展水平还难以完全实现全民平等,因此现阶段的主要任务是推进城乡基本公共服务均等化,构建城乡一体化的公共服务与社会福利分享体制。

---

① 郁建兴、高翔:"农业农村发展中的政府与市场、社会:一个分析框架",《中国社会科学》2009年第6期。

② 陈鹏:"公民权社会学的先声——读 T.H.马歇尔《公民权与社会阶级》",《社会学研究》2008年第4期,第240页。

③ 俞可平:"新移民运动、公民身份与制度变迁——对改革开放以来大规模农民工进城的一种政治学解释",《经济社会体制比较》2010年第1期。

7.4 推进城乡基本公共服务均等化

推进城乡基本公共服务均等化,构建城乡一体化的公共服务与社会福利体系,是打破城乡二元结构、统筹城乡均衡发展的根本途径,也是推进新农村建设和新型城镇化的内在要求,更是城乡居民共建共享和谐社会的基本手段。

进入新世纪以来,随着科学发展观与构建和谐社会目标的相续提出,我国的社会建设事业被提到了前所未有的高度。与过去片面地强调"以经济建设为中心"不同,自2002年中共十六大召开后,党和政府的工作重心逐步开始向"加强以保障和改善民生为重点的社会建设"倾斜,实现了"从经济政策到社会政策的历史性跨越"[①]。基本公共服务均等化是推进社会建设的主要手段,它"旨在实现三个方面或意义上的均等:第一,机会均等,保护全体国民平等享有基本公共服务的公民权利,这取决于公共服务的社会政策体系构建,特别是将城乡居民、弱势群体纳入公共服务体系;第二,投入均等,保证全体国民享有水平均等的公共服务,这取决于公共财政体制建设,特别是财政投入向农村、欠发达地区和弱势群体倾斜;第三,结果均等,保证结果大体均等而非绝对平均,这取决于机会均等与投入均等的实现程度。"[②]当代中国的基本公共服务均等化主要在于劳动就业、养老保障、医疗保障、义务教育和住房保障五大社会政策和社会福利领域,其目标是"促进社会公平正义,努力使全体人民学有所教、劳有所得、病有所医、老有所养、住有所居,推动建设和谐社会"。具体而言,基本公共服务均等化就是要缩小城乡之间、群体之间、区域之间的基本公共服务差距,并使之逐步趋于均等和均衡。根据本章的主旨,此处仅就城乡之间的基本公共服务均等化展开论述。

如前所述,我国城乡二元分割结构的重要表征之一就是城乡间基本公共服务与社会政策供给的二元体制,或者说附着于城乡户籍身份之上的社会福利资格的二元化。"改革开放前,我国仿照苏联模式建立起了一个相对简单、平均主义的社会政策体系,以适应计划经济体制下的经济社会制度安排,与

---

① 王绍光:"从经济政策到社会政策的历史性转变",周建明、胡鞍钢、王绍光:《和谐社会构建》,北京:清华大学出版社2007年版。

② 郁建兴:"中国的公共服务体系:发展历程、社会政策与体制机制",《学术月刊》2011年第3期。

较低经济发展水平相联系的是低水平的社会福利。由于生产和消费资源的生产、分配都采取国家计划、统一管理的模式，这一时期的社会政策几乎完全附属于经济政策，或者说社会政策与经济政策合二为一。"①这一时期，我国分别在城市实行"单位制福利"，在农村实行"集体福利制度"，并通过户籍制度严格限制农村居民向城镇居民的社会身份转变。在城市，各种企事业单位同时具备生产经营与社会福利两种功能，向所有单位职工提供退休工资、公费医疗、福利分房等同质而平均的"单位制福利"，具有显著的"企业办社会"和统包统配色彩；在农村，"集体福利"主要包括小学教育、合作医疗、集体养老和"五保"制度，集体福利的融资和供给基本上由村集体经济自主解决，国家直接提供的资金和支持较少。② 可以看到，农村与城市的基本公共服务和社会福利供给存在着显著的不平等，福利融资与供给责任主体的不同从根本上表征城乡二元分割的本质。

改革开放后，我国进入了"以经济建设为中心"的发展阶段。在 20 世纪80、90 年代，由于过度强调经济增长目标，我国逐渐形成了一种发展主义意识形态，主要表现为重经济建设而轻社会建设，这样一种发展主义意识形态给当代中国的社会建设和社会民生带来了根本性的全局影响。从宏观来说，社会建设投入的严重不足，导致社会发展长期滞后于经济发展，社会民生质量并未因经济快速增长而得到明显提高；从中观来说，经济政策改革优先于社会政策改革，基本公共服务与社会福利体系建设严重落后，不仅缺少清晰的社会政策定位以指导民生的改善和发展③，甚至于出现"社会政策的经济政策化倾向"④，事实上"单纯以追求富裕为目的的社会政策必然做经济政策的附庸"⑤。

概言之，我国在 20 世纪 80、90 年代尽管推动了一些社会政策改革，但中央政府总体上缺乏明确的指导思想和全局规划⑥，加之经济建设的优先地位，社会建设和社会政策改革常常屈从于经济政策改革甚至于被完全忽视。在农村，家庭联产承包责任制的引入，最终消解了农村集体经济，农村集体福利

---

① 何子英：《社会政策》，中国人民大学出版社 2012 年版，第 139 页。

② 郁建兴、何子英："走向社会政策时代：从发展主义到发展型社会政策体系建设"，《社会科学》2010 年第 7 期。

③ 岳经纶："社会政策视野下的中国民生问题"，《社会保障研究》2008 年第 1 期。

④ 郑永年：《保卫社会》，浙江人民出版社 2011 年版。

⑤ 景天魁："引致和谐的社会政策——中国社会政策的回顾与展望"，《探索与争鸣》2008 年第 10 期。

⑥ Finer, C. (eds.), *Social Policy Reform in China*, Aldershot: Ashgate, 2003.

体系也因丧失了物质基础和组织平台而随之瓦解。在计划经济时代,国家和政府不是农村基本公共服务和社会福利的供给责任主体,这种长期形成的城乡二元思维和政策定势,导致改革开放后国家和政府也未自觉地承担起农村社会福利的供给主体责任。以至于在整个 20 世纪 80、90 年代,农村几乎处于社会政策的"真空"状态,农村居民缺乏基本的养老和医疗保障。比较而言,城市中传统的"单位制福利"一直延续到 20 世纪 90 年代初,此后随着社会主义市场经济合法性的全面确立以及城市生产经营体制和国有企业改革的深化,我国开始探索建立新型的基本公共服务和社会政策体系,其主要标志就是 21 世纪初重点针对城镇正规就业群体的现代社会保障制度的建立。

农村基本公共服务供给的不足与社会保障制度的严重缺失,不仅造成了巨大的城乡不平等,并日益成为限制经济社会持续健康发展乃至影响社会稳定的重要因素。有鉴于此,中国政府开始主动并积极承担起农村基本公共服务与社会福利供给的主体责任,提出了推进城乡基本公共服务均等化、建立健全覆盖城乡的社会保障体系等目标任务。从 2003 年至今,特别是"十一五"时期,中国政府围绕劳动就业、养老保障、医疗保障、义务教育和住房保障领域集中出台实施了一系列的社会政策,其政策对象重点是农村居民以及非正规就业的城镇居民,以促进城乡基本公共服务均等化、实现城乡居民社会保障全覆盖。

在劳动就业领域,我国在 2007 年分别出台实施了《就业促进法》、《劳动合同法》。前者不仅提出了"扩大就业、市场就业、平等就业、统筹就业"四项原则,而且明确要求各级政府建立健全就业援助制度。后者则全面规范了劳动关系,保障了劳动者权益特别是农民工的劳动权益。劳动就业法律体系的不断完善,"有利于进一步建立公平竞争的就业环境、缩小劳动力市场的不平等,有利于消除城乡二元结构和户籍制度背景下各种制度性和政策性的就业歧视和工资歧视"①。

在医疗保障领域,2003 年国务院开始在农村试点建立以"大病统筹"为主的"新型农村合作医疗"制度,实行个人缴费、集体扶持和政府资助相结合的筹资方式。到 2008 年,全国农村基本建立起"新农合"制度,目前参合率达到 95％以上。2007 年国务院又开始试点建立"城镇居民基本医疗保险"制度,将全国城镇非从业人员和灵活就业人员正式纳入基本医疗保险体系,其基本运

---

① 郁建兴:"中国的公共服务体系:发展历程、社会政策与体制机制",《学术月刊》2011 年第 3 期。

作模式与"新农合"相仿，目前参保率达到 90% 以上。

在养老保障领域，1992 年我国曾试点"农村社会养老保险"制度，但由于缺乏政府财政投入，纯粹是一种个人储蓄，最终因保障水平偏低而于 1999 年停止整顿。2009 年，国务院开始试点建立"新型农村社会养老保险"。"新农保"筹资由个人缴费、集体补助、政府补贴三部分构成，计发由基础养老金与个人账户两部分构成，凡年满 60 周岁的农村居民均可领取 55 元/月的基础养老金。相比于"老农保"，"新农保"增加了政府补贴的筹资责任以及基础养老金的兜底责任，因而成为我国农村养老保障制度建设的一个巨大进步，但基础养老金水平仍有待大幅度提高。2011 年，国务院又决定实施"城镇居民养老保险"，运作模式与"新农保"相同。

在义务教育领域，我国于 2003 年开始对农村贫困学生实行免杂费、免教科书费、补助寄宿生生活费的"两免一补"政策。2005 年，农村义务教育经费开始中央和地方分项目、按比例分担并主要由"中央拿大头"。2006 年《义务教育法（修订案）》正式通过，明确义务教育阶段不收学杂费并将义务教育经费纳入公共财政保障范围。与此同时，我国大力推进了农村义务教育学校标准化建设，以缩小城乡间、校际间的资源配置差距。到 2008 年，农村和城市义务教育基本实现全免费，城乡间义务教育资源配置不断均衡，但师资质量和教育质量的不均衡仍比较显著。

在最低生活保障领域，1999 年我国制定出台了《城市居民最低生活保障条例》，在全国全面建立城市"低保"制度。进入新世纪后，上海、广东、浙江等沿海经济发达地区又先后自主实施了农村最低生活保障制度。2007 年，国务院发出《关于在全国建立农村最低生活保障制度的通知》，开始在全国全面普及农村"低保"。总体上，目前我国的城乡贫困人口都基本纳入了"低保"体系，但救助水平不高，城乡间、区域间的差距也比较显著。

概言之，2002 年以来，我国集中出台实施了一系列社会政策，基本公共服务项目不断健全和完备，不仅实现了制度政策的城乡全覆盖和可及性，而且显著提高了公共服务与社会福利的供给水平，城乡间的基本公共服务差距大大缩小。不过，尽管目前我国建立起覆盖城乡的基本公共服务与社会政策体系，但这一体系仍然具有显著的城乡二元分割特征。实际上，从农村与城市在基本养老和医疗保障、最低生活保障的制度分立中，我们可以发现即便2002 年以来中央政府的社会政策发展与改革，仍旧自觉或不自觉地沿袭着过去的城乡二元思路，"在一定程度上人为地再次扩大了社会不平等，而且进一步固化了城乡二元分离结构,对未来城乡一体化发展带来了诸多负面影响"①。

　　根据社会政策的基本原则和国际经验,"制度统一"是制定社会政策特别是社会保障制度的首要原则,即对全体国民实施统一的制度政策。② 鉴于我国的现实情况,现阶段主要是加快推进城乡一体化,为最终实现制度统一奠定基础。③ 比较而言,浙江以"城乡一体化"为目标的社会政策创新显示出其相对于全国水平的领先性和进步性,成为当前我国社会政策体系建设的重要方向标。在 20 世纪 80、90 年代,浙江作为改革的重要试点省份,其社会政策设计和改革步调与中央基本保持一致。2001 年,浙江出台《浙江省最低生活保障办法》,打破了长期以来的城乡二元思维,成为全国最早实施城乡一体化最低生活保障制度的地区。以此为标志,浙江开始在社会政策创新和发展目标上领先全国,直到 2005 年全国仍仅有浙江全面建立了这一制度,2007 年中央出台的农村最低生活保障制度则依然是城乡二元化思路。在"十一五"时期,浙江坚持以"城乡一体化"作为社会政策创新的原则,并取得了显著的成效。④ 比如,2006 年,浙江省出台《关于推进城镇居民医疗保障制度建设试点工作的意见》,鼓励地方政府将城镇居民医疗保险与新型农村合作医疗相衔接建立城乡合作医疗制度。2009 年 9 月 22 日,浙江省出台了《关于建立城乡居民社会养老保险制度的实施意见》,在全国率先将未参加职工基本养老保险的所有城乡居民纳入到同一社会养老保险制度之中。

　　浙江经验表明,城乡一体化是当前我国基本公共服务和社会政策体系建设的基本方向和创新突破口,打破城乡二元分割结构、推进城乡一体化不仅可能而且可行⑤;尽管浙江的基本社会保障尚未真正实现基于公民身份和平等社会权利的制度统一,但已在城乡一体化和缩小城乡差距方面取得了重大

---

　　① 郁建兴、何子英:"走向社会政策时代:从发展主义到发展型社会政策体系建设",《社会科学》2010 年第 7 期,第 25 页。

　　② 郑秉文:"法国高度碎片化的社保制度及对我国的启示",《天津社会保险》2008 年第 3 期。

　　③ 丁开杰:"中国特色社会保障体制建设——基于国际趋势与新理念的思考",《中国特色社会主义研究》2009 年第 6 期。

　　④ 何子英:"走向城乡一体化的社会政策体系建设——以'十一五'时期的浙江经验为研究对象",《经济社会体制比较》2012 年第 4 期。

　　⑤ 何子英、郁建兴:《走向社会政策时代——"十一五"时期浙江省社会政策体系建设研究》,浙江大学出版社第 66 页。

进步,为未来实现全民制度统一奠定了基础①。

在地方经验的基础上,十八届三中全会首次提出了"建立更加公平可持续的社会保障制度"的目标,特别强调要"整合城乡居民基本养老保险制度、基本医疗保险制度"。实现城乡居民社会养老与医疗保险的一体化,成为近期我国社会政策与社会保障改革的重点目标之一。2014 年 2 月 21 日,国务院出台《关于建立统一的城乡居民基本养老保险制度的意见》,决定将新型农村社会养老保险与城镇居民养老保险整合实施,在全国范围内建立统一的城乡居民基本养老保险制度。截至 2014 年 5 月底,全国已有浙江、山东、云南、上海、四川等 15 个省份实现城乡居民基本养老保险并轨。同时,不少地方政府也正在积极推进城乡居民基本医疗保险整合并轨。可以预期,在不远的将来,我国城乡居民的基本社会保障将实现全面一体化。

综上所述,破除城乡二元结构、统筹城乡发展是中国现代化、工业化与城市化进程的客观要求和主要目标;无论是新农村建设还是破解"三农问题",都必须置于城市化进程之中;加快推进城市化要避免"虚城市化"、"伪城市化"、"半城市化"、"被城市化"的弊端,而是走以人为核心的新型城镇化道路;实现"人的城镇化"也就是实现"农民市民化",其关键是改变附着于户籍身份之上的社会权利差异,推进城乡基本公共服务均等化,构建城乡一体化的基本公共服务与社会福利体系;所谓"一体,即逐步改变城乡分治的制度安排,形成城乡一体的制度框架,包括教育、就业、医疗卫生、养老、住房、基本生活保障等方面的公共服务制度在全国范围内是统一的"②。

---

① 何子英、郁建兴:"城乡居民社会养老保险体系建设中的政府责任——基于浙江省德清县的研究",《浙江社会科学》,2010 年第 3 期。

② 国务院发展研究中心课题组:《民生为本:中国基本公共服务改善路径》,中国发展出版社2012 年版,第 36 页。

8 破除碎片化结构,构建全民统一的基本公共服务体系

构建全民共享的基本公共服务体系,是共建共享和谐社会的主要途径。当前我国已经实现基本公共服务与社会政策的制度全覆盖,但总体上呈现出一种城乡分割、职业分割、区域分割的碎片化状态。这种基本公共服务与社会政策的碎片化结构不仅表征着不同职业的公民间社会权利与福利待遇的高度不平等,而且表征着不同区域间基本公共服务和福利待遇的差距和不平等;不仅固化并扩大了社会阶层的不平等地位,而且阻碍并制约了公民的自由流动和自由定居。因此,无论是共建共享和谐社会,还是加强以保障和改善民生为重点的社会建设,都必然要求破除当前我国基本公共服务与社会政策的碎片化结构。本章通过剖析当前我国基本公共服务与社会政策的身份碎片化与区域碎片化格局的形成原因、基本表征及其不良影响,提出了"构建全民统一的基本公共服务体系"的发展目标,并指出要实现这一目标,一方面需要加快推进按职业身份设立的各种社会政策的制度整合并最终实现全民化的制度统一,另一方面需要围绕破除区域碎片化来重新设计基本公共服务供给的政府间关系和职能分工并最终实现国民化的社会权利。

8.1 当代中国的经济社会转型与身份碎片化的形成

社会分层是现代工业社会的一个基本结构特征,一种规范合理的社会分层结构不仅直接关系到社会平等和公正,而且直接影响着社会稳定和秩序。在当今世界,社会分层的标准尽管日益多元化,但是最为根本和基础的是以职业身份为标准的社会分层,亦称为"职业社会分层","现代工业社会的职业

结构不仅构成社会分层维度的主要基础,而且还将不同的社会制度与社会生活领域联系起来。声望等级与经济阶级的等级都根植于职业结构之中;由于现代社会中的政治权威大部分都是作为一种全日制职业那样运作,因此政治权力与权威的等级也同样根植于职业之中。由于职业通过经济维度影响家庭的地位,并为经济提供劳动力,因此,职业也与家庭联系在一起"[1]。职业社会分层是现代工业社会的一种客观存在,它本身形成于现代工业生产体系的专业化和分工。然而,社会分层又不可避免地联系着社会不公平,职业社会分层总是密切联系着不同职业阶层间收入结构、财富分配与社会福利[2]。职业社会分层内含的社会不平等,往往是导致社会冲突、社会矛盾的主要根源,位于社会分层体系上层的"精英"通常是既得利益者和现行体系与制度的维护者,而位于下层的社会成员则具有挑战和冲击既有社会秩序和社会分层体系的潜在动力,试图通过群体性、组织性的抗争以改变社会分层结构和自身社会地位[3]。因此,现代国家或政府常常陷入了一个悖论的境地,即维持一个秩序和稳定的社会需要塑造一个稳定和规范的职业社会分层结构,但一个过于稳定和固化的职业社会分层结构反过来又成为了危害稳定与秩序的原因。要化解这一"悖论",现代国家或政府需要从根本上建立一个达到所有阶层最低满意度的收入分配体系[4],此外不仅需要一系列的体制机制来维护机会公平,促进阶层间自由流动并壮大中间阶级,而且还需要一系列的再分配手段和社会政策来促进结果公平,改善全体国民的福利、缩小阶层之间生活质量的差距[5]。本章主要论述社会政策和基本公共服务,收入分配将在下一章中专门论述。

改革开放前后,中国的社会分层结构在特征上具有根本性的重大差异。计划经济时代的职业社会分层结构主要是在 1956 年完成了社会主义"三大改造"之后确立的,通过私营工商业、农业和手工业的社会主义改造,新中国消灭了资产阶级,农民和农村手工业者转变为农村集体经济的社员,城镇手工业者转变为国营或城镇集体企业的职工,最终形成了一直延续到 1978 年的

①　Peter M. Blau and Otis D. Duncan, *The American Occupational Structure*. New York: Wiley, 1967. 转引自童星、张海波:"社会分层与社会和谐",《社会》2005 年第 6 期,第 66—67 页。
②　黄颂:"当代西方社会分层理论的基本特征述评",《教学与研究》2002 年第 8 期。
③　王小章:"社会分层与社会秩序——一个理论的综述",《浙江社会科学》2001 年第 1 期。
④　郑杭生:"社会公平与社会分层",《江苏社会科学》2001 年第 3 期。
⑤　童星、张海波:"社会分层与社会和谐",《社会》2005 年第 6 期。

"两阶级一阶层"结构,即由工人阶级、农民阶级和知识分子构成的社会分层结构。这一社会分层结构的标准严格来讲并不是依据职业身份,而更多的是依据政治身份、户籍身份和行政身份[①]。由于当时的经济发展和经济政策偏重于工业,特别是优先发展重工业,农业和农村处于补贴工业和城市的地位,加之公社化的农业生产体制严重束缚了农业生产,使得农民长期处于贫困状态并成为社会底层,而城乡二元管理体制的确立又使农民丧失了向城市自由流动的机会[②],其结果是导致农民底层身份的固化和代际复制。如前一章所述,农民不仅长期处于贫困和低收入的生活状态,而且缺乏来自国家或政府提供的基本社会保障,无论是农村合作医疗还是农村集体养老都取决于农村集体经济的融资和供给能力。比较而言,城市中工人阶级都被组织进各种机关和企事业单位,不存在失业问题,而且受当时的平均主义意识形态的影响,并且由于采用高度集中的计划和行政手段配置资源的方式("企业办社会"、统包统配),城市工人阶级的收入水平与福利待遇远远超过农民阶级并呈现出高度均等化的特征[③]。在城市,尽管存在着干部编制人员与工人编制人员、全民所有制企业职工与集体所有制企业职工[④]、城市重工业部门职工与轻工业部门职工之间工资收入与福利待遇的差异[⑤],但总体上城市工人阶级或城镇职工享受着平均主义的"低工资、高福利"待遇,甚至堪比北欧高度平等的"经典福利国家"[⑥]。

改革开放后,市场化的经济体制转型以及相伴随的社会结构转型,致使我国社会阶层结构发生了显著的分化。"通过改革开放,中国的工业化、市场化、城市化快速推进,这加快了中国从传统农业社会向现代工业社会的转型,从计划经济体制向社会主义市场经济体制的转轨,这种转型与转轨所释放的活力极大推动着经济社会的发展。所有这些变化深刻影响着社会阶层结构的分化,市场经济的发展催生了私营企业主、个体工商户等新的社会阶层,社

---

① 陆学艺:"当代中国社会阶层的分化与流动",《江苏社会科学》2003 年第 4 期。

② 陆学艺主编:《当代中国社会结构》,社会科学文献出版社 2010 年版,第 389 页。

③ 李强:"中国在社会分层结构方面的四个试验",《马克思主义与现实》2013 年第 2 期。

④ 刘祖云:"社会转型与社会分层——四论当代中国社会的阶层分化",《武汉大学学报》(社会科学版)2003 年第 1 期。

⑤ Goodman. R, White G. and Kwon H, *The East Asia Welfare Model: Welfare Orientation and the State*, London: Routledge, 1998.

⑥ 尼古拉斯·巴尔:《福利国家经济学》,中国劳动社会保障出版社 2003 年版。

会体制的变革使得社会成员有了流动的空间。"①概言之,改革开放以来的经济与社会体制转型,使得计划经济时代以政治、户籍和行政身份为依据的分化机制被以职业为基础的新社会阶层分化机制所取代。根据陆学艺教授的分类,当代中国的社会分层结构由十个社会阶层构成,从高到低分别为国家与社会管理者阶层、经理人员阶层、私营企业主阶层、专业技术人员阶层、办事人员阶层、个体工商户阶层、商业服务业员工阶层、产业工人阶层、农业劳动者阶层以及城乡无业、失业、半失业者阶层②。从高到低的社会分层结构对应着相应社会阶层收入水平的差距,事实上"改革开放以后,由于逐渐引入了市场机制,经济等资源的配置主要是由市场来完成。市场主张优胜劣汰,自然会产生很大的不平衡和分化,资源获得的差异逐步拉开了距离",由此旨在缩小差距、具有再分配功能的社会政策、社会保障和社会福利机制之配套和健全就显得至关重要③。就西方国家的经验而言,市场经济必然会带来阶层分化和收入差距,但福利国家的再分配和社会政策则具有平等化效应④。

不过,改革开放以来我国社会阶层间的收入差距呈持续扩大的趋势,即"富者越富,贫者越贫"的现象不断加深,而日益显著的贫富分化也导致了社会矛盾与社会问题丛生,以至于造成"断裂社会"⑤和"碎片化"⑥。究其原因,一方面是收入分配体制不完善,特别是居民收入占GDP的比重以及劳动报酬在初次分配中的比重逐年下降。根据全国总工会官员在2010年发布的一项调查数据显示,"我国居民劳动报酬占GDP的比重,在1983年达到56.5%的峰值后,就持续下降,2005年已经下降到36.7%,22年间下降了近20个百分点。而从1978年到2005年,与劳动报酬比重的持续下降形成了鲜明对比的,是资本报酬占GDP的比重上升了20个百分点。"⑦另一方面,基本公共服务与社会政策体系建设长期滞后,缺乏有效促进社会平等的再分配和福利保障

---

① 陆学艺主编:《当代中国社会结构》,社会科学文献出版社2010年版,第390页。

② 陆学艺:"当代中国社会阶层的分化与流动",《江苏社会科学》2003年第4期。

③ 李强:"政策变量与中国社会分层结构的调整",《河北学刊》2007年第5期。

④ Ivan Szelenyi. Social Inequalities in State Socialist Redistributive Economies, *International Journal of Comparative Sociology*, No. 1-2, 1978.

⑤ 孙立平:"我国在面对一个断裂的社会?",《战略与管理》2002年第2期。

⑥ 李强:"中国社会分层结构的新变化",李培林等编:《中国社会分层》,社会科学文献出版社2004年版。

⑦ "全国总工会最新调查:劳动报酬占GDP比重连降22年",新华网,2010年05月17日,http://news.xinhuanet.com/politics/2010-05/17/c_12108971.htm.

机制。在 20 世纪 80、90 年代,由于受经济政策与经济增长优先的发展理念影响,中国政府较少投入社会建设也少有社会政策出台[①],甚至于为刺激经济发展的效率而"容忍不平等的扩大"[②]。经济改革最终取消了传统上针对所有城镇职工、几乎由国家全部包揽的"单位制福利",但并没有成功地建立起与市场经济相配套的新型社会福利体制,因此,市场化改革虽然总体上提高了大部分人的生活质量,但福利供给反而变得相对不足,在收入差距不断扩大的同时又产生了许多新的不平等[③]。

为了方便分析和论述,仅就基本公共服务与社会福利而言,亦即从公民的社会权利资格来说,根据改革开放以后我国社会政策的实施历程,特别是根据对不同群体适用不同社会保障制度这一显著特征,我们大致可以将当代中国的职业社会分层结构简化为由农村居民、农民工、非正规就业的城镇居民、城镇企业职工、机关公务员和事业单位工作人员。事实上,对中国城市收入与福利分配的不平等类型进行分析,"工作组织"是最密切相关的要素;而且作为一种受到保护、有意义的政治经济实体,工作组织的不同类型表征着不同的公共服务和社会福利待遇[④]。概言之,在当代中国,按照工作组织或单位来划分职业身份的群体,他们在基本公共服务和社会政策领域被纳入不同和彼此独立的制度之中,呈现出一种根据职业分割的"身份碎片化"状态,其中尤以基本养老与医疗保障的碎片化最为突出和明显。

这样一种基本公共服务和社会政策的"身份碎片化"状态的形成,与 20 世纪 90 年代我国的经济社会体制改革特别是国有企业改革密切相关。如前一章所述,在 20 世纪 80、90 年代我国农村长期处于基本公共服务和社会政策供给的"真空状态",而计划经济时代形成的城市"单位制福利"则一直延续到 20 世纪 90 年代初。1992 年召开的十四大正式确立了社会主义市场经济作为经济体制改革的目标,同时也提出要建立与之相适应的现代社会保障制度。此后,随着市场化导向的经济体制转型和国有企业改革的全面深入推进,我国在 1997 年至 2002 年间基本建立起包括养老保险、医疗保险、工伤保险、失业

---

① 王绍光:"从经济政策到社会政策的历史性转变",周建明、胡鞍钢、王绍光:《和谐社会构建》,清华大学出版社 2007 年版。

② Björn A. Gustafsson, Li Shi, Terry Sicular (eds.), *Inequality and Public Policy in China*, London: Cambridge University Press, 2008, p. 2.

③ Tony Saich, *Governance and Politics of China*, Palgrave, 2001, p. 241.

④ 王丰:《分割与分层:改革时期中国城市的不平等》,浙江人民出版社 2013 年版,第 96—97 页。

保险、生育保险和住房公积金制度在内的现代社会保险制度,即人们通常所说的"五险一金"。新型社会保险制度的建立,取代了传统的"单位制福利",但是与计划经济时代相比,新型的社会保险制度仅仅针对正规就业的城镇职工实施,而在改革开放进程中产生的个体工商户、灵活就业人员、自谋职业人员以及失业人员基本处于无任何社会保障的地位,即正在消失的"单位制福利"和正在建立的"社会保险"都与之无涉。从某种程度上说,部分非正规就业的城镇居民群体如个体工商户可能拥有较高的收入水平,但作为非正规就业的整个城镇居民群体与农村居民一样都处于基本公共服务和社会福利的匮乏和缺位状态之中。相似地,"从二元社会结构派生出来的庞大的流动人口群体没有成为社会政策的目标群体,他们游离在城市与农村之间,既非农民,又非工人,基本没有得到任何社会保护。"[①]农民工在城市中处于"经济性接纳"与"社会性排斥"的尴尬状态,农民工为城市建设和经济发展贡献巨大,但是他们的住房、子女教育、养老、医疗卫生等基本公共服务与社会福利需求则被排斥,生活在城市但作为"等外公民"享受不到平等的公民权利和福利。[②]概言之,到 20 世纪 90 年代末,非正规就业的城镇居民、农村居民、流动人口三大群体处于公民的社会权利和社会福利资格缺失的生存境地;社会权利与社会福利资格的缺失,一方面既与职业社会分层密切联系,另一方面"公民权利的多少、有无等问题使得中国社会阶层关系更加不均衡:强势阶层因为享受到公民权利而变得更加强势,而弱势阶层因为公民权利的缺失而显得更为弱势"[③],亦即固化并扩大了社会阶层间的不平等。

　　进一步地,在正规就业的城镇职工中也存在按职业身份和工作组织性质区分的不同群体,他们虽然都属于社会保险制度的适用对象,但群体之间的福利待遇也存在着明显差距,而且进入社会保险体系的可能性也不相同。"对于普通劳动力来说,能够继续留在党政机关、国有企事业单位工作,不仅工资可以高一些,而且有更大的机会进入社会保险体系。"[④]社会养老与医疗保险制度是标识现代公民的社会权利与福利待遇的两个基本面向,也是检视基本公共服务与社会福利供给差异的两个核心要素。从社会养老与医疗保

　　①　岳经纶:"建构'社会中国':中国社会政策的发展与挑战",《探索与争鸣》2010 年第 10 期,第 39 页。

　　②　杨继绳:《中国当代社会阶层分析》,江西高校出版社 2011 年版,第 168 页。

　　③　王春光:"当前中国社会阶层关系变迁中的非均衡问题",《社会》2005 年第 5 期,第 64 页。

　　④　杨伟民:"当前中国的社会保险在社会分层中的作用",《社会学研究》2005 年第 5 期,第 148 页。

险制度来看,我们可以清晰地发现机关公务员、事业单位工作人员以及城镇企业职工之间的身份不平等和福利差距。比如,在养老保险领域,机关公务员、"参公"事业单位工作人员仍旧沿袭计划经济时代的"退休工资制度",它与"城镇企业职工基本养老保险"具有重大的制度差异。一方面前者是一种不以缴费为前提的免费津贴而后者的待遇与缴费记录严格挂钩,另一方面前者的享受标准往往要高于后者2—3倍甚至更高。这即是近年来公众反映比较强烈的"退休双轨制"问题,也被视作当代中国最为显著的不平等现象之一。在基本医疗领域,虽然所有城镇职工都被纳入了"城镇职工基本医疗保险"制度,但是相比于企业职工,机关公务员和事业单位工作人员还可另外享受标准较高的"公务员补助"。可以看到,我国的基本公共服务与社会政策体系仍旧保留了党政部门和体制精英的福利特权。事实上,当今中国职业社会分层结构的形成既有市场力量推动的因素,也有现行政治与行政体系下权力和特权决定的因素,而且后者的作用表现得更为重要也更加强烈,比如不管是有技术的权力精英还是无技术的权力精英,其财富收入与福利保障都要显著高于工人和自雇者[①]。

2002 年以来,随着科学发展观、构建和谐社会、基本公共服务均等化等发展理念与行动战略的提出,我国政府先后出台实施了一系列的社会政策,其政策重点偏向此前长期被忽视的农村和城镇居民,以促进和实现基本公共服务和社会福利的制度全覆盖。比如,在养老领域,2009 年与 2011 年分别出台了新型农村社会养老保险与城镇居民社会养老保险制度;在医疗领域,2003 年与 2007 年分别出台了新型农村合作医疗与城镇居民基本医疗保险制度。可以看到,目前我国的基本养老与医疗保障体系都是一种城镇居民、农村居民与城镇职工的"三足鼎立"格局。因此,通过从 2002 年至今的十多年努力,目前我国已基本建立起一个"全覆盖、多层次、保基本、低水平"的基本公共服务与社会政策体系。不过,正是这种针对不同身份群体建立和适用不同制度的做法,尽管一方面确实促进了基本公共服务和社会福利的均等化,但另一方面又促成了基本公共服务和社会福利的碎片化,而且这种碎片化反过来固化并再次扩大了不同身份群体的不平等,特别是农村与城市、农民工与城市职工、企业职工与机关事业单位职工之间"都存在着基本社会保障逆向转移

---

① 刘欣:"当前中国社会阶层分化的多元动力基础———一种权力衍生论的解释",《中国社会科学》2005 年第 4 期。

的问题,即初次分配的差距,非但没有被社会保障缩小,反而扩大了"①。总的来说,机关公务员、事业单位工作人员、城镇企业职工、城镇居民、农村居民、流动人口等不同职业身份群体间的这种基本公共服务与社会福利待遇差距的矛盾,构成了当今中国社会不平等的主要表征;而这种基本公共服务与社会福利的"身份碎片化"格局,亦即对不同职业身份的群体适用不同的社会政策和福利制度,既不利于社会团结、社会稳定和社会流动,也使得享受福利特权和特殊利益的职业群体成为社会政策改革的阻力和障碍②,比如机关事业单位的养老保险迟迟难以从根本上推进;而且就制度与政策体系本身的运转而言,碎片化也不具有可持续性并存在不利于控制财政的风险,建立全民制度统一的基本公共服务和社会政策体系是必然要求和大势所趋③。

8.2 当代中国的政府间关系与区域碎片化的形成

区域碎片化是当代中国基本公共服务与社会政策体系的另一重要特征,它表现为地方政府的基本公共服务与社会福利主要面向本级户籍人口提供,非本地户籍的暂住人口被排斥在外或者难以完全享受平等的同城待遇,并且在人口流动迁徙发生居住地或户籍所在地跨区域变动时造成福利资格认定的地方政府间推诿,以及导致流动人口在流动过程中发生"福利熵",这特别体现在基本社会养老与医疗保障的跨区域享受与接续之中。这样一种区域碎片化的基本公共服务与社会政策状态,通常被指责为将本来全民统一、国民化的公民身份和福利资格离析为差异化、地域化的公民身份和福利资格,不仅存在着比较显著且日益扩大的基本公共服务与福利待遇的区域差距,而且不利于公民在区域间自由流动以及区域间的合理竞争。当代中国基本公共服务与社会政策的区域碎片化状态之形成,与改革开放以来政府间财政关系与职能分工的变革特别是 20 世纪 90 年代中期的分税制改革密切相关,亦即被中央与地方的财政分权和公共服务事权划分所塑造。

无论是在学术研究领域还是在现实世界中,政府间特别是中央与地方间

① 宋晓梧:"社保均等化是急务",《中国改革》2011 年第 1 期,第 137 页。
② 赵晓芳:"社会保障碎片化:危害、成因与弥合路径",《中共福建省委党校学报》2013 年第 2 期。
③ 郑秉文:"中国社保'碎片化制度'危害与'碎片化冲动'探源",《甘肃社会科学》2009 年第 3 期。

的财政分权与公共物品供给关系始终是一个核心议题,以至于现代国家或政府的运作似乎主要围绕这一关系展开。在关于财政分权理论(亦被称为财政联邦主义)与公共物品供给的研究中,最具代表性的当属蒂布特(Tiebout)于1956年提出的"用脚投票"理论,在这一模型中,居民同时被视为具有公共物品的消费者和地方政府的投票者两种身份,并且拥有选择居住地和自由流动的充分自主权,而影响居民选择的主要因素正是地方政府的公共物品供给效率与质量,居民通过"用脚投票"表达其公共物品偏好及地方供给的评价;为吸引居民来定居、争取更多具有纳税能力的居民,地方政府间会围绕公共物品供给展开激烈竞争,竞争的结果是各个地方政府公共物品的供给效率与质量显著提高,从而全国整体的公共物品供给效率与质量也大大提高;对于蒂布特来说,进一步的结论是中央集权和"大一统"的公共物品供给并不可取,它应当被地方政府间充分竞争的公共物品供给所取代①。蒂布特开创的"财政联邦主义"理论持续地影响到此后学者们关于财政分权与公共物品供给的研究,换言之,他奠定了这一议题讨论的基础和问题。而由此衍生的公共物品供给的地方化也长期成为西方世界的一种主导性思潮或政策范式倡导,认为中央政府相比于地方政府在公共物品的供给中存在着更大的信息不完全性和不确定性,因此中央政府供给公共物品具有更高的交易成本也更容易出现失误②,相反地方政府则更贴近居民、更具有信息优势、更了解居民的公共物品偏好、对居民的"用脚投票"更具敏感性和回应性,从而公共物品更适宜由地方政府供给③。

　　不过,正如学者们所批评的那样,蒂布特的模型和假设太过理想与完美而不太符合现实世界的情况,首先,居民并不具有完全自主的居住地选择权,自由流动与迁徙并不是完全理性和无信息障碍;其次,地方政府并不必然会以提供高质量的公共物品或者合当地社会成员的福利最大化为主要或首要目标④。事实上,居民不会因公共物品供给的差异而进行完全流动,而且这也

　　① Charles M. Tiebout, A Pure Theory of Local Expenditures, *Journal of Political Economy*, Vol. 64, 1956, pp. 416-424.

　　② Richard W. Tresch, *Public Finance: A Normative Theory*, Texas: Business Publications, 1981, pp. 574-576.

　　③ Vito Tanzi. Fiscal Federalism and Decentralization: A Review of Some Efficiency and Macroeconomic Aspects, in M. Bruno, B. Pleskovic, Washington DC. , *Annual World Bank Conference*, 1995, pp. 295-316.

　　④ 唐丽萍:《中国地方政府竞争中的地方治理研究》,上海人民出版社2010年版,第9页。

不是导致居民流动的主要因素①。但是,相比于居民的自主选择权和自由流动的充分性,地方政府竞争的变数本身可能对蒂布特的理论模型更构成挑战。

地方政府竞争并不必然带来"好的结果",它也可能产生"非有效性"。首先,地方政府间竞争虽然会激励各个地方政府为吸引居民、满足居民的偏好而努力改善公共物品供给、推行公共政策创新,从而最终会增强地方的竞争力和吸引力,但是任何竞争性系统都不可避免会造成摩擦和损耗②。当这种摩擦和损耗超过一定的范围时,或者说净收益为负时,竞争就是不可取的。其次,由于资本要素流动具有财政外部性,地方政府的公共物品供给竞争势必导致增加课税以满足财政支出需求,这样会造成域内资本向其他地方流动,从而从根本上影响地方经济增长,并最终降低税收和公共物品供给水平,即地方政府竞争是非有效的③。不过,也可能存在地方政府为吸引流动的资本要素而展开降低税率、提供政策支持的竞争,随着资本的增加,税收也相应增加,从而可以提供更多的公共物品、实现福利的最大化④。再次,地方政府间竞争并不必然带来整体的发展和进步,或者必然形成由相互竞争产生的公共物品供给的总体质量提高,因为当地方之间的禀赋和条件差距较大或者不在同一竞争起点时,落后地区可能会默认其差距而放弃竞争⑤。特别是当这种差距没有大到让流动的资本与人口要素大规模流失时,区域竞争的激励作用就很难形成现实的效应,更何况人口流动并不主要由公共物品供给产生。第四,地方政府并不天然以追求选民的社会福利最大化为目标,一方面财政分权可能会导致地方政府被利益集团俘获,导致地方官员的腐败和寻租,从而使居民承担更多的税收和公共物品供给成本⑥;另一方面地方政府并不先天是一个"慈善的政府",地方政府竞争可能会偏重于生产性基础设施建设而

---

① Jean-Paul Faguet, Does Decentralization Increase Government Responsiveness to Local Needs?: Evidence from Bolivia, *Journal of Public Economics*, Volume 88, Issues 3-4, 2004, pp. 867-893.

② 冯兴元:《地方政府竞争:理论范式、分析框架与实证研究》,译林出版社 2010 年版,第 58 页。

③ John D. Wilson. A Theory of Interregional Tax Competition, *Journal of Urban Economics*, Volume 19, Issue 3, 1986, pp. 296-315.

④ Wallace E. Oates, Fiscal Competition and European Union: Contrasting Perspectives, *Regional Science and Urban Economics*, Volume 31, Issues 2-3, 2001, pp. 133-145.

⑤ Hongbin Cai and Daniel Treisman, Does Competition for Capital Discipline Governments? Decentralization, Globalization, and Public Policy, *The American Economic Review*, Vol. 95, No. 3, 2005, pp. 817-830.

⑥ 刘薇:"财政分权理论研究新进展",《财政研究》2009 年第 5 期。

忽视福利性公共物品供给①。概言之,地方政府竞争也并不一定会围绕公共产品供给展开,同时地方政府竞争并不一定带来公共产品供给的效率与质量改善,要实现上述目标,还需要其他的制度约束和激励机制。

进一步地,要使财政分权和地方政府竞争产生公民福利最大化的正面有效性,也需要有重要的前提条件作为支撑,那就是只有当财政收入与支出责任相对应时,财政分权才能使地方政府具有最大化地改善社会福利的可能②,这亦即人们通常所说的"中央与地方的事权财权相匹配"原则。一级政府一级财权并且每一级政府的财权与事权相匹配和均衡,是现代国家政府间分权的一个基本原则,也就是每一级政府的支出责任与其财政收入要大体相当。如果一级政府的支出责任大于其财政收入,也就是在"事权与财权不匹配"的状态下,那么这一级政府常常就会出现公共物品供给不足的问题。通常而言,"每一级政府的事权与财权的匹配有三种途径:一是通过调整政府间的事权来达到匹配;二是通过调整政府的自有收入,通常是增加下级政府的税收自主权来实现匹配;三是通过转移支付来实现匹配。"③不过,在公共物品的供给上,仅仅是事权与财权相匹配的原则并不足够,它还必须考虑到不同类型的公共物品的属性,亦即事权划分本身也必须依据一定的逻辑。

总的来说,上下级政府间特别是中央与地方政府的事权与财政配置主要依照"公共产品层次性——中央与地方政府职能和事权的划分——中央与地方政府财力的分配"的逻辑④。换言之,公共物品供给具有空间性,有些类型适宜于由中央集权供给,通常是那些居民偏好同质且区域之间存在较强外溢性的公共产品;而有些类型则由地方供给更具优势,通常是那些居民偏好异质且区域之间不存在较强外溢性的公共产品⑤。所以,在国际实践中,无论是联邦制还是单一制国家,大体上政府间事权或支出责任的划分都主要遵循着效率与受益范围原则;前者意味着"凡下一级政府能办好的事务就不上交上一级政府处理,上一级政府只处理下一级政府难以处理和处理不了的问题",而后者意味着地方政府负责提供地方性、区域性的公共物品,中央或联邦政

---

①　Michael Keen and Maurice Marchand, Fiscal Competition and the Pattern of Public Spending, *Journal of Public Economics*, Volume 66, Issue 1, 1997, pp. 33-53.

②　Richard Musgrave, *Public Finance*, New York：McGraw Hill, 1959.

③　张永生:"政府间事权与财权如何划分?",《经济社会体制比较》2008年第2期,第71页。

④　梁朋、周天勇:"解决中央与地方事权与财权失衡的理性探索",《地方财政研究》2004年第1期。

⑤　Wallace E. Oates, *Fiscal Federalism*, New York：Harcourt Brace Jovanovic, 1972.

府则负责提供全国性或跨区域的公共物品,如"全国性的事务以及教育、健康、社会福利等有关公平的项目"①。

不过,基本公共服务与社会福利供给的空间性相对要更复杂,现实中的供给类型也不严格按照居民偏好同质和区域间外溢性两个标准来型塑。就国际经验来看,像社会养老、医疗卫生、基础教育等基本公共服务与社会福利的供给具有两种类型,分别为"中央集权的福利国家"和"地方分权的福利市政"。前者较为普遍,即由中央或联邦政府来统一提供,其财政收入也大于地方。大多数西方发达国家都采取这种模式,它不仅符合居民偏好同质且区域之间存在较强外溢性的公共产品由中央集权提供的特征,而且也契合基本公共服务与社会福利内在的普惠与公平目标。在这种模式下,全国公民所享受的服务和福利高度平等和标准化,有利于区域均衡和国民自由流动,但也存在着不利于区域竞争、对地方异质多样化需求缺乏灵敏度的弊端②;后者则主要集中在北欧国家,这种模式强调地方政府的自主性,认为"福利市政体制"更易于满足地方居民的福利需求也更具效率,地方的税收权力也明显大于中央,中央政府负责制定统一规范和全国通行待遇标准的福利政策,地方政府则据此制定地方化的和待遇加权的执行方案。然而,这种模式"通常面临着两个相互冲突的目标。如果将政策重点放在地方政府自主性方面,即允许地方政府自主地配置资源,那么这将提高公共资源有效配置的潜力。但是,这同时也将意味着公共服务提供领域的地方差异性趋大。如果政策重点主要考虑针对所有居民提供相对平等的高质量公共服务而不管他们居住在何处的话,那么这将又可能与由地方政府所决定的公共服务水平、服务质量和服务可得性产生冲突"③。

基于上述分析,我们可以得出以下认识:基本公共服务与社会福利的供给责任应当主要由中央政府承担,特别是对于财政收入本身也中央集权化的国家,这不仅是基于中央与地方政府间事权与财权相匹配的基本原则,也是促进区域均衡发展、实现国民统一福利待遇以及消除公民自由流动障碍的根

---

① 财政部财政科学研究所课题组:"政府间基本公共服务事权配置的国际比较研究",《经济研究参考》2010 年第 16 期,第 10 页。

② Gun-Britt Trydegård and Mats Thorslund, One Uniform Welfare State or a Multitude of Welfare Municipalities? The Evolution of Local Variation in Swedish Elder Care, *Social Policy & Administration*, Vol. 44, No. 4, 2010, pp. 495-511.

③ 埃里克·阿尔贝克、劳伦斯·罗斯、拉尔斯·斯特姆伯格、克里斯特·斯塔尔伯格:《北欧地方政府:战后发展趋势与改革》,北京大学出版社 2005 年版,第 39 页。

本要求。然而,改革开放后特别是 20 世纪 90 年代以来我国的财政体制改革及其塑造的政府间财政关系与职责分工体系,则与上述认识的规律刚好背道而驰,导致中央与地方的事权与财权配置错位和"不合意",加之受户籍制度的影响,最终造成了基本公共服务与社会政策的区域碎片化结构。

以 1994 年作为分水岭,改革开放以来我国的中央与地方政府的财政分配关系变迁历程可以清晰地划分为指导原则完全不同的两个阶段。在 20 世纪 80 年代,为了激励各级政府将工作重心转移到经济建设、积极推进市场化经济改革,中央开始向地方进行财政分权并被视同为政府向市场的分权。这一阶段的财政分权是事权财权均下沉式的分权即"财政包干制",它不仅赋予了地方政府处理辖区内经济社会事务管理权限,而且有效地激励了地方政府为实现财政收入最大化而加快发展经济的积极性。财政分权与生产要素的流动性推动了地方政府竞争,这对改革开放后中国经济的快速增长起到了积极的作用,它促使地方政府努力塑造良好的投资与生产环境,容忍甚至鼓励民营企业发展,而且可以抑制地方政府的寻租冲动。总的来说,"中国特色的财政联邦主义"与经济增长之间具有显著的正相关性[1],财政分权下的地方政府竞争也在客观上促进了市场改革的深化和产权制度变迁[2]。就基本公共服务和社会福利而言,相比于改革开放前,20 世纪 80 年代地方经济的增长和地方财力的增大,加之社会政策改革尚未根本触及城市单位制福利,因而总体上大大提高了城市公共服务与社会福利的水平和标准[3]。

不过,财政包干制和地方政府竞争也导致了地方保护主义、重复建设、过度竞争、区域发展不均衡扩大等问题,更关键的是造成了中央政府财政汲取能力的大幅度下降,并最终削弱了中央的宏观调控和对地方的管控能力[4]。在此背景下,1994 年中央政府启动了分税制改革,其目标是财政中央集权。有趣的是,分税制改革不仅没有消除反而扩大了地方政府竞争的消极作用,而且还造成了中央与地方事权财权配置严重错位的结果。

---

① Gabriella Montinolaa1, Yingyi Qian and Barry R. Weingast, Federalism, Chinese Style: The Political Basis for Economic Success in China, *World Politics*, Volume 48, Issue 1, 1995, pp 50-81; Yingyi Qian and Barry R. Weingast, Federalism as a Commitment to Preserving Market Incentives, *Journal of Economic Perspectives*, Vol. 11, No. 4, 1997, pp. 83-92.

② 张维迎、栗树和:"地区间竞争与中国国有企业民营化",《经济研究》1998 年第 12 期。

③ 郁建兴、何子英:"走向社会政策时代:从发展主义到发展型社会政策体系建设",《社会科学》2010 年第 7 期。

④ 王绍光、胡鞍钢:"中国政府汲取能力的下降及其后果",《二十一世纪》1994 年第 1 期。

就地方政府竞争而言，尽管分税制具有明显的财政中央集权特征，但这并没有挫伤地方政府经营本地区经济社会发展的积极性，激烈的地方政府竞争依然是一个客观事实①。首先，在"以经济建设为中心"指导思想下，地方政府逐渐演变成为了具有发展主义意识形态的"发展型政府"："以经济增长为目标，政府在经济领域扮演积极的角色如招商引资、开发项目等，甚至担当经济发展的主体力量，政府财政最大化地用于生产性投资甚至充当投资主体"②。其次，在分税制下，地方政府的税收分成比例严重下降，这使得地方政府要提高或扩大其财政收入，就必须做大经济总量，或者寻求预算外收入。可以说，正是地方政府的税收分成比例下降，导致地方政府间更加激烈的经济增长竞争。再次，为调控和引导地方政府及其行政长官的行为，中央政府还设计了"政治晋升锦标赛"式的政府工作考核评价和干部考核评价体制③。由于这种"锦标赛"侧重于经济考核指标，因此地方政府往往趋向于优先发展经济，甚至担当直接投资主体，同时相对地忽视其公共服务与社会政策的职能履行和财政投入④。换言之，无论是在分权还是集权的背景下，地方政府及地方行政首长都已经惯性地偏重于经济增长，并以经济增长作为地方政府竞争和官员政治晋升的关键。概括起来，地方政府竞争的消极作用不仅并未因分税制而得到消解，反而更加刺激了地方间的恶性竞争⑤。然而，无论是财政分权还是集权，当代中国的地方政府竞争并没有明显促进基本公共服务与社会福利供给的改善，因为户籍制度的存在使得"用脚投票"机制基本失灵⑥，而且地方政府竞争只注重具有经济效益的基础设施和生产性公共物品的供给而忽视福利性公共物品供给⑦，此外地方政府问责机制侧重纵向问责从而对地方居民需求缺乏回应性和责任性⑧。

相比于地方政府竞争的作用，分税制下中央与地方的事权财权配置"不合意"，对当代中国基本公共服务与社会福利的影响更加显著，它不仅限制了

---

①　阮因光："论政府的竞争"，《经济问题探索》1998年第3期。

②　何子英：《社会政策》，中国人民大学出版社2012年版，第142页。

③　周黎安："中国地方官员的晋升锦标赛模式研究"，载张军、周黎安编：《为增长而竞争》，上海人民出版社2008年版。

④　何子英：《社会政策》，中国人民大学出版社2012年版，第145页。

⑤　中国地方政府竞争课题组："中国地方政府竞争与公共物品融资"，《财贸经济》2002年第10期。

⑥　傅勇：《中国式分权与地方政府行为》，复旦大学出版社2010年版，第23页。

⑦　丁菊红：《中国转型中的财政分权与公共品供给激励》，经济科学出版社2010年版，第24页。

⑧　郁建兴、高翔："地方发展型政府的行为逻辑及制度基础"，《中国社会科学》2012年第5期。

我国总体福利水平的提高,而且造成了区域碎片化的结构。分税制虽然规范了中央与地方政府的财政收入分配关系,但却倒置了两者的财政支出责任。从 1994 年以来,中央政府的财政收入基本超过了总财政收入的 50%,却由地方政府承担了 70% 的支出责任,形成了财政收入中央集权化与财政支出地方化的结构性矛盾。一方面,财权向上层层转移、事权向下层层转移,政府间财政的纵向不平衡问题根深蒂固。分税制确立了"福利地方化"的原则,基本公共服务和社会福利由地方财政负责供给,这意味着地方的基本公共服务和社会福利水平取决于地方的经济水平与财政实力,财力有限或者不足往往意味着较低的公共服务与社会福利供给,越是基层的政府如乡镇越是难以甚至无法提供公共服务。另一方面,尽管分税制也包括了税收返还和转移支付的机制,但税收返还主要是经济先发地区受益,转移支付不仅规模小而且基本是专项转移支付,因此又出现了政府间财政的横向不平衡问题即区域差距。由于公共服务和社会福利供给取决于地方财政,而中央财政转移支付又不能"充分支持地方政府提供这些服务时所需的支出"[1],因此分税制实际上严重阻碍了我国教育、卫生等国家发展目标的实现[2]。

　　概言之,地方政府提供基本公共服务和社会福利的能力与积极性受到分税制结构的严重限制,在其影响下,供给不足和供给不均成为一种普遍的现象[3]。供给不均正是区域碎片化的第一个表征。在经济先发地区,财力相对丰厚的地方政府往往对应着相对充足的基本公共服务供给和较高水平的社会福利;在经济落后地区,由于财力不足以及中央转移支付有限,提供的公共服务与社会福利也处于较低的水平。大体上,我国的区域基本公共服务供给水平呈现出"东部—东北部—中部—西部"由强渐弱的阶梯型分布趋势,省、市、区的排名与其经济实力、人均生产总值具有较强的相关性[4]。

　　区域碎片化的另一表征是"公民身份的区域化"或者说"福利资格的地方

---

　　[1]　Christine P. W. Wong 和 Richard M. Bird:"中国的财政体系:进行中的工作",劳伦·勃兰特、托马斯·罗斯基:《伟大的中国经济转型》,上海人民出版社 2009 年版。

　　[2]　World Bank, *China: National Development and Subnational Finance, a Review of Provincial Expenditures*, Washington, DC: World Bank, 2002.

　　[3]　Bahl, R and Vazquez, J. Fiscal Federalism and Economic Reform in China, in Srinivasan, N. and Wallack, J. (eds.), *Federalism and Economic Reform: International Perspectives*, Cambridge: Cambridge University Press, 2006.

　　[4]　北京师范大学管理学院、北京师范大学政府管理研究院:《2012 中国民生发展报告——跨越变革世界中的"民生陷阱"》,北京师范大学出版社 2012 年版,第 192—193 页。

化"，其不良后果和消极作用尤胜于区域间供给不均。公民身份的区域化源于计划经济时代的户籍制度和"属地化"的公共服务与福利供给体制，改革开放以后的户籍制度改革并没有从根本上剥离附着其上的公民身份与福利资格的限制，这种限制不仅体现在本地的城市与农村户籍人口之间，也体现在本地户籍人口与外地暂住人口之间。而1994年的分税制改革不仅再次确立了基本公共服务和社会福利供给的"属地化"、"地方化"原则，而且还由于其财政收入中央集权化与财政支出责任地方化的结构矛盾即"财权不充分的属地化供给"，导致地方政府严格限制基本公共服务与社会福利的享受资格，大部分非本地户籍人员（特别是农民工）和非正规就业人员常常被排除在外[①]。公民身份的区域化消解了社会福利的统一国民待遇，导致一个城市、一个区域存在一种社会政策体制，不同城市与区域间的社会政策体制彼此独立、分割[②]。通俗地讲，不存在国民化福利资格意义上的中国人，而是一种北京人、上海人、杭州人、宁波人、广州人等构成的区域碎片化状态。这样一种公民身份和福利资格的区域碎片化格局，不仅严重阻碍了人口的自由流动以及全国统一的劳动力市场的形成，而且造成了流动人口在不同城市流动的过程中承受福利损失，比如养老与医疗保险关系异地接续困难、异地折算损失或异地报销麻烦等问题，这也是农民工社会保障制度建设始终不见成效、"退保潮"时有发生的重要原因。

2002年以来，在基本公共服务均等化的目标要求下，我国对中央与地方的事权与财权划分进行了一些调整，如推行省管县财政体制、加大中央的专项转移支付，但总体上并没有根本触动分税制下中央与地方的财政分配关系与职责分工，财政收入中央集权化与公共服务供给地方化之间的结构性矛盾未得到根本解决。因此，在当今中国，基本公共服务与社会福利供给水平仍取决于地方经济发展水平和地方政府财力，"中央财政转移支付作用有限，由财力差距造成的投入差距依然是制约区域间基本公共服务均等化的主要因素"[③]，而且由于基本公共服务与社会福利供给的地方化与属地化原则没有改变，区域碎片化格局不仅依然保留而且日益深化。从根本上说，破除区域碎片化结构，实现无地域区别、全民统一的公民身份和福利资格，需要重新设计

---

① 　Dorothy J. Solinger, *Contesting Citizenship in Urban China：Peasant Migrants, the State, and the Logic of the Market*, Berkeley, CA：University of California Press, 1999.

② 　岳经纶："建构'社会中国'：中国社会政策的发展与挑战"，《探索与争鸣》2010年第10期。

③ 　郁建兴："中国的公共服务体系：发展历程、社会政策与体制机制"，《学术月刊》2011年第3期。

中央与地方的财政关系和职责分工,由中央政府承担基本公共服务与社会福利供给的主要责任。[①]

8.3　走向全民统一的基本公共服务体系建设

经过改革开放三十多年来的探索,特别是近十年来的努力,当前我国已经初步建立起全覆盖、保基本、多层次的基本公共服务与社会政策体系,在缓解社会矛盾、促进社会公平和改善公民福利方面发挥了积极的作用,但是这一体系也呈现出鲜明的碎片化特征,具体表现为依据职业分割的身份碎片化以及依据属地分割的区域碎片化两个层面。这种"以地域为经、不同社会(职业)身份类别为纬的新形态多元式"碎片化结构是对传统城乡二元结构的进一步碎片化,其不良后果与负面作用也更为严重[②]。

身份碎片化,表现为针对不同职业身份的群体适用不同的社会政策,不同群体享受差异化、不平等的基本公共服务和社会福利。这一特征重点体现在当代中国的社会保障制度领域,针对农村居民、城镇居民、农民工、城镇企业职工、事业单位工作人员、机关公务员分别建立不同的社会养老与医疗保障制度,各种制度独立运行、享受标准不一,不仅城市与农村分割、私人部门与公共部门分立,而且大碎片之外还有各种小碎片[③]。我国基本公共服务与社会福利体系的这种制度林立的身份碎片化格局,既不利于各种制度自身的可持续运行,也不利于发挥社会政策和社会福利本身的再分配和平等化效应;不仅没有缩小群体之间生活质量的差距,反而人为地再次扩大了不平等;不仅不利于阶层之间自由流动特别是向上流动,反而使社会职业分层结构进一步固化和僵化。

区域碎片化,表现为采取属地化的基本公共服务与社会福利供给,不仅造成地方政府严格限制非本地户籍人口的福利资格或享受待遇,而且导致流动人口在变更居住或工作地后出现福利资格认定与转移困难并造成个人福

①　沈荣华:《政府间公共服务职责分工》,国家行政学院出版社 2007 年版。

②　岳经纶:"建构'社会中国':中国社会政策的发展与挑战",《探索与争鸣》2010 年第 10 期,第41 页。

③　郑秉文:"中国社保'碎片化制度'危害与'碎片化冲动'探源",《甘肃社会科学》2009 年第 3期,第 50 页。

利耗损。除了户籍制度根深蒂固的影响外，区域碎片化的主要根源在于中央与地方政府间财政分配与职责分工不尽合理。一方面，财权不充分的"福利地方化"加之转移支付功能的有限，导致区域间基本公共服务与社会福利的差距不断扩大（与经济增长和发展水平呈现出很强的正相关）；另一方面，属地化的"福利地方化"导致了"公民身份的区域化"，法理上全国性的公民身份被限定在比较狭小的地市或区县级，并且区域之间彼此分割。这种区域碎片化格局既不利于区域均衡发展、缩小区域差距，也不利于公民的自由流动、自由迁徙和安居乐业。

概言之，破除碎片化结构是未来我国社会政策发展与改革的根本目标，构建起一个全民统一、可持续的基本公共服务体系是我国推进现代化与城市化的客观要求。从学理上说，构建全民统一的基本公共服务与社会政策体系，其正当性和合理性依据来自于公民身份和公民权利。公民身份与社会权利理论的提出者 T. H. 马歇尔指出，现代国家的社会政策发展和福利体制的构建不仅是现代工业社会特别是市场经济条件下国家或政府用于解决系统功能失调和不平等的主要手段，而且是实现和保障公民权利的必然要求。公民权利由公民基本权利（civil rights）、政治权利（political rights）与社会权利（social rights）三部分组成，其中社会权利实质上指的就是公民的福利权利或福利资格，亦即作为公民平等享有社会福利的资格和权利。马歇尔不仅认为"任何合法的权利必然与福利具有直接与间接的本质联系"[1]，社会权利指向实质平等即"按照社会通行标准享受文明生活"的权利，而且认为"在福利领域，政府的责任比通常所说的经济事务更为直接、也更为紧迫。……在公共部门与私人领域之间有着伙伴关系（在这种伙伴关系中，国家占据了绝大部分份额）的地方，这个地方的公共服务一定潜在地非常广泛。我的意思是说：国家必然使服务扩展到全国，使所有人都能获得福利服务。"[2]可以看到，根据马歇尔的公民身份与社会权利理论，实施社会政策是现代国家或政府改善公民福利、促进社会平等的一项根本职责，并且社会福利必须向全体公民平等地提供。[3] 这一理论影响了第二次世界大战结束以后西方发达国家特别是欧

---

① T. H. Marshall, The Rights to Welfare, in Noel Timms and David Watson (eds.), *Talking about Welfare: Readings in Philosophy and Social Policy*, London: Routledge, 1976, p. 52.

② T. H. 马歇尔、安东尼·吉登斯等著，郭忠华、刘训练等编：《公民身份与社会阶级》，江苏人民出版社 2008 年版，第 115—116 页。

③ 何子英：《社会政策》，中国人民大学出版社 2012 年版，第 74 页。

洲发达国家的社会政策实践与福利国家建设。

　　从国际经验来看,当代西方发达工业国家普遍建立起一个普遍主义的基本公共服务与社会福利体制。尽管不同国家表现出具体制度政策的差异,但基本立足于保障公民的社会权利、满足国民的福利需求,并呈现出三个普遍的典型特征:第一,普遍性原则(普遍主义)。基于公民的社会权利原则,人人平等享有国家或政府提供的社会保障和社会福利。第二,制度统一原则。国家应对全体国民实施统一的社会保障和社会福利制度,不作基于任何身份区别的差异化对待[1]。第三,系统性原则。由国家系统地制定和实施制度化的社会政策,尽可能满足国民多样化的社会需求[2]。

　　其中,法国和美国则是两个典型的例外国家。法国的社会政策背离了制度统一原则,呈现出高度的碎片化特征,其社会保障制度根据不同的职业身份和工人群体设立,且各种政策和制度间待遇差距悬殊、身份和特权色彩浓厚,不仅导致了严重的财政负担,而且成为社会不和谐的主要因素。法国历届政府尽管都致力于整合这些碎片化的制度,但由于根深蒂固、历史悠久的结构限制,始终未获成功[3]。在美国,社会政策遵循选择性原则(选择主义)而非普遍性原则,实行补缺型模式,国家仅仅提供"经济调查式的社会救助、少量的普救式转移支付或作用有限的社会保险计划"[4]。在福利国家的黄金时代,美国一度被视作"福利国家的落伍者"[5],而随着20世纪70年代中后期福利国家陷入危机,转而使美国在20世纪80年代成为福利国家改革的领头羊。以"私有化"和"福利紧缩"为主要内容的新自由主义改革,在一定程度上抑制了西方国家的"福利病"并重新激活了市场活力,但社会政策功能的弱化则激发了大量的社会矛盾和社会问题[6]。在经历了"日益背离普享原则"的社会政策改革之后[7],西方国家在20世纪90年代中后期逐渐向社会政策的普遍性原则复归。而2008年爆发的全球金融危机,更是引发了全球性的社会政策反

---

　　[1]　贝弗里奇:《贝弗里奇报告——社会保险和相关服务》,中国劳动社会保障出版社2008年版,译者序,第3页。

　　[2]　哈特利·迪安:《社会政策学十讲》,上海人民出版社2009年版,第77页。

　　[3]　郑秉文:"法国高度碎片化的社保制度及对我国的启示",《天津社会保险》2008年第3期。

　　[4]　哥斯塔·艾斯平-安德森:《福利资本主义的三个世界》,法律出版社2003年版,第29页。

　　[5]　Nathan Glazer, *The Limits of Social Policy*, Cambridge: Harvard University Press, 1988, p. 192.

　　[6]　Michael Prince, How Social is Social Policy? Fiscal and Market Discourse in North American Welfare States, *Social Policy & Administration*, Vol. 35, No. 1, 2001, pp. 2-13.

　　[7]　米什拉:"西方福利模式的改革趋势:日益背离普享原则",《国外社会科学》2008年第3期。

思，加强和完善社会福利体系被提上了全球议事日程，即便美国也正致力于构建一个全民医疗保险体系[①]。

　　虽然从公民身份与社会权利的角度上说，普遍主义比之于选择主义更具有正当性，因为依据社会权利的本质，"如果每一个人都能在同样的基础上享有津贴和服务，那么就能确保每一个人都能够获得保障自己福祉所需的最低水平的必要帮助"[②]，但是，实施普遍主义还是选择主义的社会政策模式并不是政策制定者理性选择的结果，而是受其基本国情即所处的政治、经济、社会与文化环境所限制。欧洲之所以奉行普遍主义模式，与其工人阶级力量强大、公民的不平等意识强烈、社会民主主义和合作主义政治影响巨大密切相关；而美国之所以奉行选择主义模式，与其根深蒂固的自由主义传统、崇尚"工作伦理"的社会文化、坚持最小政府和反对再分配的社会干预密切相关。

　　根据公民身份与社会权利的基本原则，并结合国际经验与观察，我们认为当代中国当致力于破除碎片化结构，打破社会福利的城乡分割、身份分割和区域分割格局，构建全民统一的基本公共服务体系。这一体系具有以下两个基本特征：普遍性，即所有国民，不分城乡、区域、身份和职业，人人平等享有基本公共服务与社会福利。特别是在我国，由于历史传统和意识形态影响，民众对不平等的容忍度较低并具有强烈的共同富裕理想，因此必然要求选择普遍主义的社会政策模式；统一性，即社会政策的基本项目健全、同类项目统一运行，对所有国民实施统一的社会政策，对所有适用对象实施统一的制度安排，建立一体化的筹资、运行和管理机制。具体而言，一方面针对身份碎片化问题，将各种分割、林立的制度进行整合并轨，实现统一制度、统一规范；另一方面针对区域碎片化问题，摒弃"属地化"供给原则，重新设计中央与地方的财政关系与职责分工，由中央政府承担主要供给责任，实现全国统一的公民身份。

　　破除身份碎片化结构、实现制度统一，从根本上说就是将所有国民直接纳入同一制度或政策之中，享受统一标准的福利待遇和义务。这主要体现在社会保障领域，特别是基本养老与医疗保险，西方发达国家通常都建立了针对全体国民的统一制度，因而又称之为国民年金（全民养老保险）、国民健保（全民医疗保险）。事实上，西方发达国家也并非没有专门针对农民或不同工

---

①　潘屹："社会政策全球性复归"，《中国社会保障》2009 年第 8 期。

②　哈特利·迪安：《社会政策学十讲》，上海人民出版社 2009 年版，第 77 页。

人群体实施的养老或医疗保险制度,但这些制度都是作为已经实施的、统一的国民年金或国民健保制度的有益补充而建立起来的[1]。换言之,允许在低线公平乃至一定平均标准的基础上,针对不同群体建立起相应的补充制度,前者体现国民统一待遇,后者体现职业身份的差异和缴费能力。

对于当代中国而言,整合碎片、统一制度已然是政府和社会各界的一个普遍共识,但是对于其步伐、步骤以及所需之时间,人们却有不同的看法和建议。总的来说,我们可以简单地划分出两种观点。一种观点认为,当代中国的基本社会保障与福利的城乡差距、群体差距已经达到不可忍受的地步,因此应该一步到位直接实现全民制度统一,目前的经济社会发展水平也能够提供充分的条件。[2] 而且,全民制度统一并不意味着平均主义和绝对平等,而是以劳动、收入和年龄为标准,有统一的缴费基数,有分类的缴费水平和保障水平,从而实现劳动者皆保险、非劳动者皆保障。[3] 另一种观点则认为,一步到位在短期内并不具有现实操作性,制度统一应当在一个较长时期内分阶段、有计划地稳步推进。如,推进城镇居民与农村居民的基本养老与医疗保障制度整合并轨,为最终的制度统一奠定基础,事实上城乡一体化已经成为当前我国经济先发地区的普遍做法[4];同时,推进机关公务员、事业单位工作人员与城镇企业职工的基本养老与医疗保障制度整合并轨[5],近年来社会各界持续热议的"退休双轨制"问题正体现了这一制度创新需求,这也被视作当今中国最大的社会不公平之一。尽管一步到位与分步推进之间的争论依然在持续,但越来越多的观察人士认为必须自上而下加快推进社会政策的制度统一,碎片化一旦固化将带来严重的社会分化和社会矛盾,因此越早地推动制度统一,其阻力和代价也就越小[6]。而且,"制度统一的意义不仅在于保障公平的社会福利待遇,更重要的是促进社会融合,即便不同群体的社会福利待

---

① 林义:《农村社会保障的国际比较及启示研究》,中国劳动社会保障出版社 2006 年版,第 50 页。

② 刘金华、杨军昌:"构建城乡一体化的社会养老保险",《江苏农村经济》2005 年第 8 期。

③ 褚福灵:"论建立覆盖城乡居民的养老保障体系",《北京劳动保障职业学院学报》2009 年第 2 期。

④ 丁开杰:"中国特色社会保障体制建设——基于国际趋势与新理念的思考",《中国特色社会主义研究》,2009 年第 6 期。

⑤ 臧宏:"事业单位养老保险制度改革的路径与对策",《东北师大学报》(哲学社会科学版)2008 年第 6 期;郑秉文、孙守纪、齐传君:"公务员参加养老保险统一改革的思路——'混合型'统账结合制度下的测算",《公共管理学报》2009 年第 1 期;

⑥ Tony Saich, *Providing Public Goods in Transitional China*, New York: Palgrave MacMillan, 2008.

遇相差无几,但碎片化的社会政策仍隐藏着社会排斥和分化的风险。"①

　　破除区域碎片化结构,实现全国统一的公民身份,需要从根本上重新设计中央与地方的财政关系与职责分工,将基本公共服务与社会福利的主要供给责任交由中央政府承担。如前所述,分税制下中央与地方政府的财政关系与职责分工是造成当今中国基本公共服务与社会福利供给不足、供给不均以及区域碎片化的最根本原因,其中最为显著的弊病就是财政收入中央集权化与财政支出地方化的结构矛盾②。自 1994 年分税制改革以后,中央财政支出占国家财政总支出的比重相对较低,基本保持在 30% 左右,2010 年更是不足20%,但是中央财政收入大体在国家财政总收入的 50%—55% 之间;"从国家财政支出结构来看,中央财政支出主要集中在外交、国防两个项目,地方财政成为履行政府对内职能的主要支出者,2010 年地方政府在农林水事务、环境保护、医疗卫生、城乡社区事务,以及社会保障和就业等方面的支出比重甚至超过 95%"③。就基本公共服务与社会福利供给而言,中央与地方的财权事权不匹配、"财权层层上移,事权层层下移"导致了诸多不良的后果:一是经济落后、财力有限的地方政府往往难以提供充足的公共服务和社会福利,即形成了县乡困难问题;二是促使地方政府"选择性履行职能",即重视经济建设和经济投资而忽视公共服务和社会福利供给④;三是倒逼地方政府依赖预算外收入,产生了大量的"乱收费"问题⑤;四是导致地方政府不轻易提高福利供给水平,而且还严格限制非本地户籍人口的福利资格或待遇;五是造成区域间公共服务与社会福利供给不均衡,甚至差距越来越大;六是"属地化"供给特别是社会保险基金的市县级统筹,导致公民身份的地域化和福利资格的区域分割。

　　因此,必须从根本上改变现行分税制下中央与地方的财政关系与职责分工,变革的依据或原则至少应该包括以下两个方面:既有利于激励中央与地方共同提供人民满意的公共物品,也有利于国民自由流动和全国性公民身份的形成。事实上,关于当下中国分税制改革的讨论持续已久,并达成了"加快

---

　　① 何子英:"走向城乡一体化的社会政策体系建设——以'十一五'时期的浙江经验为研究对象",《经济社会体制比较》2012 年第 4 期。

　　② 张永生:"政府间事权与财权如何划分:国际经验及其对中国的启示",载卢中原编:《财政转移支付和政府间事权财权关系研究》,中国财政经济出版社 2007 年版。

　　③ 郁建兴、高翔等:《从行政推动到内源发展:中国农业农村的再出发》,北京师范大学出版社2013 年版,第 261 页。

　　④ 何显明:《市场化进程中的地方政府行为逻辑》,人民出版社 2008 年版。

　　⑤ 中国发展研究基金会:《公共预算读本》,中国发展出版社 2008 年版。

调整优化中央与地方的财政关系和职责分工"的共识,但对于改革的战略和
方向却存在着分歧且争论激烈。总的来说,主要是两种思路:"一种思路是,
进一步提高中央财政收入比重,同时建立一套完整的中央政府公共服务体
系,强化中央政府对基本公共服务均等化的职责。另一种思路是,提高地方
财政收入比重,加强地方政府公共服务能力建设,使地方政府具备与其职责
相匹配的财权与财力"[1]。在我们看来,前一种思路比较合理和可取。因为,
如果仍由地方政府承担基本公共服务与社会福利供给的主要责任,那么改革
无外乎两种战略,即要么财权下放地方,要么加大中央的转移支付[2]。但是,
下放财权也并不一定能够保证地方政府拥有与其事权相匹配的财力,也正因
此,越来越多的学者认为应该区别财权与财力两个概念,并强调从"财权与事
权相统一"转向"财力与事权相统一"[3]。实际上,在"财力与事权相统一"原则
下,不外乎财权下放与加大转移支付相结合或者中央集权与加大转移支付相
结合。不过,加大中央转移支付在目前的行政体制下效果事实上并不理想[4]。

　　就基本公共服务与社会福利供给而言,中央与地方的财政关系改革并不
能简单地依据财权与事权相匹配或者财力与事权相统一的原则,而是首先必
须厘清基本公共服务与社会福利供给的空间属性。从公共物品供给上说,基
本公共服务与社会福利具有显著的全国性和外溢性较强的特征,应当由中央
政府承担主要责任;而且,再分配功能应以中央政府履行为主,"如果允许地
方政府行使再分配的权力,则会在全国范围内出现地方间的差别税收、差别
转移支付等制度,从而导致生产要素不合理的流动"[5]。此外,还必须考虑到
基金化运作的社会保障与福利制度的统筹层次问题,即便财权或财力与事权
相统一和匹配,如果依旧实行市县级统筹,仍然无法解决公民身份区域化以
及区域间福利制度分割(如保险接续与转移)的顽疾,而且这也不是简单地改
革甚至废除户籍制度就能解决的。因此,我们认为基本公共服务与社会福利
供给的主要责任应由中央政府承担,"实际上,大多数发达国家的基本公共服
务都是由中央政府负责政策制定、资金筹集和集中管理,并承担大部分的支

　　① 许善达:"财税问题系列评论之三:中央与地方财税体制改革方向",《第一财经日报》2012 年 2 月 21 日。
　　② 周飞舟:《以利为利:财政关系与地方政府行为》,上海三联书店 2012 年版,第 13 页。
　　③ 倪红日:"应该更新'事权与财权统一'的理念",《财税观察》2006 年第 5 期。
　　④ Christine P. W. Wong and Richard M. Bird,"中国的财政体系:进行中的工作",载劳伦·勃兰特、托马斯·罗斯基编:《伟大的中国经济转型》,方颖、赵扬等译,上海人民出版社 2009 年版。
　　⑤ 周波:《政府间财力与事权匹配问题研究》,东北财经大学出版社 2009 年版,第 89 页。

出责任，地方政府主要是政策执行的代理机构"①。换言之，当代中国应当建立类似西欧发达国家的"中央集权式福利国家"，由中央提供标准化、均等化的基本公共服务和社会福利，并允许或要求地方政府根据自身实际财力与居民需求进行加权和增量。当然，上述目标并不能在短期内一蹴而就，当前应尽快"建立省域公民身份"②，亦即建立全省统一、省级统筹的基本公共服务体系，为最终的全国统一、中央统筹奠定基础。

综上所述，未来中国的基本公共服务与社会福利体系建设应当致力于破除身份碎片化和区域碎片化结构，推进按职业身份分割的社会政策与福利制度的整合并轨和规范统一，重新设计中央与地方的财政关系与职责分工以使中央承担主要责任，最终建立一个全民统一、全国统一的基本公共服务体系。

针对身份碎片化与区域碎片化问题，中央政府日益认识到必须加快社会政策改革以及央地事权与支出责任的优化调整。十八届三中全会指出，在公平的社会保障制度建设方面，要推进机关事业单位养老保险制度改革，实现基础养老金全国统筹；在事权与支出责任相适应的制度建设方面，要适当加强中央事权和支出责任，特别是加强中央在社会保障领域的事权，对于跨区域的公共服务中央通过转移支付承担部分支出责任。相比于央地事权与支出责任的调整，社会政策改革的推进相对较快。2014年5月15日，国务院公布最新的《事业单位人事管理条例》，自7月1日起正式施行，其中第三十五条明确规定，"事业单位及其工作人员依法参加社会保险，工作人员依法享受社会保险待遇"。这意味着长期饱受诟病的"退休双轨制"改革困局将取得根本性的突破，并为未来机关与事业单位工作人员统一并轨企业职工基本养老保险奠定基础。

---

① 郁建兴："中国的公共服务体系：发展历程、社会政策与体制机制"，《学术月刊》2011年第3期。
② 岳经纶："建构'社会中国'：中国社会政策的发展与挑战"，《探索与争鸣》2010年第10期

9　推进重点领域和关键环节的改革

当前,加快社会建设,共建共享和谐社会,必须推进收入分配制度、户籍制度和土地制度等重点领域和关键环节的改革。收入分配制度、户籍制度和土地制度日益成为影响当代中国经济社会协调健康可持续发展的重要因素,它们不仅对经济增长、经济转型具有强烈的结构限制性作用,而且事关社会稳定和政治安定的总体发展大局。本章试图在分析当前我国收入分配、户籍与土地制度之现状与弊端的基础上,提出推进相应制度改革之可供参考的战略路径与对策建议。

9.1　推进收入分配制度改革

收入分配是现代工业社会的核心发展议题,它不仅具有重要的经济学意义,并同时兼具重大的社会学和政治学意义。收入分配对经济增长和社会发展均具有最直接的影响,一个合理的收入分配制度或收入分配格局是一个国家或地区实现经济社会健康持续发展的基本条件。所谓收入分配,从经济学角度上讲,一般指的是根据生产要素在经济生产中的作用与贡献,对居民个体或其家庭进行的国民收入分配。[①] 通常而言,收入分配包括初次分配与再(次)分配两个层面。就现代工业社会来讲,前者主要涉及的是在职劳动者的工资性或劳动性收入,当然个人或其家庭的收入还有可能来自于土地、资本等资产性收入;后者则主要指的是国家或政府向个人或其家庭提供的各种转移支付性收入、民生性社会福利和社会性基本公共服务,比如个税返还、免费

---

① 权衡:《收入分配与收入流动:中国经验和理论》,上海人民出版社 2012 年版,第 21 页。

义务教育、养老和医疗等社会保险和福利津贴。^① 由是观之，收入分配的重要性不言而喻，收入分配事实上是现代工业社会中劳动者赖以生存和发展的首要条件和根本基础。

具体地说，收入分配的重要性可以从其与经济增长和社会民生两个方面的关系来理解。相对而言，收入分配与社会民生的关系比较直接和鲜明。在现代工业社会和市场经济条件下，普通公民个体的生存和发展依赖于在劳动力市场中出售自己的劳动力，通过工作或劳动获得作为劳动力价格的工资，从而利用工资收入购买"生产劳动力所必需的生活资料的总和，包括工人的补充者即工人子女的生活资料，只有这样，这种独特的商品占有者的种族才能在商品市场上永远延续下去"^②。换言之，对于现代社会中普通的公民个体或工薪阶层而言，通过工作获得收入分配是其生存和发展的基本保障，而收入不足也就意味着生活贫困或者说生活质量较低，所以合理平等的收入分配格局直接关系着整体的社会民生乃至社会和谐与稳定，特别是当一个社会的大部分居民处于贫困的生存境域时很可能会发生社会动乱和政治动荡，因为他们会通过打破现行体制的方式以改变自身的生存状态和等级地位。根据国际经验，一个合理的收入分配格局并不是追求绝对的平等或平均，而是要形成一种所谓两头小、中间大的"橄榄型社会"，即富人与穷人比例小而大部分国民处于中产阶级地位时，这样一种社会结构才能确保社会稳定，避免因收入分配不平等带来的社会动荡。

就收入分配与经济增长的关系而言，一种比较形象的说法是将其描述为"切蛋糕与做蛋糕"的关系，或者更确切地说是"切好蛋糕与做大蛋糕"的问题。毋庸置疑，从根本上说经济生产和财富创造是收入分配的前提条件，经济增长是收入增长的物质基础，亦即在逻辑上先有"做蛋糕"，其后才有"切蛋糕"。然而，这一逻辑并不必然导出常常被人们想象成理所当然的另一逻辑："做大蛋糕优先于切好蛋糕"。根据西方国家早期的自由主义理念和发展经验，经济增长会自然而然地提高全社会成员的收入水平和生活质量，是通过市场这支"看不见的手"之功能发挥的结果。^③ 但是，西方经验有其独特的初始条件和历史环境，对于发展中国家并不完全适用，因为大多数后发国家或

　　① 何子英：《社会政策》，中国人民大学出版社 2012 年版，第 191 页。

　　② 马克思：《资本论》（第一卷），人民出版社 2004 年版，第 200 页。

　　③ Thomas A. McCarthy, From Modernism to Messianism: Liberal Developmentalism and A-merican Exceptionalism, in *Constellations*, No. 1, 2007, pp. 3-4.

新兴工业化国家都自觉不自觉地表现出强国家、强政府的特征,亦即由国家或政府代替市场成为推动经济增长和干预收入分配的主要手段。① 由于经济增长具有压倒性的优先地位,后发国家往往选择一种"先增长后分配"的发展模式,其结果是经济快速增长与贫富差距扩大同时并存,并最终使得经济增长不再具有可持续性,出现所谓"拉美陷阱"或"中等收入陷阱"。② 简单地说,"做大蛋糕"并不必然保证"切好蛋糕",而蛋糕分配的不合理终将反过来影响蛋糕的继续做大,甚至于最终破坏生产蛋糕的社会经济条件。

　　事实上,收入分配不平等与经济增长的关系一直是国际学术界研究的重要课题。在 20 世纪 50 年代,学者们不仅开发了基尼系数来描述个体间的收入分配差距,而且普遍认为收入分配的不平等实际上有利于经济增长,如刘易斯、卡尔多等人认为收入分配不平等能够提高储蓄率和投资率,从而为经济增长提供了资金和动力;但是,20 世纪 80 年代以来,大量的实证研究结果普遍表明收入分配不平等将显著地损害经济增长③。客观地说,收入分配不平等本身是市场经济体制的必然结果,特别是根据要素贡献进行的初次分配必然会体现个体收入的相当差异。这样的收入分配不平等如果控制在一定的程度下,不仅不会破坏市场原则的运作,而且还会形成一种合理的竞争激励、促进要素的自由流动。但是,如果任由收入分配不平等或所谓贫富差距不断扩大,特别是形成了一种不合理的收入差距格局和阶层收入等级结构时,那对经济增长与社会稳定都将构成严重的危害。

　　对于经济增长的动力而言,收入分配不平等将导致社会总体消费需求不足的问题④。众所周知,经济增长的动力大体上由投资、消费与出口三驾马车构成,长期的消费不足会严重制约经济增长的可持续性,特别是在投资接近饱和、出口不断萎缩的情况下。在凯恩斯主义看来,由收入分配不平等导致的消费需求不足正是经济衰退的根本原因:持续的经济增长取决于有效消费需求的再生产和扩大再生产,有效消费需求是刺激生产扩张和再生产的源泉,而有效消费需求的实现则取决于居民具有足够的购买力,但市场经济或市场机制本身不能保证之,因此必须借助于政府积极的经济与社会政策干预,政府应当积极促进充分就业并展开需求管理,首先是降低税率、提高居民

---

①　郁建兴:"发展主义意识形态的反思与批判",《马克思主义研究》2008 年第 11 期。
②　郑秉文:"拉美的'增长性贫困'与社会保障制度的作用",《中国劳动保障》2007 年第 7 期。
③　尹恒、龚六堂、邹恒甫:"当代收入分配理论的新发展",《经济研究》2002 年第 8 期。
④　赵友宝、张越玲:"消费需求不足的收入分析",《财经科学》2000 年第 4 期。

的工资性收入,其次是实施收入再分配政策即"重新分配所得,以提高消费倾向"①。简言之,通过提高普通工薪阶层初次分配的工资收入和建立健全再次分配的社会保障和社会福利制度,以提高居民的购买力或消费能力,"避免人们为应对不可预期的社会风险而过度依赖储蓄,从而压制消费需求",最终实现经济增长与消费增长的良性循环。②

概括起来,一个合理的收入分配格局并不意味着收入的高度平等或绝对平均,适当的收入差距不仅是必然的而且是合理的,但是市场经济本身具有扩大收入差距的天然属性,收入分配不均或贫富差距扩大不仅严重影响着社会民生质量的整体提高,而且因收入分配不均造成的消费不足也将对经济增长构成强烈的反制作用,因此,为弥补市场机制的不足,国家或政府应当积极地实施收入分配干预政策,特别是发展中国家要避免"先增长后分配"的错误发展理念,通过合理的收入分配制度设计促进经济社会协调健康可持续发展。

一般而言,理想的收入分配制度设计需要根据以下几个原则进行:一是劳动力价格形成的市场化原则,即不是由政府机制而是由市场机制来主导初次分配,即由劳动力市场和劳动力供需关系确定劳动力价格或劳动工资,而劳动力价格扭曲也正是现代市场经济社会中收入分配不公的重要表现;二是按要素分配原则,即按生产要素贡献大小进行初次分配,"各种生产要素的价格由市场供求关系决定,要素所有者提供生产要素所获得的报酬(收入)由要素的市场价格决定……按要素分配与市场配置资源是同一个过程,市场按要素分配收益就是在执行配置资源的职能。所以确立按要素分配的方式,是通过市场机制实现资源有效配置的不可缺少的条件"③;三是按劳分配原则,即按照劳动者的劳动数量和质量进行初次分配,遵循"多劳多得、少劳少得、不劳不得"的基本方针;四是社会工资原则,即通过国家或政府提供的转移支付、社会保障和社会福利,以缩小初次分配带来的收入差距,提高总体收入分配的公平性,因此社会保障制度通常又被称作收入维持计划。经过改革开放三十多年的探索,当今中国的收入分配制度改革基本采纳并确立了上述原则。

在改革开放前,我国的收入分配主要依据的是平均主义的按劳分配原则,当时根据马克思主义的政治经济学原理的解释,党和政府认为劳动是创

---

① 凯恩斯:《就业、利息与货币通论》,商务印书馆1983年版,第321页。
② 何子英:《社会政策》,中国人民大学出版社2012年版,第72页。
③ 周为民、陆宁:"按劳分配与按要素分配:从马克思的逻辑来看",《中国社会科学》2002年第4期,第7页。

造价值的唯一源泉,由此同时也否定了按生产要素分配的客观性和合理性[①]。由于在计划经济时代,我国的收入分配制度追求的是绝对平均主义,因此城镇劳动者之间的收入差距并不明显,一方面既无资产性或财产性收入,另一方面不同级别之间如八级工资制下的工资差距也可谓是微乎其微。平均主义收入分配的结果是我国的基尼系数长期维持较低的水平,到1978年基本都一直在0.2以下,可谓是高度平等的社会;而且,城镇职工基本处于"低工资、高福利"的生活状态,享受着由单位提供的免费而均质的社会福利与基本公共服务,工资的作用实际上并不重要。不过,这样一种平均主义的按劳分配原则实质上损害了按劳分配原则本身,是一种严重扭曲了的按劳分配,强烈地挫伤了劳动者的生产或劳动积极性,从而在根本上既不利于促进经济持续快速增长也不利提高劳动者的收入水平和生活质量。事实上,在计划经济体制下我国的平均主义最终导致的是一种资源匮乏与普遍贫穷的平等。

改革开放以来,随着市场化导向的经济体制转型深入推进,我国的收入分配机制发生了根本性的重大变化。在20世纪80、90年代,由于我国政府片面强调效率导向的收入分配而忽视了公平导向的收入分配,只注重收入差距的经济激励作用而忽视经济发展成果的共享式分配,加之收入分配制度改革长期滞后,导致收入分配秩序混乱、收入差距持续扩大,成为引发经济社会矛盾和冲突的重要原因。其中,最具代表性的是"效率优先,兼顾公平"原则,虽然中央政府一再强调效率与公平必须同等重视,但在地方政府的改革实践中,往往是效率优先却不顾公平[②]。客观地说,改革开放以来中国的发展模式实质上就是一种发展中国家常常会采取的"先增长后分配"模式,这样一种短视性发展模式的结果是在经济快速增长的同时,国民收入和国民福利并没有相应地得到显著提高,没有平等地享受到经济发展的成果。

事实上,受制于改革的具体历史情境,直到20世纪90年代中后期,党和政府始终没有形成收入分配制度改革的明确指导思想和战略方针,只是笼统地提出了"以按劳分配为主体,其他分配方式为补充"的原则,这与社会主义市场经济体制合法性地位的确立密切关联,在时间上具有过程的同步性。而在此前的改革进程中,我国的收入分配格局主要由两个方面的经济转型原因

---

① 何雄浪、李国平:"论劳动价值论、按劳分配与按要素分配三者之间的逻辑关系",《经济评论》2004年第2期。

② 王绍光:"从经济政策到社会政策的历史性转变",载周建明、胡鞍钢、王绍光:《和谐社会构建》,清华大学出版社2007年版。

所塑造：一是所有制改革推动下私有和个体经济的迅速发展，使得个人收入不再单一表现为工资形式，而是出现了资本收入和经营风险收入，从而拉开了"有产者"和"无产者"之间的收入差距；二是农业劳动力向非农产业转移，在提高了农民收入的同时也改变了城镇劳动力的供给结构，非技术人员的工资率被压低，技术人员和非技术人员的工资收入差距扩大①。

　　1997年，党的十五大正式明确提出了实行按劳分配与按生产要素分配相结合的分配原则以适应社会主义市场经济的发展要求，并于1999年颁发了《关于建立劳动力市场工资指导价位制度的通知》，对企业工资总额和工资水平不再实施行政控制，而是充分发挥劳动力市场的基础性作用，实行市场化的劳动工资定价机制。2002年，党的十六大再次强调要"确立劳动、资本、技术和管理等生产要素按贡献参与分配的原则，完善按劳分配为主体、多种分配方式并存的分配制度。"而2005年制定的"十一五规划建议"则进一步明确提出了"着力提高低收入者收入水平，逐步扩大中等收入者比重，有效调节过高收入，规范个人收入分配秩序，努力缓解地区之间和部分社会成员收入分配差距扩大的趋势"的目标。2007年，党的十七大更是首次提出在初次分配中也要实现公平与效率的统一，"要坚持和完善按劳分配为主体、多种分配方式并存的分配制度，健全劳动、资本、技术、管理等生产要素按贡献参与分配的制度，初次分配和再分配都要处理好效率和公平的关系，再分配更加注重公平。逐步提高居民收入在国民收入分配中的比重，提高劳动报酬在初次分配中的比重。着力提高低收入者收入，逐步提高扶贫标准和最低工资标准，建立企业职工工资正常增长机制和支付保障机制。创造条件让更多群众拥有财产性收入。保护合法收入，调节过高收入，取缔非法收入。扩大转移支付，强化税收调节，打破经营垄断，创造机会公平，整顿分配秩序，逐步扭转收入分配差距扩大趋势"。2011年制定的"十二五规划纲要"则专门开辟一章论述了"十二五"时期收入分配制度改革的战略部署，要求"坚持和完善按劳分配为主体、多种分配方式并存的分配制度，初次分配和再分配都要处理好效率和公平的关系，再分配更加注重公平，加快形成合理有序的收入分配格局，努力提高居民收入在国民收入分配中的比重，提高劳动报酬在初次分配中的比重，尽快扭转收入差距扩大趋势"，其具体战略包括"深化工资制度改革"、"健全资本、技术、管理等要素参与分配制度"、"加快完善再分配调节机制"、

<hr/>

① 李实、赵人伟、张平："中国经济转型与收入分配变动"，《经济研究》1998年第4期。

"整顿和规范收入分配秩序"等四个主要方面。

不过,虽然自20世纪90年代中后期以来我国逐步明确了收入分配制度改革的指导原则与战略方向,却始终没有提出具有实际操作意义的改革方案。换言之,收入分配改革的重要性和必要性虽然一再得到中央政府的强调,但却几乎未有任何实质的改革举措或根本性的创新突破。作为结果,三十年来我国收入差距和贫富差距扩大的严重程度已经达到了异常惊人的地步,从改革开放前收入分配极度平均的社会变为了当前收入分配极端不公的社会。当前中国的收入差距主要表现为城乡差距、贫富差距和区域差距三个方面,并且在三个方面都呈现出差距不断扩大的趋势。

在城乡差距方面,我国的城乡居民收入比从1978年的2.37∶1飞速上升到2012年的3.10∶1,期间个别年份略有下降,但总体上呈持续扩大的趋势,特别是2002年以来一直都在3倍以上,2008年处于3.31∶1的高峰值。"城乡之间居民收入差距的扩大很大程度上取决于农民收入的增长幅度,因为城镇居民的收入增长一直保持在很高的水平上,与宏观经济的增长率基本上保持同步,而农民收入的增长与农产品价格的变动和农民外出打工的机会变化是密切相关的。当农产品价格上升以后,农民收入增加,城乡之间的收入差距缩小;如果农产品价格不变或者下降,城乡之间的收入差距就会进一步扩大"。[1]事实上,如果将社会保障和社会福利津贴等再次分配的转移支付收入计算在内的话,城乡居民收入比的倍数将更加巨大、更为惊人。城乡居民的收入差距过大不仅造成农村居民的生活水平长期落后于城市,而且"导致农村居民购买力过低,难以激活农村消费市场与启动内需"[2]。2011年,中国大陆城镇常住人口数量首次超过农村,但占总人口比重仍仅有51.27%,这意味着中国大多数的人口是农村居民。如果大幅度提高农村居民的收入水平并改善其社会保障和社会福利,无疑将大大缩小收入不平等,且将激活和释放大规模的消费需求,这对中国的民生改善和经济增长都将起到不可估量的促进作用。

在贫富差距方面,我国的基尼系数从1978年的0.2上升到2012年的0.47。根据国际经验,基尼系数超过0.4就意味着收入分配严重不平等,已经

---

[1]　李实:"中国收入差距的现状、趋势及其影响因素",中国发展研究基金会:《转折期的中国收入分配:中国收入分配相关政策的影响评估》,中国发展出版社2012年版,第15页。

[2]　刘社建、徐艳:"城乡居民收入分配差距形成原因及对策研究",《财经研究》2004年第5期。

达到了警戒线。全国城镇居民中高收入户与低收入户之间的人均可支配收入差距显著扩大,从 1995 年的 2.9 倍扩大到 2010 年的 5.4 倍;行业间的收入差距也比较严重,2008 年职工平均工资最高的行业证券业是最低的行业畜牧业的大约 16 倍,而排名前十位的行业中有四个为垄断性行业,即航空运输业、烟草制品业、银行业、电信和其他信息传输服务业①。当前中国贫富差距的严重不平等及阶层利益分化的复杂性,使中国社会形成了一种贫富悬殊的"倒金字塔"式收入分配结构,贫困和低收入人口占大多数,严重威胁着社会稳定。

贫富差距的不断扩大,主要有以下三个方面的原因:(1)劳动报酬占比下降,财富分配向资本倾斜。根据全国总工会在 2010 年发布的一项调查数据,"我国居民劳动报酬占 GDP 的比重,在 1983 年达到 56.5% 的峰值后,就持续下降,2005 年已经下降到 36.7%,22 年间下降了近 20 个百分点。而从 1978年到 2005 年,与劳动报酬比重的持续下降形成了鲜明对比的,是资本报酬占GDP 的比重上升了 20 个百分点。"②与此同时,财产或资本性收益的回报率显著上升,形成了"强资本弱劳动"的国民收入分配格局③。根据 2013 年 8 月发布的《群邑智库·2013 胡润财富报告》所称,目前全国每 1300 人中有 1 人是千万富豪,每 2 万人中有 1 人是亿万富豪,其中千万富豪主要可分为四种类型:企业主、"职业股民"、"炒房者"和"金领"。劳动报酬占比下降、资本回报率上升与我国经济增长主要靠投资拉动密切相关,"当经济增长主要依靠投资来拉动时,这种发展方式内在地决定了资本要素回报在 GDP 中的占比持续增高",此外,出口导向型经济体也倾向于压低劳动者工资以扩大其利润空间④。(2)国富民穷,城乡居民收入增长低于财政收入增长。根据温家宝总理2013 年的《政府工作报告》指出,从 2007 年到 2012 年我国城镇居民人均可支配收入和农村居民人均纯收入年均分别增长 8.8%、9.9%,而同期我国的财政收入年均增长 21.3%。由于财政收入增速过快并明显高于城乡居民收入增长速度,社会财富过度向政府倾斜和集中,既不利于提高居民的收入水平,又挤压了企业的利润空间,并严重抑制了居民和企业的积极性⑤。(3)垄断行

① 权衡:《收入分配与收入流动:中国经验和理论》,上海人民出版社 2012 年版,第三章。

② "全国总工会最新调查:劳动报酬占 GDP 比重连降 22 年",新华网,2010 年 05 月 17 日,ht-tp://news. xinhuanet. com/politics/2010-05/17/c_12108971. htm.

③ 姚先国:"民营经济发展与劳资关系调整",《浙江社会科学》2005 年第 2 期。

④ 刘尚希:"贫富差距扩大:原因解释与对策建议",中国(海南)改革发展研究院主编:《消费主导民富优先:收入分配改革的破题之路》,中国经济出版社 2012 年版,第 95、96 页。

⑤ 何帆、李强:"'国富民穷'的分配格局亟须调整",《学习月刊》2006 年第 12 期。

业攫取了大量利润,扩大了行业收入差距。根据学者的测算,"垄断行业要比非垄断行业的平均劳动报酬多出相当于全社会各行业平均收入水平70%的额度,其中不合理的部分相当于行业平均收入水平的1/4"①。垄断行业不合理的高收入主要来自于其行政性的垄断地位,因"经济体制改革不彻底导致的垄断与部分垄断是形成行业收入差距的主要因素,其贡献率合计占行业差距的65%左右"②。

在区域差距方面,区域间居民收入的差距基本上与区域间经济发展水平的差距呈正相关关系并且正在不断扩大。"2005年东部地区城镇人均可支配收入为13374.88元,而中部、西部和东北地区的人均可支配收入为8808.52元、8783.17元和8729.96元……截至2011年,东部地区城镇人居可支配收入为26406.04元,中部地区的城镇人均可支配收入为18323.16元,两者相差8082.88元,大于2005年两者4566.36元的差距……2005年农村东部、中部、西部和东北地区居民人均纯收入分别为4720.28元、2956.6元、2378.91元和3378.98元,其中东部地区最高,西部地区最低,两者相差2341.37元……2011年农村东部、中部、西部和东北地区居民人均纯收入分别为9585.04元、6529.93元、5246.75元和7790.64元。2011年东部地区与中部、西部和东北地区居民人均纯收入分别相差2633.19元、3724.87元和1708.31元,都大于在2005年的差距"③。通常而言,区域间的不平衡增长是一种客观的现象,试图达到空间经济发展的均衡实际上反而会阻碍经济增长,但这并不意味着放任区域间居民收入差距的扩大,区域收入差距过大会阻碍要素特别是人口的有效流动并损害国家整体利益和发展大局,因此必须通过中央政府的扶持政策、转移支付和均等化公共服务来缩小区域差距,在保证效率的同时促进区域之间的公平性④。

鉴于收入分配改革的紧迫性和重要性,党的十八大报告提出"要千方百计增加居民收入。实现发展成果由人民共享,必须深化收入分配制度改革,努力实现居民收入增长和经济发展同步、劳动报酬增长和劳动生产率提高同

① 武鹏:"行业垄断对中国行业收入差距的影响",《中国工业经济》2011年第10期。

② 任重、周云波:"垄断对我国行业收入差距的影响到底有多大?",《经济理论与经济管理》2009年第4期。

③ 杨宜勇、池振合:"用改革扭转收入分配发展的不良趋势",《中共中央党校学报》2013年第2期。

④ 李善同、吴三忙、李雪:"区域发展战略与中国区域收入差距演变",中国发展研究基金会:《转折期的中国收入分配:中国收入分配相关政策的影响评估》,中国发展出版社2012年版。

步,提高居民收入在国民收入分配中的比重,提高劳动报酬在初次分配中的比重。初次分配和再分配都要兼顾效率和公平,再分配更加注重公平。多渠道增加居民财产性收入。规范收入分配秩序,保护合法收入,增加低收入者收入,调节过高收入,取缔非法收入"。与之前相比,党的十八大报告鲜明地强调了在初次分配和再分配中都要注重公平,这体现了党和政府关于收入分配的重大理论进步。根据十八大报告提出的收入分配改革精神,2013 年国务院批转发展改革委等部门《关于深化收入分配制度改革的若干意见》,要求在"十二五"期间完善收入分配结构和制度、增加城乡居民收入、缩小收入分配差距、规范收入分配秩序,并围绕"继续完善初次分配机制"、"加快健全再分配调节机制"、"建立健全促进农民收入较快增长的长效机制"、"推动形成公开透明、公正合理的收入分配秩序"提出了具体指导意见。十八届三中全会就"形成合理有序的收入分配格局"展开专门论述,强调在初次分配领域"着重保护劳动所得,努力实现劳动报酬增长和劳动生产率提高同步,提高劳动报酬在初次分配中的比重。健全工资决定和正常增长机制,完善最低工资和工资支付保障制度,完善企业工资集体协商制度……健全资本、知识、技术、管理等由要素市场决定的报酬机制",在再分配领域"完善以税收、社会保障、转移支付为主要手段的再分配调节机制,加大税收调节力度",并通过"规范收入分配秩序,完善收入分配调控体制机制和政策体系,建立个人收入和财产信息系统,保护合法收入,调节过高收入,清理规范隐性收入,取缔非法收入,增加低收入者收入,扩大中等收入者比重,努力缩小城乡、区域、行业收入分配差距,逐步形成橄榄型分配格局。"

结合上述指导意见,当前我国推进收入分配制度改革需要重点从以下方面着手:第一,坚持按要素贡献分配原则,推进生产要素价格改革,改变要素价格扭曲问题[1];第二,将劳动报酬占初次分配的比重尽快提高到 50% 以上,维护劳动者的工资权益[2],同时建立健全工资正常增长机制;第三,推进城乡劳动力市场一体化,消除各种就业歧视特别是对外来务工人员的歧视,全面实现同工同酬[3];第四,推进结构性减税,合理并适时提高个人所得税起征点、

① 权衡:《收入分配与收入流动:中国经验和理论》,上海人民出版社 2012 年版,第 327 页。
② 刘嗣明、李琪:"党的十八大收入分配理论与政策的研究——背景、创新及政策",《宁夏社会科学》2013 年第 2 期。
③ 丁国光:"完善收入分配必须深化改革",《中国财政》2013 年第 9 期。

降低个人税负负担①;第五,改革工会制度,"逐步建立劳资集体议价制度,由工人和企业管理层通过谈判协商来确定劳动者报酬,摆脱企业劳动者报酬长期'被决定'的局面"②;第六,改革土地制度,加大农业补贴力度,深化农村金融改革,有效提高农民的资产性和劳动性收入③;第七,规范垄断行业收入分配,引入外部审查机制,并从根本上打破行政性行业垄断④;第八,推进城乡、群体、区域间基本公共服务均等化,提高民生财政支出,充分发挥社会保障与社会福利的再分配效果。

9.2　推进户籍制度改革

共建共享和谐社会,无论是统筹城乡发展、加快城乡一体化,还是破除城乡二元化、身份碎片化和区域碎片化的社会政策与基本公共服务格局,都必然要求推进户籍制度改革甚至于取消户籍制度。除去其人口信息管理和社会管理的功能,户籍制度在今天更多地表征着公民权利与福利资格的不平等、公民迁徙与流动的不自由以及歧视性的地方公共行政与公共服务。可以说,现行户籍制度严重阻碍了当代中国的工业化、城市化和现代化进程,严重影响了经济建设与社会建设事业的推进。在今天,户籍制度的负面作用与不良后果不言而喻,而从根本上改革甚至废除户籍制度也成了社会各界的一种普遍共识和强烈呼求。随着当前我国新型城镇化发展战略的推进,户籍制度改革已然刻不容缓。

我国现行户籍制度的内容主要由三个方面构成:(1)户口登记制度,主要登记城镇和农村居民的常住、暂住、出生、死亡、迁入、迁出、变更七项内容;(2)户口迁移制度,根据常住地登记户口,当常住地发生变更后,相应将户口迁移到现住地;(3)居民身份证制度,对年满十六周岁的公民发放身份证。如就上述三个方面来看,户籍制度似乎仅仅是一种人口信息和居住资料的登记

---

① 徐建炜、马光荣、李实:"个人所得税改善中国收入分配了吗——基于对1997—2011年微观数据的动态评估",《中国社会科学》2013年第6期。

② 方福前:"抓好三个转变深化收入分配改革",《教学与研究》2013年第4期。

③ 姚洋、张琳弋、李景:"中国农村土地流转制度与收入分配",中国发展研究基金会:《转折期的中国收入分配:中国收入分配相关政策的影响评估》,中国发展出版社2012年版。

④ 国家统计局山西调查总队"收入分配现状研究"课题组:"创新收入分配方式研究——以山西省为例",《调研世界》2013年第5期。

管理办法。然而,从新中国成立一直到今天,户籍制度的实质蕴含都远远超出了户口登记的范围,而更多地关联着生活资料与福利资源的分配以及人口的自由流动权利,而且是一种不平等的资源分配和受限制的人口流动。

　　事实上,作为新中国户籍制度的发端,1951年公安部颁布实施的《城市户口管理暂行条例》,最初仅仅是一种人口信息管理工具,并没有附着任何其他经济与社会功能,而且"其目的是为了维护社会治安,保障人民之安全及居住、迁徙自由。"①1954年我国第一部《宪法》颁布,明确规定"中华人民共和国公民有居住和迁徙的自由。"但自1956年以后,为了解决所谓农村农民盲目流入城市的"农民盲流"问题,户籍管理制度开始转向限制居民迁徙流动自由。以1958年《中华人民共和国户口登记条例》颁布为标志,我国正式确立了严格控制人口流动特别是农村人口向城市流动的户籍制度。自此,我国开始严格区分"农村户口"与"城镇户口"、"农业户口"与"非农业户口",并由此推动了延续至今的城乡二元分割结构的形成。1958年的条例被普遍认为是一种"逆城市化"逻辑,而且是"一种逻辑的悖论,一方面,国家极力希望更快地在城市发展工业,另一方面,户口政策又试图限制工业劳动力增长,控制农民进城;国家只关注农业增长,而限制了农民在农村外的发展机会。制度自身的悖论,导致了社会经济结构的失调,城镇人口及乡—城人口迁移的快速增长,城乡发展、工农业发展出现严重不协调现象"②。除了发挥限制人口自由迁徙流动的功能之外,户籍制度还开始与生活资料与福利资源的分配密切挂钩,户籍身份附着了"定量商品粮油供给制度、劳动就业制度、医疗保健制度等辅助性措施,以及在接受教育、转业安置、通婚子女落户等方面又衍生出的许多具体规定。"③在计划经济体制下,拥有城镇户口或非农户口的城镇居民享受国家计划定量供应的商品粮,并以城镇职工的身份在各种企事业单位中享受低工资、高福利;与之相对,所谓农村户口或农业户口的农村居民则采取自给自足的口粮和福利供应方式。这也意味着我国的户籍制度在功能上开始全面异化④。事实上,这样一种制度安排是计划经济体制以及当时我国追求的重工业化优先的发展战略的必然结果:一方面,新中国工业化的资本原始积累

　　①　张英红:"户籍制度的历史回溯与改革前瞻",《宁夏社会科学》2002年第3期。

　　②　陆益龙:"1949年后的中国户籍制度:结构与变迁",《北京大学学报》(哲学社会科学版)2002年第2期。

　　③　翁仁木:"对我国户籍制度变迁的经济学思考",《宁夏社会科学》2005年第3期。

　　④　肖海英:"论我国户籍制度功能的异化及其回归",《浙江社会科学》2004年第3期。

方式是通过"统购统销"和工农业产品的"剪刀差"得以实现的,因此必然以将农民束缚在土地上的方式来保证农村生产的相对稳定,而把农民束缚在土地上也就割裂了工业化与城市化①;另一方面,由于计划经济体制生产效率低下,国家粮食紧缺、资源匮乏,城市无法提供更多的口粮、就业机会和社会福利,如果允许农民自由流入城镇,无疑将加大城市粮食供应压力和就业压力,这为限制人口流动特别是农村人口向城市流动提供了客观理由②。从 1958至 1978 年间,这样一种由户籍制度嵌套劳动就业制度、基本消费品供应的票证制度、排他性城市福利制度的社会体制,严重阻碍了一个全国性自由流动的劳动力市场的形成,造成了资源配置的严重扭曲和低效率③。附着于户籍身份区别之上的社会福利与基本公共服务供给差异,以及通过户籍制度严格限制农村人口向城镇集聚和居民自由流动,这样一种制度倾向和发展路径的影响一直延续到改革开放之后,在今天也仍然未从根本上发生变革,推动户籍制度改革也由此成为了目前我国经济社会建设的迫切要求。

改革开放后,随着市场化导向的经济体制改革不断推进,为了适应经济建设和经济转型的客观要求,我国开始逐步"松动户籍管理"并探索户籍制度改革方向。1984 年 10 月《国务院关于农民进入集镇落户问题的通知》出台,指出"凡申请到集镇务工、经商、办服务业的农民和家属,在集镇有固定住所,有经营能力,或在乡镇企事业单位长期务工,公安部门应准予落常住户口"。这由此启动了小城镇户籍制度改革探索,试图在发展乡镇企业的过程中将"农转非"人口纳入城镇,在让其自理口粮的同时与城镇居民享受同等的福利待遇和权利,因而也被视作对城乡二元结构和二元户籍身份的首次突破。1985 年 7 月公安部又颁布了《关于城镇暂住人口管理的暂行规定》,要求暂住时间超过三个月的十六周岁以上的人申领《暂住证》。这成为城市政府对流动人口实行暂住证管理制度的发端。同年,我国开始正式使用居民身份证制度。在 1989 至 1991 年间,在当时的意识形态环境的影响下,政府担忧过快的城镇化、大规模的人口流动会在城市引发经济与社会问题即所谓"城市病",认为城市无法容纳如此之多的流动人口和进城农民,因此一度出现了强化二元户籍管理的趋势。1989 年,我国出台《关于严格控制"农转非"过快增长的

---

① 王海光:"当代中国户籍制度形成与沿革的宏观分析",《中共党史研究》2003 年第 4 期。
② 王列军:"户籍制度改革的经验教训和下一步改革的总体思路",《江苏社会科学》2010 年第 2 期。
③ 王美艳、蔡昉:"户籍制度改革的历程与展望",《广东社会科学》2008 年第 6 期。

通知》，开始实施对"农转非"实行计划指标与政策规定相结合的控制办法。
1990年出台的《关于"农转非"政策管理工作分工意见报告的通知》，要求各地
大量压缩"农转非"数量。1991年我国又将1982年开始实施的《城市流浪乞
讨人员收容遣送办法》进一步扩大到包括无合法证件、无固定住所、无稳定经
济来源的人员，此后农民进城务工需要办理和出示"三证"（即身份证、暂住
证、务工证），否则将面临着"罚款"、"拘留"、"收容"、"遣送"的命运。可以看
到，上述政策方针实际上进一步严格了二元户籍管理制度及对人口自由流动
的控制。虽然这一控制趋势很快得到扭转，但这一控制思维已然根深蒂固并
影响至今。1992年8月公安部下发《公安部关于实行当地有效城镇居民户口
制度的通知》，允许在小城镇、经济特区、经济开发区、高新技术产业开发区的
农村人口以"地方居民城镇户口"、"蓝印户口"入户，统计为"非农人口"，并享
受与城镇人口的同等待遇。此后，我国的户籍制度改革确立了重点推进小城
镇户籍改革的指导思想。1997年6月国务院批转了公安部《关于小城镇户籍
管理制度改革的试点方案》，允许"具有合法稳定的非农职业或者已有稳定的
生活来源，具有合法固定的住所，居住已满二年"的农村人口办理城镇常住户
口。1998年7月，国务院批转公安部《关于当前户籍管理中几个突出问题的
意见》，开始实行婴儿落户随父随母自愿的政策，并放宽了解决夫妻分居申请
的限制，也允许投靠子女的老人可以在城市落户，还对在城市投资、兴办实
业、购买商品房的公民及其共同居住的直系亲属，放宽了落户条件。2001年3
月公安部制定出台《关于推进小城镇户籍管理制度改革的意见》，不再对办理
小城镇常住户口的人员实行计划管理，不再限制城镇户口数量。这标志着我
国以小城镇户籍管理为核心的户籍制度改革由重点推进走向全面实施，为彻
底破除城乡二元户籍的樊篱奠定了基础。

　　总的来说，从20世纪80年代初到21世纪初的户籍制度改革，总体上是
以"松动户籍管理制度"而不是从根本上取消户籍制度为目标，尽管社会上要
求废除户籍制度的呼声很强烈，但政府始终保持谨小慎微的试验态度，因此
户籍制度改革主要是以"小城镇户籍管理"为核心，以至于被认为是一种不触
及根本的"小修小补"，特别是附着于城乡户籍身份差异之上的社会权利与福
利资格的不平等和不公平现状并没有发生根本的变化①。从经济转型角度
看，20世纪80年代的小城镇户籍管理制度改革主要源自于农村剩余劳动力

---

①　茶洪旺："中国户籍制度与城市化进程的反思"，《思想战线》2005年第3期。

转移和发展乡镇企业的需求,20 世纪 90 年代中后期以来则主要是因为跨省市、跨区域的劳动力流动及其落户需求。不过,劳动力流入地如东部沿海先发地区的地方政府常常处于一种悖论之中,即一方面需要大量来自中西部落后地区的廉价劳动力来支持其经济建设与经济发展,另一方面又严格控制公共物品供给的外部性,即通过落户限制避免由提供社会福利带来的附加成本,其中分税制下中央与地方财政收支关系不合理是重要的影响因素①。通俗地讲,发达地区的地方政府只需要外来务工人员贡献其劳动力,而不太愿意让其落户和享受同城市民待遇,希望他们在本地务工多年后返回老家。从根本上说,小城镇户籍管理制度改革也由于其"含金量低"而未取得预期或理想效果,户籍制度改革对于促进人口自由流动与安业定居的实际作用并不明显,因为"拥有小城镇户口并不能带来福利上的任何改进,大多数小城镇没有经济能力为其居民提供就业、社会保障和公共服务上的待遇,公共资源主要通过市场化的途径获得,拥有小城镇的户口对农村人没有很大的吸引力。因此,放开小城镇的户籍不会对小城镇政府造成劳动力流动所带来的压力。小城镇的户籍制度改革模式可以归结为'最低条件,全面放开'。"②有学者甚至指出,20 世纪 90 年代中后期以来我国小城镇户籍管理制度改革尽管对农村人口城镇化具有促进作用,但这种促进作用相当有限,因为城乡二元结构没有实质性转变,而且是"随着小城镇户口对农民吸引力逐渐减弱而逐步放开的"③,言下之意即全面加快小城镇户籍管理制度改革正是因为其没有实质的作用。

2002 年以来的较长一段时期内,虽然中央政府并没有关于户籍制度改革的进一步的指导原则出台和制度政策创新,但是随着新世纪以来我国城镇化与工业化进程的迅猛推进,不少地方政府特别是东部沿海经济发达地区的地方政府开始自主探索"破冰户籍制度"。一方面,东部先发地区城镇化与工业化进程的加快推进形成了对外来务工人员的大规模用工需求;另一方面,已经显现并不断加深的"用工荒"现象客观地倒逼着各地政府放宽落户的限制条件,作为吸引外来务工人员的重要手段,其户籍准入条件主要"包括与户籍

① 夏纪军:"人口流动性、公共收入与支出——户籍制度变迁动因分析",《经济研究》2004 年第 10 期。
② 王美艳、蔡昉:"户籍制度改革的历程与展望",《广东社会科学》2008 年第 6 期。
③ 朱宝树:"小城镇户籍制度改革和农村人口城镇化新问题研究",《华东师范大学学报》(哲学社会科学版)2004 年第 5 期。

居民的亲戚关系、学历或专业技术标准、投资与纳税贡献以及其他突出贡献的情形等"①。

根据研究者的总结,新世纪以来各地的户籍制度改革大概有以下几种模式:"(1)投资入户模式。'投资入户'是许多城市实行的一种模式。允许在本地投资或纳税达到一定额度的人员迁入户口,有的还规定购买有自主产权的商品房达到一定面积的人员,也可将户口迁入城市。深圳、上海、南京、北京等的户籍制度都带有'投资入户'模式的特征。(2)居住证模式。'居住证'是处于正式户籍和暂住户籍之间的一种户籍模式,这种模式是一种人才引进的'绿色通道'对于城市发展需要,而又无法马上给予户籍的人才,可以先申请人才'居住证',持有人才'居住证'也可享受正式户籍所附着的某些福利。上海、北京、沈阳、杭州等城市的户籍制度都实行了'居住证'制度。(3)务工迁入模式。'务工迁入'是针对较低层次劳动力放开户籍的一种模式,通常要求在当地工作达到一定年限,也就是签有就业合同达到一定年限便可将户口迁入。2001年8月,河北省石家庄市户籍制度改革就是实行的这一模式,但由于种种原因,两年后这一模式宣告终结。(4)亲属投靠模式。'亲属投靠'模式多是指在当地有常住户口的居民可以申请其配偶、子女、父母与其共同居住生活,这一模式是针对直系亲属间的投靠,强调家庭的团聚,是最为人性化的户籍改革模式。南京、广州、重庆、石家庄、郑州等城市的户籍制度都带有这种模式的特征。(5)准入与计划并行模式。'准入与计划并行'是准入制度在取代计划指标的过程中出现的一种过渡模式,是为防止人口大量涌入城市,而用计划指标进行调节的一种手段。这种模式存在于全国几个超大型城市,包括广州、北京、上海等城市"②。上述几种模式一定程度上方便了符合条件的流动人口的落户需求,但总体上依旧设置了较高的门槛比如所谓购房入户、绿色通道,对于一般的外来务工人员而言仍然难以企及。

2008年以后,随着全球金融危机对我国经济增长特别是东部沿海经济发达地区经济增长的影响不断析出,作为经济转型升级、刺激有效需求的重要手段,推进户籍制度改革取得重大突破由此被提上了议事日程③。2008年10月召开的十七届三中全会明确要求"推进户籍制度,放宽中小城市落户条件,

① 赵德余:"城市户籍制度改革中的利益关系调整及其渐进式特征",《经济社会体制比较》2009年第5期。

② 王文录:"我国户籍制度及其历史变迁",《人口研究》2008年第1期,第46页。

③ 辜胜阻、潘啸松、杨威:"在应对'用工荒'中推动企业转型升级",《人口研究》2011年第6期。

使城镇稳定就业和居住的农民有序转变为城镇居民"。2010 年 5 月,国务院批转发改委《关于 2010 年深化经济体制改革重点工作意见》,进一步指出要"深化户籍制度改革,加快落实放宽中小城市、小城镇特别是县城和中心城镇落户条件的政策。进一步完善暂住人口登记制度,逐步在全国范围内实行居住证制度。"在此背景下,我国的户籍制度改革突破了"小城镇户籍管理"的局限,并且取得了一些明显的进展:一方面,全国许多省(自治区、直辖市)开始统一其城乡户口登记制度,不再区分农业户口与非农业户口,统称居民户口,实现了城乡二元向一元户籍制度的转变①;另一方面,2010 年广东先行试水"积分入户制"成效显著,不少地方开始仿效。根据 2010 年广东省人民政府办公厅《关于开展农民工积分制入户城镇工作的指导意见》,"农民工积分制入户城镇,是指通过科学设置和确定积分指标体系,对农民工入户城镇的条件进行指标量化,并对每项指标赋予一定分值,当指标累计积分达到规定分值时,农民工即可申请入户城镇",并且"对达到入户城镇积分条件取得入户指标,但不愿意交出所承包的土地、林地的农民工,实行农民工城市居民居住证制度。农民工城市居民居住证在《广东省居住证》上作相应的标识,有效期最长为 3 年",均享有同城的公共服务与权益。"积分入户制"虽然对于农民(工)市民化和新型城镇化具有直接而明显的作用,但也具有根本的限度,特别是积分指标体系的设计实际上仍表现出较高门槛,因此在整个户籍制度改革的历程中它只应是一种过渡型的政策。②

十八大后,新一届领导集体明确提出了推进新型城镇化的改革战略与目标,其中推进户籍制度改革是关键一环。2012 年 12 月 19 日,时任中共中央政治局常委、国务院副总理李克强在北京主持召开经济社会发展和改革调研工作座谈会并发表重要讲话,指出城镇化是改革的最大红利,"推动城镇化,把农民工逐步转为城市市民,需要推进户籍制度改革"。2013 年 5 月 6 日,国务院总理李克强主持召开国务院常务会议,研究部署 2013 年深化经济体制改革重点工作,确定在一些重点领域和关键环节加大改革力度,指出"要围绕提高城镇化质量、推进人的城镇化,研究新型城镇化中长期发展规划。出台居住证管理办法,分类推进户籍制度改革,完善相关公共服务及社会保障制

---

① 李雨泽、邓万春:"湖北省荆门市掇刀区一元户籍制度改革调查研究",汝信、付崇兰主编:《中国城乡一体化发展报告(2012)》,社会科学文献出版社 2012 年版,第 200 页。

② 刘小年:"农民工市民化与户籍改革:对广东积分入户政策的分析",《农业经济问题》2011 年第 3 期。

度。"2013 年 11 月 12 日，十八届三中全会通过的《中共中央关于全面深化改革若干重大问题的决定》，进一步提出要"创新人口管理，加快户籍制度改革，全面放开建制镇和小城市落户限制，有序放开中等城市落户限制，合理确定大城市落户条件，严格控制特大城市人口规模"。目前，公安部正在研究制定《关于进一步推进户籍制度改革的意见》。可以预期，未来五年中我国的户籍制度改革将有显著且长足的突破和进展。

当前，户籍制度不利于人口自由流动和一个统一的全国性劳动力市场的建立健全，也不利于国民身份的实现、公民权利与福利资格的全民统一、就业与社会保障的公平等，这些已经成为普遍共识，但是关于户籍制度改革方向的争论却始终存在。一种观点认为，户籍制度应该从根本上一步到位地废除，代之以身份证管理制度，建立国民信息系统[1]。另一种观点则担忧废除户籍制度会造成过度城市化，出现诸如就业困难、资源紧张、交通拥堵等城市病，而且地方政府也难以承担相应的改革成本，特别是难以承担提供基本公共服务与社会福利的大量成本，特别是大中城市不适宜放松户籍管理。不过，大多数学者认为上述担忧是一种典型的认识误区[2]。所谓取消户籍制度后的改革成本实际上被严重夸大了，相反，打破了城乡户籍分离、统一了国民待遇，不仅将促进劳动力合理流动、促进产业结构优化调整[3]，而且也将释放大规模的消费需求从而促进经济增长[4]。对于推进户籍制度改革，大部分学者认为不要拘泥于是否从根本上废除户籍制度，首先是要剥离附着于户籍制度之上的公共服务与社会福利权益，亦即户籍身份与国民待遇脱钩[5]。事实上，在 2014 年 4 月 30 日国务院批转的国家发展和改革委员会《关于 2014 年深化经济体制改革重点任务的意见》中，中央政府已经初步确立了"建立健全与居住年限等条件相挂钩的基本公共服务提供机制"作为户籍制度改革的重要方向；其次，保留并完善户籍制度作为社会管理与人口信息管理的基本工具，回归其最初的人口统计管理和公民身份证明功能[6]；再次，如果不对户籍制度进行激进改革，那么必须确立"就业地落户"原则，可以避免基于财富、学

---

① 胡星斗："中国户籍制度的命运：完善抑或废除"，《学术研究》2009 年第 10 期。
② 于建嵘、李人庆："我国城乡户籍制度改革的误区和路径"，《中国延安干部学院学报》2012 年第 4 期。
③ 杨风禄："户籍制度改革：成本与收益"，《经济学家》2002 年第 2 期。
④ 蔡昉："户籍制度改革与城乡社会福利制度统筹"，《经济学动态》2010 年第 12 期。
⑤ 马福云：《户籍制度研究：权益化及其变革》，中国社会出版社 2013 年版。
⑥ 肖海英："论我国户籍制度功能的异化及其回归"，《浙江社会科学》2004 年第 3 期。

历等条件入户所导致的社会不公平①；第四，土地和户籍制度联动改革，推进土地所有制改革，而且土地与户籍不挂钩，土地是否出卖与农民的市民化及其基本公共服务和社会福利待遇不挂钩②。

9.3 推进土地制度改革

与其他领域相似，中国的土地制度也具有典型的二元特征。现行《土地法》将中国的土地分为两大类型：城市市区的土地属于国家所有；农村和城市郊区的土地，除由法律规定属于国家所有的以外，属于农民集体所有，包括宅基地、自留地和自留山等。改革开放后，随着工业化、城市化进程的快速推进，城市建成区域不断扩张，城乡之间的空间布局正在发生迅速的转变。在此过程中，由于城乡土地二元制度的客观存在，土地问题开始成为基层治理中农民抗争的焦点。③ 国土资源部发布的官方数据显示，早在 2000 年，国家信访局受理的信访案件中就有 13% 与土地使用问题有关。针对土地问题直接向国土资源部投诉的数量从 1998 年的 3500 人上升到了 2004 年的 31528人次，集体上访的人数则从 1000 人上升为了 19000 人。

地方政府对土地财政的强烈欲求，是引发城市化进程中城乡土地问题的关键。改革开放后，工业化、城市化的快速推进带来了土地收益的持续上升，由此，地方政府对土地的需求日益增加。"从 20 世纪 90 年代开始，通过旧城改造、围海造田、拆迁以及征地等方式，政府不断增加城市化所需的城镇建设用地资源，并在此过程中发展出'土地财政'，即土地出让收入成为地方政府财政收入的重要来源。在北京、上海和杭州等城市，土地财政的收益甚至超过了地方财政收入的总额"④。2010—2012 年间，尽管土地出让收入有所降温，但土地出让收入仍然达到了相当高的水平。2012 年全国缴入国库的土地出让收入达到了 28886.31 亿元，其中，广州市的土地出让收入达到了 412 亿

---

① 楚德江："就业地落户：我国户籍制度改革的现实选择"，《中国行政管理》2013 年第 3 期。

② 陆铭、陈钊："为什么土地和户籍制度需要联动改革基于中国城市和区域发展的理论和实证研究"，《学术月刊》2009 年第 9 期。

③ Fewsmith J., *The Logic and Limits of Political Reform in China*, Cambridge University Press, 2013.

④ 郁建兴、高翔："地方发展型政府的行为逻辑及制度基础"，《中国社会科学》2012 年第 5 期，第106 页。

元,比 2011 年的 307.4 亿元增长了 100 亿元。进入 2013 年以后,不少城市的土地出让收入再次上升。统计数据显示,全国 306 个城市 1—6 月份的土地出让金高达 11305 亿元,比上年同期增长了 60%。在大型城市之外,对一个普通地级市辖区的研究发现,尽管土地直接税收占地方预算收入较低,土地的间接税收(来自建筑业、房地产业的营业税、企业所得税和房地产税)正日益成为地方政府财政收入的重要组成部分,在一些地区甚至达到了 50%,更不用说预算外的土地收费(包括土地出让金和城市建设配套费)在非税收入中的比重则日益高企。①

持续走高的城镇建设用地市场为地方政府征地创造了强有力的动机,而城乡二元的土地制度则为地方政府获取土地提供了必要的制度基础。按照现行法律规定,城市土地属于国家所有,而土地管理法又规定"任何单位和个人从事建设需要的土地必须申请国有土地"。在此情况下,城市化的推进、城市建成区域的扩展不可避免地使得农村土地转化为城镇国有土地。只不过,倘若农民可以在这一过程中直接进入建设用地交易市场,那么农村居民特别是城市周边的农村居民将成为城市化扩张的最大受益者。然而,依据现行法律规定,农村居民无法直接进入建设用地市场。一方面,农村建设用地只能由本集体的成员和组织自己使用,《土地管理法》第 63 条规定,"不得以出让、转让或者出租等方式提供给非本集体组织的成员用于非农业建设"。事实上,各地频现的"小产权房",正是在现行二元土地管理制度下的尴尬产物,在产权不完备的情况下始终难以得到法律保障。另一方面,地方政府又是征收农村土地并将其转化为城镇国有土地的唯一主体。也正因此,城市化的推进尽管大大提升了农村土地的实际价值,农村居民却较难从中获得增值收益,而只能获得地方政府在征地过程中给予的征地补偿。相应地,地方政府这种征用农村土地并将其转化为国有土地的行政权力,也使得它能够以较低的价格向城乡居民征收土地,再以较高的价格向房地产开发商等出售土地,或用于开发建设工业园区,以吸引投资者促进本地区经济增长。2008 年前,受限于城乡二元体制,地方政府主要在城镇周边通过征地行为扩张建设用地,即"经营城市"。不过,国土资源部 2008 年发布的《城乡建设用地增减挂钩管理办法》允许"农村建设用地地块复垦为耕地后,可以增加等面积的城镇建设用地地块",由此地方政府如果能够获得农村集体建设用地,那么就可以不受地

---

① 周飞舟:"大兴土木:土地财政与地方政府行为",《经济社会体制比较》2010 年第 3 期。

块区位的限制,以"增减挂钩"的方式增加城市发展所需建设用地,地方政府也将减少农村集体建设用地而增加城镇建设用地,进一步扩大了地方政府征用农村土地的范畴。①

在许多研究者看来,地方政府在征地过程中的掠夺性行为,即土地增值收益在政府、开发商和被征地农民之间的不均等分配是引发土地矛盾的重要原因。由于地方政府是唯一有权征收、开发和出让土地的主体,中国的土地市场实质上缺乏价格形成机制,由此导致了被征地农民的福利受到严重损伤。大量研究显示,政府控制与市场交易混合的土地管理机制已经极大地扭曲了农用地向城镇建设用地的转化,不但造成了农地的过度转换,也导致了农户福利的受损。应用局部均衡的分析模型,研究者计算了江西省某县在1999—2003 年期间的土地农转非,结果发现有 33.5% 的农地被过度转换,且相关农户的福利损失达到 13.8 亿元,社会福利损失则达到了 2.7 亿元。在2002—2005 年期间,地方政府在其中的收入则达到 3.8 亿元人民币,而制造业部门则大约得到了 2.8 亿元的收益②。在 2004 年以前,以地方政府为主体的土地违法案件涉及的土地面积占到了所有违法面积的 30% 以上。为了遏制这种情形,中央政府试图通过出台条例、法规,以严肃执法来约束各地的土地违法行为。但研究表明,财政激励和晋升激励都消解了严肃执法的有效性,始终未能解决地方政府的征地和土地违法行为③。在土地财政的有力激励下,一些地方政府甚至以户籍制度改革等为名征收农村居民土地,试图增加地方政府城镇建设用地的指标储备。

针对上述问题,十八届三中全会明确指出"允许农村集体经营性建设用地出让、租赁、入股,实行与国有土地同等入市、同权同价。缩小征地范围,规范征地程序,完善对被征地农民合理、规范、多元保障机制。扩大国有土地有偿使用范围,减少非公益性用地划拨。建立兼顾国家、集体、个人的土地增值收益分配机制,合理提高个人收益。"但事实上,补偿标准过低、程序违法并不是引起当前土地矛盾的根本原因。在一项对广东、福建、浙江等经济较发达省份征地问题的研究显示,农民针对征地问题的抗争不仅是因为征地补偿水

---

① 郁建兴、高翔:"地方发展型政府的行为逻辑及制度基础",《中国社会科学》2012 年第 5 期,第106 页。

② Tan R, Qu F, Heerink N, et al. , Rural to Urban Land Conversion in China—How Large is the O-ver-Conversion and What Are Its Welfare Implications?, *China Economic Review*, 2011(22):474-484.

③ 梁若冰:"财政分权下的晋升激励、部门利益与土地违法",《经济学》(季刊)2010 年第 1 期。

平过低,或是出于经济不安全感,更是因为他们被排除出了土地交易价格的商议过程,从而感觉到地方政府在此过程中攫取了本应属于他们的收入,出现了强烈的不公平感①。相应地,当前时期高层级政府应对地方治理中征地矛盾的方式,即通过加强向上问责、强化征地程序的监管,也被认为是一种错误的回应方式。研究者认为,除非我们能够将公民参与引入征地过程,否则就难以消解征地中的种种矛盾。但是,将公民纳入征地过程不仅涉及行政方式的转变,同时也要求相应的政治、经济和财政制度变化。考虑到政治上的党管干部体制与民主制度的矛盾,经济上对土地私有化的意识形态禁区,以及财政上地方政府的巨大支出压力,要根治中国的土地矛盾几乎是一件不可能的事情②。

那么,应该如何改革现行土地制度,解决基层治理中的征地矛盾呢?当前时期,对土地制度的讨论除了致力于解决日益严重的基层治理危机,研究者们同时关心的还有中国的粮食安全问题,以及农村居民的生计问题。在许多研究者看来,农村土地之所以不能私有化,其中的一个重要原因在于农地保护。他们担心,在农地私有化之后,农村居民会出于自身利益考虑而把大量农用地转为非农用地,并直接进入建设用地市场,从而导致中国的粮食安全出现问题。问题在于,现行以地方政府为征地主体、农村集体所有的土地制度,就能够保证中国的粮食安全不出现问题,甚至有效促进农业现代化吗?我们已经看到,在土地财政的驱动下,地方政府业已成为农地非农化的重要推动力量。为了快速扩大城市建成区范围,地方政府倾向于在城市周边征收土地,并利用城乡土地增减挂钩的机制将近郊地区的农地转变为国有土地,而将远离城市的农村集体建设用地以复垦的形式转化为农用地。然而,问题在于,农村集体建设用地复垦成为农用地后,它的土壤质量往往不利于农作物的继续耕种。这意味着以地方政府而不是农村居民为主体的征地制度并不是农用地的有效保障。而即使是从农村居民的生计来看,现行集体所有的农地制度也并非为农村居民提供基本生活保障的可靠途径。一方面,现行以家庭联产承包经营为核心的农地制度,在快速的城市化、工业化背景下,在地方政府推动农地流转的大背景下,已经逐步转化为了实质上的农场经营。在

---

① Yep R., Containing Land Grabs: A Misguided Response to Rural Conflicts over Land, *Journal of Contemporary China*, 2013,22(80):273-291.

② Yep R., Fong C., Land Conflicts, Rural Finance and Capacity of the Chinese State, *Public Administration and Development*, 2009(29):69-78.

此情况下,许多农村居民以相对较低的价格将承包地流转给承包户,但他们不但获得的收益较低,而且农地生产效率并未由此提高。另一方面,以为农村居民提供基本生活保障为由,反对现行土地制度改革,在价值层面也难以立足。农地是农村居民重要的生产生活工具,但是在工业化的背景下,农村居民以转移就业等多种形式参与到了市场分工的体系之中,他们和城镇居民一样面临着市场风险,同时也面临了自然风险。土地不能也不应成为农村居民的生活保障。特别是在新农村建设的背景下,广大农村地区已经初步建立了农村居民社会养老保险体系,土地承载的保障功能可以逐步转让给日益完善的社会保障体系。

更进一步说,将农村居民排除出建设用地交易市场是否是保证农用地数量、确保国家粮食安全的唯一途径呢?答案显然是否定的。为了规制农用地交易市场,政府介入的方式除了行政干预,另一种可能的选择是加强规制。实际上,私有产权的确立并不意味着政府的放任不管,国家同样可以出于粮食安全的考虑对农地实行用途管制。在许多国家,政府对私人土地的使用限制是非常多元的,除了对农用地的用途规制外,甚至会对农村居民家庭住房的建造格局等进行统一规划。假如居民无法获得政府规划等的许可,他们都无法擅自改变土地的用途。

基于上述认识,在确保粮食安全的大前提下,提高征地补偿标准绝非解决当前基层治理中日益严峻土地矛盾的有效路径。土地制度的改革方向应以确认农村居民对土地的产权为基础,以转变政府在城市化进程中的征地职能为核心,强化政府对土地使用的规制,逐步建立城乡统一的土地市场。首先,国家应通过出台法律,确认农村居民对农用地、农村集体建设用地的产权。在此基础上,政府可以改革征地制度,允许农村居民直接进入建设用地一级市场参与市场交易。前文已经指出,在政府担任征地主体的情况下,农村居民从征地中只能获得"征地补偿",而无法获得市场化的"价格",而这恰恰是土地矛盾中的关键症结。近年来,随着征地矛盾的日益凸显,地方政府尽管在不断提高征地补偿的水平,却始终无法满足农村居民的需求。在农村居民无法参与制定征地补偿标准的情况下,他们往往容易降低对地方政府的信任水平,认为地方政府从征地中获得了大量收益,从而要求不断提高甚至是无限制的提高征地补偿标准。在一些情况下,地方政府出于维护社会稳定的硬指标约束,不得不通过不断提高征地补偿水平的方式来缓解政府与农村居民之间的矛盾冲突。在短期内,地方政府的这种做法可以解决局部问题。

但从长远来看,农村居民对征地补偿标准期望水平的提升,将会造成城镇化推进的巨大压力,并导致农村居民对地方政府的信任水平日益降低。因此,如何将地方政府从征地主体的尴尬角色中解脱出来,理应成为当前土地制度改革的关键。如果国家能够确认农村居民对土地的所有权,农村居民就可以直接进入城镇建设用地的交易市场,与发展商进行讨价还价,由市场机制确定土地的价格。这样一来,地方政府与农村居民之间的矛盾将不复存在,农村居民也能够从城市发展中获益,由此根除地方政府在征地过程中引发的基层治理难题。

　　那么,在新的以私有产权为基础的土地制度中,政府除了扮演产权保护者的角色,还应该承担什么职能呢? 答案是市场交易平台的构建者、土地使用规范的监管者。在确认农村居民的土地产权后,地方政府的主要职责将限定土地市场交易平台构建,以及土地用途规范等方面。其中,政府尽管不再是征地的主体,但它仍然需要对农用地的非农化进行监管,但方式不再是行政干预、而是市场化基础上的监管。换句话说,政府应当依据相关法律、城乡发展规划的规定对土地用途进行严格控制和监管。这意味着政府需要真正做实城乡发展规划,只有被纳入城乡发展规划的农用地才能转变为非农用地进入建设用地交易市场。而农村的农用地,在未经政府审批的情况下,既不得用于建设用途,也不能随意抛荒,而是应该按照法律规定开展农业种植。通过强化法律、规划,做实政府监管职能,国家不但能够确保农用地的面积不受影响,同时也能达到控制城市化进程的目标,避免城市化进程的过度推进和农村征地数量的过快增长。在此过程中,政府也要注意征地平台的构建和完善。与其他市场交易行为一样,当分散的农村居民遇到强势的有组织的开发商时,不可避免地在土地交易的价格谈判中处于弱势的地位。当强势的行政力量从征地过程中退出的同时,我们同时需要警惕强势市场力量对农村居民福利的潜在损害。为此,政府应当在征地平台的构建中承担维护市场秩序的职能,确保征地过程的合法规范。

　　当前,中央政府正致力于推动农村土地制度改革。在《关于2014年深化经济体制改革重点任务的意见》中,中央政府对推进农村土地制度改革作出了重要部署,提出"农村土地制度改革试点要按照集体所有权不能变、耕地红线不能动、农民利益不能损的原则,慎重稳妥地推进。在授权范围内有序推进农村集体经营性建设用地、农村宅基地、征地制度等改革试点。探索农村土地集体所有制的有效实现形式,落实集体所有权、稳定农户承包权、放活土地经营权,引导承包地经营权有序流转,赋予承包地经营权抵押、担保权能,扩大农村承包土地确权登记范围。"这些意见将对中国未来的农村土地制度改革产生深远影响。

索　引

主要参考文献

［1］Bahl R and Vazquez J，Fiscal Federalism and Economic Reform in China，in Srinivasan，N. and Wallack，J.（eds.），*Federalism and Economic Reform：International Perspectives*，Cambridge：Cambridge University Press，2006.

［2］Fewsmith J，*The Logic and Limits of Political Reform in China*，Cambridge University Press，2013.

［3］Finer C（eds.），*Social Policy Reform in China*，Aldershot：Ashgate，2003.

［4］Nathan Glazer，*The Limits of Social Policy*，Cambridge：Harvard University Press，1988.

［5］Goodman R，White G and Kwon H，*The East Asia Welfare Model：Welfare Orientation and the State*，London：Routledge，1998.

［6］Björn A. Gustafsson，Li Shi，Terry Sicular（eds.），*Inequality and Public Policy in China*，London：Cambridge University Press，2008.

［7］T. H. Marshall，The Rights to Welfare，in Noel Timms and David Watson（eds.），*Talking about Welfare：Readings in Philosophy and Social Policy*，London：Routledge，1976

［8］Richard Musgrave，*Public Finance*，New York：McGraw Hill，1959.

［9］Wallace E. Oates，*Fiscal Federalism*，New York：Harcourt Brace Jovanovic，1972.

［10］Peter M. Blau and Otis D. Duncan，*The American Occupational Structure*. New York：Wiley，1967.

［11］Tony Saich, *Governance and Politics of China*, Yew York: Palgrave Macmillian, 2004.

［12］Tony Saich, *Providing Public Goods in Transitional China*, New York: Palgrave MacMillan, 2008.

［13］Dorothy J. Solinger, *Contesting Citizenship in Urban China: Peasant Migrants, the State, and the Logic of the Market*, Berkeley, CA: University of California Press, 1999.

［14］Richard W. Tresch, *Public Finance: A Normative Theory*, Texas: Business Publications, 1981.

［15］World Bank, *China: National Development and Subnational Finance, a Review of Provincial Expenditures*, Washington, DC: World Bank, 2002.

［16］Hongbin Cai and Daniel Treisman, Does Competition for Capital Discipline Governments? Decentralization, Globalization, and Public Policy, *The American Economic Review*, Vol. 95, No. 3, 2005.

［17］Jean-Paul Faguet, Does Decentralization Increase Government Responsiveness to Local Needs?: Evidence from Bolivia, *Journal of Public Economics*, Volume 88, Issues 3-4, 2004.

［18］David A. Garvin, Amy C. Edmondson, and Francesca Gino, Is Yours a Learning Organization? *Harvard Business Review*, March 2008.

［19］Michael Keen and Maurice Marchand, Fiscal Competition and the Pattern of Public Spending, *Journal of Public Economics*, Volume 66, Issue 1, 1997.

［20］Thomas A. McCarthy, From Modernism to Messianism: Liberal Developmentalism and American Exceptionalism, in *Constellations*, No. 1, 2007.

［21］Gabriella Montinolaal, Yingyi Qian and Barry R. Weingast, Federalism, Chinese Style: The Political Basis for Economic Success in China, *World Politics*, Volume 48, Issue 1, 1995.

［22］Wallace E. Oates, Fiscal Competition and European Union: Contrasting Perspectives, *Regional Science and Urban Economics*, Volume 31, Issues 2-3, 2001.

[23] Yingyi Qian and Barry R. Weingast, Federalism as a Commitment to Preserving Market Incentives, *Journal of Economic Perspectives*, Vol. 11, No. 4, 1997.

[24] Michael Prince, How Social is Social Policy? Fiscal and Market Discourse in North American Welfare States, *Social Policy & Administration*, Vol. 35, No. 1, 2001.

[25] Ivan Szelenyi, Social Inequalities in State Socialist Redistributive Economies, *International Journal of Comparative Sociology*, No. 1-2, 1978.

[26] Tan R, Qu F, Heerink N, et al. Rural to Urban Land Conversion in China-How Large is the Over-Conversion and What Are Its Welfare Implications?. *China Economic Review*, 2011(22).

[27] Vito Tanzi, Fiscal Federalism and Decentralization, A Review of Some Efficiency and Macroeconomic Aspects, in M. Bruno, B. Pleskovic (eds.), Washington DC, *Annual World Bank Conference*, 1995.

[28] Charles M. Tiebout, A Pure Theory of Local Expenditures, *Journal of Political Economy*, Vol. 64, 1956.

[29] Gun-Britt Trydegård and Mats Thorslund, One Uniform Welfare State or a Multitude of Welfare Municipalities? The Evolution of Local Variation in Swedish Elder Care, *Social Policy & Administration*, Vol. 44, No. 4, 2010.

[30] Henderson J. Vernon, Urbanization in China: Policy Issues and Options, Research Report: *China Economic Research and Advisory Programme*, 14 November, 2009.

[31] John D. Wilson, A theory of Interregional Tax Competition, *Journal of Urban Economics*, Volume 19, Issue 3, 1986.

[32] Christine P. W. Wong 和 Richard M. Bird:"中国的财政体系:进行中的工作",劳伦·勃兰特、托马斯·罗斯基:《伟大的中国经济转型》,上海人民出版社 2009 年版。

[33] Yep R, Containing Land Grabs: A Misguided Response to Rural Conflicts over Land, *Journal of Contemporary China*, 2013,22(80).

[34] Yep R, Fong C, Land Conflicts, Rural Finance and Capacity of

the Chinese State，*Public Administration and Development*，2009(29).

［35］埃里克·阿尔贝克、劳伦斯·罗斯、拉尔斯·斯特姆伯格、克里斯特·斯塔尔伯格:《北欧地方政府:战后发展趋势与改革》,北京大学出版社 2005 年版。

［36］哥斯塔·艾斯平—安德森:《福利资本主义的三个世界》,法律出版社 2003 年版。

［37］尼古拉斯·巴尔:《福利国家经济学》,中国劳动社会保障出版社 2003 年版。

［38］贝弗里奇:《贝弗里奇报告——社会保险和相关服务》,中国劳动社会保障出版社 2008 年版。

［39］北京师范大学管理学院、北京师范大学政府管理研究院:《2012 中国民生发展报告——跨越变革世界中的"民生陷阱"》,北京师范大学出版社 2012 年版。

［40］卡尔·博格斯:《政治的终结》,社会科学文献出版社 2001 年版。

［41］陈广胜:《走向善治:中国地方政府的模式创新》,浙江大学出版社 2007 年版。

［42］哈特利·迪安:《社会政策学十讲》,上海人民出版社 2009 年版。

［43］丁菊红:《中国转型中的财政分权与公共品供给激励》,经济科学出版社 2010 年版。

［44］丁学良:《辩论"中国模式"》,社会科学文献出版社 2011 年版。

［45］冯兴元:《地方政府竞争:理论范式、分析框架与实证研究》,译林出版社 2010 年版。

［46］伯特·佛雷德曼、艾瓦·威尔逊、乔安妮·维亚:《第五项修炼教程:学习型组织的应用》,经济日报出版社 2002 年版。

［47］傅勇:《中国式分权与地方政府行为》,复旦大学出版社 2010 年版。

［48］傅宗科、袁东明:《创建学习型组织的策略与方法》,上海三联书店 2005 年版。

［49］国务院发展研究中心课题组:《民生为本:中国基本公共服务改善路径》,中国发展出版社 2012 年版。

［50］赫钦斯:《教育现势与前瞻》,今日世界出版社(香港)1976 年版。

［51］何显明:《市场化进程中的地方政府行为逻辑》,人民出版社 2008 年版。

[52] 何显明、何建华：《信用浙江——构建区域发展新秩序》，浙江人民出版社 2006 年版

[53] 何子英：《社会政策》，中国人民大学出版社 2012 年版。

[54] 何子英、郁建兴：《走向社会政策时代——"十一五"时期浙江省社会政策体系建设研究》，浙江大学出版社。

[55] 塞缪尔·亨廷顿：《变革社会中的政治秩序》，三联书店 1989 年版。

[56] 李慎明：《世界在反思：国际金融危机与新自由主义全球观点扫描》，社会科学文献出版社 2010 年版。

[57] 林义：《农村社会保障的国际比较及启示研究》，中国劳动社会保障出版社 2006 年版。

[58] 卢建坤、苗月霞：《回应型政府建设的理论与实践》，中山大学出版社 2011 年版。

[59] 陆学艺主编：《当代中国社会结构》，社会科学文献出版社 2010 年版。

[60] 罗茨：《新的治理》，载俞可平主编：《治理与善治》，社会科学文献出版社 2000 年版。

[61] 约翰·梅纳德·凯恩斯：《就业、利息与货币通论》，商务印书馆 1983 年版。

[62] 杰里米·里夫金：《第三次工业革命：新经济模式如何改变世界》，中信出版社 2012 年版。

[63] 连玉明：《学习型政府》，中国时代经济出版社 2003 年版。

[64] 林家彬、王大伟等：《城市病：中国城市病的制度性根源与对策研究》，中国发展出版社 2012 年版。

[65] 刘易斯：《二元经济论》，北京：北京经济学院出版社 1989 年版。

[66] 马福云：《户籍制度研究：权益化及其变革》，中国社会出版社 2013 年版。

[67] 马克思：《资本论》（第一卷），人民出版社 2004 年版。

[68] T. H. 马歇尔、安东尼·吉登斯等著，郭忠华、刘训练等编：《公民身份与社会阶级》，江苏人民出版社 2008 年版。

[69] 潘维：《人民共和国六十年与中国》，三联书店 2010 年版。

[70] 权衡：《收入分配与收入流动：中国经验和理论》，上海人民出版社 2012 年版。

[71] 斯蒂芬·戈德史密斯、威廉·D. 埃格斯:《网络化治理——公共部门治理的新形态》,北京大学出版社 2008 年版。

[72] 莱斯特·M. 萨拉蒙:《公共服务中的伙伴——现代福利国家中政府与非营利组织的关系》,商务印书馆 2008 年版。

[73] 莱斯特·M. 萨拉蒙等:《全球公民社会——非营利部门国际指数》,北京大学出版社 2007 年版。

[74] 彼德·圣吉:《第五项修炼——学习型组织的艺术与实务》,上海三联书店 1998 年版。

[75] 萨缪尔森:《经济学》(第 12 版),中国发展出版社 1993 年版,第 78 页。

[76] 上海明德学习型组织研究所:《造就组织学习力》,上海三联书店 2003 年版。

[77] 沈大伟:《中国共产党:收缩与调适》,中央编译出版社 2011 年版。

[78] 沈荣华:《政府间公共服务职责分工》,国家行政学院出版社 2007 年版。

[79] 世界银行:《重塑世界经济地理(2009 年世界发展报告)》,清华大学出版社 2009 年版。

[80] 世界银行:《1997 年世界发展报告:变革世界中的政府》,中国财政经济出版社 1997 年版。

[81] 唐丽萍:《中国地方政府竞争中的地方治理研究》,上海人民出版社 2010 年版。

[82] 王春光:《农民工的"半城市化"问题》,载李真主编《流动与融合》,团结出版社 2005 年版。

[83] 王浦劬、[美]莱斯特·M. 萨拉蒙等:《政府向社会组织购买公共服务研究——中国与全球经验分析》,北京大学出版社 2010 年版。

[84] 王丰:《分割与分层:改革时期中国城市的不平等》,浙江人民出版社 2013 年版。

[85] 王诗宗:《治理理论及其中国适用性》,浙江大学出版社 2009 年版。

[86] 伍长南主编:《统筹城乡发展研究》,社会科学文献出版社 2013 年版。

[87] 欧文·E·休斯:《公共管理导论》,中国人民大学出版社 2001 年版。

[88] 许正中、张用全:《学习型政府》,中国环境科学出版社 2003 年版。

[89] 杨继绳:《中国当代社会阶层分析》,江西高校出版社 2011 年版。

[90] 郁建兴等:《让社会运转起来》,中国人民大学出版社 2012 年版。

[91] 郁建兴、徐越倩:《服务型政府》,中国人民大学出版社 2012 年版。

[92] 郁建兴、高翔等:《从行政推动到内源发展:中国农业农村再出发》,北京师范大学出版社 2013 年版。

[93] 张成福、党秀云:《公共管理学》,中国人民大学出版社 2001 年版。

[94] 郑永年:《保卫社会》,浙江人民出版社 2011 年版。

[95] 郑永年:《中国模式:经验与困局》,浙江人民出版社 2010 年版。

[96] 中国发展研究基金会:《中国人类发展报告 2005:追求公平的人类发展》,中国对外翻译出版公司 2005 年版。

[97] 中国发展研究基金会:《公共预算读本》,中国发展出版社 2008 年版。

[98] 周波:《政府间财力与事权匹配问题研究》,东北财经大学出版社 2009 年版。

[99] 周飞舟:《以利为利:财政关系与地方政府行为》,上海三联书店 2012 年版。

[100] 白永秀:"城乡二元结构的中国视角:形成、拓展、路径",《学术月刊》2012 年第 5 期。

[101] 蔡昉:"户籍制度改革与城乡社会福利制度统筹",《经济学动态》2010 年第 12 期。

[102] 蔡昉、都阳、王美艳:"户籍制度与劳动力市场保防",《经济研究》2001 年第 12 期。

[103] 财政部财政科学研究所课题组:"政府间基本公共服务事权配置的国际比较研究",《经济研究参考》2010 年第 16 期。

[104] 茶洪旺:"中国户籍制度与城市化进程的反思",《思想战线》2005 年第 3 期。

[105] 陈丰:"从'虚城市化'到市民化:农民工城市化的现实路径",《社会科学》2007 年第 2 期。

[106] 陈鹏:"公民权社会学的先声——读 T. H. 马歇尔《公民权与社会阶级》",《社会学研究》2008 年第 4 期。

[107] 陈锡文:"工业化城镇化加速下的'三农'问题",《农村实用技术》2011 年第 1 期。

[108] 丁国光："完善收入分配必须深化改革"，《中国财政》2013 年第
9 期。

[109] 丁开杰："中国特色社会保障体制建设——基于国际趋势与新理念
的思考"，《中国特色社会主义研究》2009 年第 6 期。

[110] 丁元竹："动荡时期如何凝聚社会共识"，《人民论坛》2011 年第
18 期。

[111] 方福前："抓好三个转变深化收入分配改革"，《教学与研究》2013
年第 4 期。

[112] 方巍："社会排斥和融合视野下的弱势群体与社会稳定"，《浙江工
业大学学报(社会科学版)》2010 年第 2 期。

[113] 冯奎："新型城镇化进程中政府需从全面主导向有限主导转型"，
《经济纵横》2013 年第 7 期。

[114] 甘均先："国家失败与失败国家——关于"失败国家"现象的一些批
判性思考"，《国际论坛》2007 年第 9 期。

[115] 高建：《"中国模式"的争论与思考》，《政治学研究》2011 年第 3 期

[116] 辜胜阻、潘啸松、杨威："在应对'用工荒'中推动企业转型升级"，
《人口研究》2011 年第 6 期。

[117] 国家统计局山西调查总队"收入分配现状研究"课题组："创新收入
分配方式研究——以山西省为例"，《调研世界》2013 年第 5 期。

[118] 国务院发展研究中心课题组："'十二五'时期推进农民工市民化的
政策要点"，《发展研究》2011 年第 6 期。

[119] 斯蒂芬·赫德兰："金融危机后的俄罗斯"，《俄罗斯研究》2010 年
第 6 期。

[120] 何雄浪、李国平："论劳动价值论、按劳分配与按要素分配三者之间
的逻辑关系"，《经济评论》2004 年第 2 期。

[121] 贺雪峰："反对积极城市化战略"，《中国市场》2008 年第 6 期。

[122] 何帆、李强："'国富民穷'的分配格局亟须调整"，《学习月刊》2006
年第 12 期。

[123] 何子英："走向城乡一体化的社会政策体系建设——以'十一五'时
期的浙江经验为研究对象"，《经济社会体制比较》2012 年第 4 期。

[124] 何子英、郁建兴："城乡居民社会养老保险体系建设中的政府责
任——基于浙江省德清县的研究"，《浙江社会科学》2010 年第 3 期。

[125] 洪朝辉："论中国城市社会权利的贫困"，《江苏社会科学》2003 年第 2 期。

[126] 胡鞍钢、王大鹏："中国应对国际金融危机的评价与体制机制优势的比较"，《经济社会体制比较》2011 年第 4 期。

[127] 黄颂："当代西方社会分层理论的基本特征述评"，《教学与研究》2002 年第 8 期。

[128] 姜长云："对建设社会主义新农村的几点认识"，《农业经济问题》2006 年第 6 期。

[129] 景天魁："引致和谐的社会政策——中国社会政策的回顾与展望"，《探索与争鸣》2008 年第 10 期。

[130] 大卫·科茨："前金融和经济危机：新自由主义的资本主义的体制危机"，《当代经济研究》2009 年第 8 期。

[131] 孔田平："国际金融危机背景下对中东欧经济转轨问题的再思考"，《国际政治研究》2010 年第 4 期。

[132] 蓝志勇："给分权划底线，为创新设边界——地方政府创新的法律环境探讨"，《浙江大学学报》（人文社科版）2007 年第 6 期。

[133] 梁若冰："财政分权下的晋升激励、部门利益与土地违法"，《经济学》（季刊）2010 年第 1 期。

[134] 李强："政策变量与中国社会分层结构的调整"，《河北学刊》2007 年第 5 期。

[135] 李强："中国在社会分层结构方面的四个试验"，《马克思主义与现实》2013 年第 2 期。

[136] 李强："中国社会分层结构的新变化"，李培林等编：《中国社会分层》，社会科学文献出版社 2004 年版。

[137] 李善同、吴三忙、李雪："区域发展战略与中国区域收入差距演变"，中国发展研究基金会：《转折期的中国收入分配：中国收入分配相关政策的影响评估》，中国发展出版社 2012 年版。

[138] 李实、赵人伟、张平："中国经济转型与收入分配变动"，《经济研究》1998 年第 4 期。

[139] 李实："中国收入差距的现状、趋势及其影响因素"，中国发展研究基金会：《转折期的中国收入分配：中国收入分配相关政策的影响评估》，中国发展出版社 2012 年版。

[140] 林晖:"总体性危机与左翼新战略——2009 年美国左翼和马克思主义者对金融危机的反思与应对",《云南大学学报》(社会科学版)2011 年第4 期。

[141] 马格努斯·莱纳著,杨望平译:"'第三条道路'的讣告:金融危机和欧洲社会民主主义",《国外理论动态》2011 年第 5 期

[142] 刘社建、徐艳:"城乡居民收入分配差距形成原因及对策研究",《财经研究》2004 年第 5 期。

[143] 刘薇:"财政分权理论研究新进展",《财政研究》2009 年第 5 期。

[144] 刘美平:"论中国特色城乡协同发展理论——兼评刘易斯二元结构理论",《马克思主义研究》2008 年第 12 期。

[145] 刘尚希:"贫富差距扩大:原因解释与对策建议",中国(海南)改革发展研究院主编:《消费主导民富优先:收入分配改革的破题之路》,中国经济出版社 2012 年版。

[146] 刘嗣明、李琪:"党的十八大收入分配理论与政策的研究——背景、创新及政策",《宁夏社会科学》2013 年第 2 期。

[147] 刘小年:"农民工市民化与户籍改革:对广东积分入户政策的分析",《农业经济问题》2011 年第 3 期。

[148] 刘欣:"当前中国社会阶层分化的多元动力基础———一种权力衍生论的解释",《中国社会科学》2005 年第 4 期。

[149] 刘学平、梁贵红:"我国公民公共精神的缺失及培育",《成都教育学院学报》2005 年第 5 期。

[150] 刘志明:"金融危机凸显世界各种发展模式的困境",《浙江大学学报》(人文社会科学版)2011 年第 4 期。

[151] 刘祖云:"社会转型与社会分层——四论当代中国社会的阶层分化",《武汉大学学报》(社会科学版)2003 年第 1 期。

[152] 陆铭、陈钊:"为什么土地和户籍制度需要联动改革基于中国城市和区域发展的理论和实证研究",《学术月刊》2009 年第 9 期。

[153] 陆学艺:"当代中国社会阶层的分化与流动",《江苏社会科学》2003 年第 4 期。

[154] 陆益龙:"1949 年后的中国户籍制度:结构与变迁",《北京大学学报》(哲学社会科学版)2002 年第 2 期。

[155] 吕薇洲:"金融危机后西方思想理论界对社会民主主义的新认识",

《红旗文稿》2011 年第 1 期。

[156] 马福云："中国户籍制度变迁及其内在逻辑"，《北京科技大学学报》2013 年第 1 期。

[157] 马凯："努力加强和创新社会管理"，《国家行政学院学报》2010 年第 5 期。

[158] 马晓河："新农村建设不能搞成政治运动和形象工程"，《中国发展观察》2006 年第 2 期。

[159] 米什拉："西方福利模式的改革趋势：日益背离普享原则"，《国外社会科学》2008 年第 3 期。

[160] 倪红日："应该更新'事权与财权统一'的理念"，《财税观察》2006 年第 5 期。

[161] 潘九根、钟昭锋、曾力："我国城乡二元结构的形成路径分析"，《求实》2006 年第 12 期。

[162] 潘屹："社会政策全球性复归"，《中国社会保障》2009 年第 8 期。

[163] 潘屹："金融危机下社会政策的全球性复归"，《红旗文稿》2009 年第 16 期。

[164] 全球治理委员会：《我们的全球伙伴关系》，载俞可平主编：《治理与善治》，社会科学文献出版社 2000 年版。

[165] 秦宣：《"中国模式"之概念辨析》，《前线》2010 年第 2 期

[166] 全毅："东亚模式转型与中国发展道路"，《新东方》2009 年第 12 期。

[167] 任泽涛、严国萍："协同治理的社会基础及其实现机制：一项多案例研究"，《上海行政学院学报》2013 年第 5 期。

[168] 任重、周云波："垄断对我国行业收入差距的影响到底有多大？"，《经济理论与经济管理》2009 年第 4 期。

[169] 阮因光："论政府的竞争"，《经济问题探索》1998 年第 3 期。

[170] 申瑞峰："新农村建设若干问题研究"，《农业经济问题》2006 年第 2 期。

[171] 宋晓梧："社保均等化是急务"，《中国改革》2011 年第 1 期。

[172] 孙立平："我国在面对一个断裂的社会？"，《战略与管理》2002 年第 2 期。

[173] 童星、张海波："社会分层与社会和谐"，《社会》2005 年第 6 期。

[174] 王春光："当前中国社会阶层关系变迁中的非均衡问题"，《社会》

2005 年第 5 期。

[175] 王海光：“当代中国户籍制度形成与沿革的宏观分析”，《中共党史研究》2003 年第 4 期。

[176] 王列军：“户籍制度改革的经验教训和下一步改革的总体思路”，《江苏社会科学》2010 年第 2 期。

[177] 王美艳、蔡昉：“户籍制度改革的历程与展望”，《广东社会科学》2008 年第 6 期。

[178] 王绍光、胡鞍钢：“中国政府汲取能力的下降及其后果”，《二十一世纪》1994 年第 1 期。

[179] 王绍光：“从经济政策到社会政策的历史性转变”，载周建明、胡鞍钢、王绍光：《和谐社会构建》，清华大学出版社 2007 年版。

[180] 王文录：“我国户籍制度及其历史变迁”，《人口研究》2008 年第 1 期。

[181] 王小章：“社会分层与社会秩序———一个理论的综述”，《浙江社会科学》2001 年第 1 期。

[182] 文军：“农民市民化：从农民到市民的角色转型”，《华东师范大学学报（哲学社会科学版）》2004 年第 3 期。

[183] 温铁军、温厉：“中国的城镇化与发展中国家城市化的教训”，《中国软科学》2007 年第 7 期。

[184] 温铁军：“如何建设新农村”，《中国社会导刊》2006 年第 7 期。

[185] 温庆云：“扶持社会组织发展的几点思考”，《社团管理研究》2011 年第 11 期。

[186] 吴光芸：“公民公共精神与民主政治建设”，《理论探索》2008 年第 1 期。

[187] 吴江、王斌、申丽娟：“中国新型城镇化进程中的地方政府行为研究”，《中国行政管理》2009 年第 3 期。

[188] 武鹏：“行业垄断对中国行业收入差距的影响”，《中国工业经济》2011 年第 10 期。

[189] 夏纪军：“人口流动性、公共收入与支出———户籍制度变迁动因分析”，《经济研究》2004 年第 10 期。

[190] 肖海英：“论我国户籍制度功能的异化及其回归”，《浙江社会科学》2004 年第 3 期。

［191］徐建炜、马光荣、李实：“个人所得税改善中国收入分配了吗——基于对 1997—2011 年微观数据的动态评估”,《中国社会科学》2013 年第 6 期。

［192］严国萍：“社会主义和谐社会的当代可能性”,《毛泽东邓小平理论研究》2005 年第 3 期。

［193］严国萍：“我们今天怎样谈论和谐社会”,《马克思主义与现实》2007 年第 5 期。

［194］严国萍：“和谐社会的共建共享原则及其实现途径”,《中国行政管理》2008 年第 6 期。

［195］严国萍：“科学发展观与‘保增长’战略”,《哲学研究》2009 年第7 期。

［196］严国萍、陈莉华、高翔：“党政组织能否应对变革？——基于组织学习深度的实证研究“,《中共浙江省委党校学报》2011 年第 6 期。

［197］严国萍、任泽涛：“论社会管理体制中的社会协同,《中国行政管理》2013 年第 4 期。

［198］燕继荣：“‘中国奇迹’：成就与问题”,《江苏行政学院学报》2012 年第 3 期。

［199］杨风禄：“户籍制度改革：成本与收益”,《经济学家》2002 年第 2 期。

［200］杨伟民：“当前中国的社会保险在社会分层中的作用”,《社会学研究》2005 年第 5 期。

［201］杨宜勇、池振合：“用改革扭转收入分配发展的不良趋势”,《中共中央党校学报》2013 年第 2 期。

［202］姚先国：“民营经济发展与劳资关系调整”,《浙江社会科学》2005 年第 2 期。

［203］姚洋、张琳弋、李景：“中国农村土地流转制度与收入分配”,中国发展研究基金会：《转折期的中国收入分配：中国收入分配相关政策的影响评估》,中国发展出版社 2012 年版。

［204］尹恒、龚六堂、邹恒甫：“当代收入分配理论的新发展”,《经济研究》2002 年第 8 期。

［205］于建嵘：“从刚性稳定到韧性稳定——关于中国社会秩序的一个分析框架”,《学习与探索》2009 年第 5 期。

［206］于建嵘、李人庆：“我国城乡户籍制度改革的误区和路径”,《中国延安干部学院学报》2012 年第 4 期。

[207] 郁建兴："中国的公共服务体系：发展历程、社会政策与体制机制"，《学术月刊》2011 年第 3 期。

[208] 郁建兴等："从发展型政府到公共服务型政府"，《马克思主义与现实》2004 年第 5 期。

[209] 郁建兴、何子英："走向社会政策时代：从发展主义到发展型社会政策体系建设"，《社会科学》2010 年第 7 期。

[210] 郁建兴、任泽涛："当代中国社会建设中的协同治理：一个分析框架"，《学术月刊》2012 年第 8 期。

[211] 郁建兴、周俊："论当代资本主义国家与社会关系的变迁"，《中国社会科学》2002 年第 6 期。

[212] 俞可平："治理与善治引论"，《马克思主义与现实》1999 年第 5 期。

[213] 俞可平："中美两国'政府创新'之比较——基于中国与美国'政府创新奖'的分析"，《学术月刊》2012 年第 3 期。

[214] 俞可平："重构社会秩序 走向官民共治"，《国家行政学院学报》2012 年第 4 期。

[215] 俞可平："新移民运动、公民身份与制度变迁——对改革开放以来大规模农民工进城的一种政治学解释"，《经济社会体制比较》2010 年第 1 期。

[216] 岳经纶："社会政策视野下的中国民生问题"，《社会保障研究》2008 年第 1 期。

[217] 岳经纶："建构'社会中'：中国社会政策的发展与挑战"，《探索与争鸣》2010 年第 10 期。

[218] 张维迎、粟树和："地区间竞争与中国国有企业民营化"，《经济研究》1998 年第 12 期。

[219] 张英红："户籍制度的历史回溯与改革前瞻"，《宁夏社会科学》2002 年第 3 期。

[220] 张永生："政府间事权与财权如何划分？"，《经济社会体制比较》2008 年第 2 期。

[221] 张占斌："新型城镇化的战略意义和改革难题"，《国家行政学院学报》2013 年第 1 期。

[222] 赵宏："中国模式与当今世界几种主要发展模式比较研究"，《红旗文稿》2009 年第 22 期。

[223] 赵德余："城市户籍制度改革中的利益关系调整及其渐进式特征"，

《经济社会体制比较》2009 年第 5 期。

[224] 赵晓芳：“社会保障碎片化：危害、成因与弥合路径”，《中共福建省委党校学报》2013 年第 2 期。

[225] 郑秉文：“法国高度碎片化的社保制度及对我国的启示”，《天津社会保险》2008 年第 3 期。

[226] 郑秉文：“中国社保‘碎片化制度’危害与‘碎片化冲动’探源”，《甘肃社会科学》2009 年第 3 期。

[227] 郑秉文：“拉美的‘增长性贫困’与社会保障制度的作用”，《中国劳动保障》2007 年第 7 期。

[228] 郑秉文、孙守纪、齐传君：“公务员参加养老保险统一改革的思路——‘混合型’统账结合制度下的测算”，《公共管理学报》2009 年第 1 期；

[229] 郑杭生：“社会公平与社会分层”，《江苏社会科学》2001 年第 3 期。

[230] 中国地方政府竞争课题组：“中国地方政府竞争与公共物品融资”，《财贸经济》2002 年第 10 期。

[231] 周飞舟：“大兴土木：土地财政与地方政府行为”，《经济社会体制比较》2010 年第 3 期。

[232] 周宏：“后金融危机时代资本主义社会的新变化”，《求是》2011 年第 9 期。

[233] 周黎安：“中国地方官员的晋升锦标赛模式研究”，张军、周黎安编：《为增长而竞争》，上海人民出版社 2008 年版。

[234] 周为民、陆宁：“按劳分配与按要素分配：从马克思的逻辑来看”，《中国社会科学》2002 年第 4 期。

[235] 朱宝树：“小城镇户籍制度改革和农村人口城镇化新问题研究”，《华东师范大学学报（哲学社会科学版）》2004 年第 5 期。

[236] 蔡昉：“推动政府职能向提供基本公共服务转变”，《人民日报》2010 年 12 月 1 日。

[237] 黄亚生：“并不存在一个所谓的‘中国模式’”，《时代周报》，2010 年第 81 期

[238] 洪银兴：“新阶段的城镇化需要政府积极引导”，《人民日报》2013 年 7 月 17 日。

[239] 胡锦涛：“坚定不移沿着中国特色社会主义道路前进 为全面建成小康社会而奋斗——在中国共产党第十八次全国代表大会上的报告”，《人民

日报》2012 年 11 月 9 日。

[240]田雪原:"新型城镇化该怎样推进",《人民日报》2013 年 7 月 17 日。

[241]温家宝:"提高认识,统一思想,牢固树立和认真落实科学发展观",《人民日报》2004 年 3 月 1 日。

[242]许善达:"财税问题系列评论之三:中央与地方财税体制改革方向",《第一财经日报》2012 年 2 月 21 日。

[243]郁建兴:"和谐社会:是什么与不是什么?",《南方日报》2005 年 8 月 19 日。

[244]郁建兴、任泽涛:"城镇化:'化物'更要'化人'",《光明日报》2013 年 6 月 25 日。

[245]张洋:"理性引导公民公共精神",《人民日报》2012 年 7 月 18 日。

[246]郑永年:"民生经济是中国和谐社会的经济基础",《联合早报》2007 年 5 月 1 日。

[247]周其仁:"改革开放三十年'中国做对了什么'?",2012-04-06,http://finance. ifeng. comnewsspecial/zhouqiren/20120406/5880969. shtml.

[248]华生:"权利平等:以社会改革为旗帜突破发展瓶颈",2012-08-03,http://www. infzm. com/content/42420/.

[249]"全国总工会最新调查:劳动报酬占 GDP 比重连降 22 年",新华网,2010 年 05 月 17 日,http://news. xinhuanet. com/politics/2010-05/17/c_12108971. htm.

后　记

这部著作是我主持的国家社会科学基金项目"共建共享和谐社会的制度建设研究"(批准号:10BKS035)的最终成果。

构建和谐社会目标和任务的提出,是当代中国发展的重要事件。在当代中国,构建和谐社会的必要性、紧迫性,来自于我国经济社会发展中"不和谐"因素的突出。这些问题,有些是发展不够的问题,有些则是共享不足的问题,它们已经成为引发社会不稳定的主要因素,成为严重制约中国未来发展的挑战。在我们看来,无论发展不够问题,还是共享不足问题,归结起来,都是制度供给不足问题。不同的制度安排将导致收入分配形式的改变,而随着资源分配的改变,经济发展速度和绩效也会发生改变。因此,无论是调动起全社会的积极性加快发展,还是让全体人民公平公正地享受改革和发展的成果,都需要通过制度的力量才能得以落实。基于这样的认识,本书致力于共建共享和谐社会的制度基础与体制机制设计。我们相信,这样的工作,不仅对于当代中国社会建设,而且对于当代中国整体事业发展都具有重要的理论和现实意义。

自课题立项以来,我和课题组成员全力开展了本项研究。2013年8月,我们完成了书稿并提交结题申请。此后,我们花了近9个月时间对书稿进行了修改。现在呈现给各位读者的这部著作中,我们系统考辨了和谐社会目标的具体性;通过提出、论证社会协同治理模式及其实现机制,系统论述了共建和谐社会的制度基础和体制机制;通过考察城乡一体化发展与推进基本公共服务均等化、构建全民统一的基本公共服务体系、推进重点领域和关键环节的改革等三个方面,系统地论述了共享和谐社会的关键问题。

本书写作由严国萍主持,具体分工如下:第一章、第二章、第八章由严国萍撰写;第三章由徐越倩撰写;第四章由严国萍、任泽涛撰写;第五章、第六章由任泽涛撰写;第七章、第九章由何子英撰写;参考文献、术语索引由严国萍编制。全书由严国萍修改定稿。课题组其他成员许义平、高翔、冯涛、韩昉等也为本书做出了贡献。在此,我要特别感谢课题组成员三年多来的齐心协力、精诚合作。

感谢国家哲学社会科学规划办公室批准本项研究。同时,我要感谢浙江省哲学社会科学规划办公室。在较早时期,我曾经以"共建共享和谐社会的体制机制研究"为题申报浙江省社会科学基金项目,并且获得批准(批准号:09CGML003ZQ)。这部著作也是该项目的最终成果。

感谢浙江省慈溪市、桐庐县、桐乡市、德清县等地接受我们访谈的党政领导和各界人士,他们为本书提供了大量数据和材料。他们的批评性或建设性意见也对本书写作产生了重要影响。

感谢我所在工作单位浙江省委党校的领导和同事们。没有各位领导和同事们的理解、宽容和体贴,我不可能克服繁忙的本职工作与科学研究之间的矛盾,集中精力完成本书。

最后必须指出,由于时间紧迫,更由于学力不逮,本书所论共建共享和谐社会的制度基础与体制机制设计,还属于"初级版",一些地方甚至还存在错漏之处。著作面世之际,我心中弥漫着新嫁娘式"画眉深浅入时无"之问,既有喜悦,更多的是不安。敬请各位方家和读者诸君不吝批评指正!

严国萍

2014 年 5 月 16 日于杭州

图书在版编目(CIP)数据

共建共享和谐社会的制度保证 / 严国萍等著. —杭
州:浙江大学出版社,2014.6
ISBN 978-7-308-13481-1

Ⅰ.①共… Ⅱ.①严… Ⅲ.①社会主义建设模式－研
究－中国 Ⅳ.①D616

中国版本图书馆 CIP 数据核字(2014)第 146489 号

共建共享和谐社会的制度保证

严国萍 等 著

责任编辑	余健波
封面设计	十木米
出版发行	浙江大学出版社
	(杭州市天目山路 148 号 邮政编码 310007)
	(网址:http://www.zjupress.com)
排 版	浙江时代出版服务有限公司
印 刷	杭州日报报业集团盛元印务有限公司
开 本	710mm×1000mm 1/16
印 张	15.5
字 数	266 千
版 印 次	2014 年 6 月第 1 版 2014 年 6 月第 1 次印刷
书 号	ISBN 978-7-308-13481-1
定 价	42.00 元